U0889273

司法部法治建设与法学理论研究部级科研项目（重点项目）（批准号：20SFB1007）研究成果

《民法典》民事责任竞合规定适用中重复起诉识别问题研究

韩　波——著

当代中国出版社
Contemporary China Publishing House

图书在版编目(CIP)数据

《民法典》民事责任竞合规定适用中重复起诉识别问题研究 / 韩波著. -- 北京 : 当代中国出版社, 2022.12

ISBN 978-7-5154-1251-1

Ⅰ. ①民… Ⅱ. ①韩… Ⅲ. ①民法—法典—研究—中国 Ⅳ. ①D923.04

中国国家版本馆 CIP 数据核字(2023)第 032100 号

出 版 人　冀祥德
责任编辑　刘文科　沈秋彤
责任校对　康　莹
印刷监制　刘艳平
封面设计　鲁　娟
出版发行　当代中国出版社
地　　址　北京市地安门西大街旌勇里 8 号
网　　址　http://www.ddzg.net
邮政编码　100009
编 辑 部　(010)66572156
市 场 部　(010)66572281　66572157
印　　刷　北京润田金辉印刷有限公司
开　　本　710 毫米×1000 毫米　1/16
印　　张　16.5 印张　2 插页　217 千字
版　　次　2022 年 12 月第 1 版
印　　次　2022 年 12 月第 1 次印刷
定　　价　78.00 元

版权所有,翻版必究;如有印装质量问题,请拨打(010)66572159 联系出版部调换。

目　录

导　言

民事责任竞合实质上是诉的竞合。

——题记

在现代工商社会螺旋式上升的过程中，生产与贸易日益链条化、多向化、立体化，人际关系也发生着多向度的交错。规范内容、体系化层面的民商事立法合理性不断地在提升，不过，法律制度在纵向与横向上的交叠状态仍在所难免。发生纠纷，民事纠纷主体的利益主张日趋精细化、多维化。有别于围绕同一性质争点纠纷的复杂纠纷在整个诉讼体系中的重要程度越来越高。这种复杂纠纷的核心特征是法律依据复合化、争点复合化。如果拆分诉讼，很容易出现重复诉讼争议、解决时间长、诉讼时效障碍、不能对受损方的权益施以完备保护、诉讼资源消耗大等问题。在此语境下，民事责任竞合的规制重复起诉的妥当性殊值重视。

一、本课题的研究意义

在医疗事故纠纷、产品质量纠纷、运输合同纠纷等常见纠纷中，受损方常常可以要求相对方承担两种乃至两种以上民事责任，如医疗事故侵权责任与医疗合同违约责任、产品质量损害赔偿责任与买卖合同违约责任、人身侵权或财产侵权损害赔偿责任与运输合同违约责任。依据民法上的公平原则，受损害方不可重复受偿，致害方亦无须重复赔偿，不过，在诉讼实践中，为了自身权益最大化实现，受损方同时要求相对方承担两种民事责任或者就两种民事责任先后向相对方提出要求的现象层出不穷。如何认识、评判、合理应对这种现象既困扰着民事诉讼实践，也成为私法文明建设中的重要问题。这是本课题研究所具有的实践价值。

我国《民法典》第186条的民事责任竞合规定与原《民法总则》第186条、原《合同法》第122条的规定一脉相承：在行为人的一个民事行为可能同时承担侵权责任与违约责任时，受损方可以选择请求行为人承担违约责任或者侵权责任。重复起诉识别是此规定在诉讼适用中遇到的突出问题。近年来，国内学术界围绕这一问题进行了大量研究工作。已进行的研究工作在文义解释、比较解释等方面以及程序法与实体法交叉解释等方面积累了丰厚的研究成果。这是一个在世界范围内长期困扰学术界与实务界的问题。它是诉讼标的、既判力等民事诉讼理论学说妥适性的"试金石"。在20世纪中晚期，对此问题各国渐有通说，但仍不乏争议。即便在大陆法系传统下，各国通说仍有明显差异。以德国和法国为例，德国通过民法中的请求权竞合论及请求权规范竞合论、民事诉讼中涵盖诉的声明与生活事实的诉讼标的"诉讼法说"相结合解决这一问题；法国则通过民法中的法条竞合论与民事诉讼中的诉讼标的"诉讼主张说"（或辩论对象说）相结合解决这一问题。对此问题的观点国内学术界与实务界仍存在明显分歧。如何建构与我国民法理论相协调、法律适用需求相一致、兼顾程序与实体要素的诉讼标的及既判力客观范围理论，是改善民事责任竞合规定适用实践的关键问题。以此为问题意识的本课题研究具有促进诉权保障、程序安定性、类案同判等实际意义和推动民事责任竞合理论与诉讼标的、既判力理论进一步优化的理论意义。

二、责任、民事责任、竞合的概念解析

有学者以责任竞合之名概括上述现象，也有学者以请求权竞合之名概括上述现象。在中国知网上检索，1989 年以来篇名中出现“责任竞合”的论文共计 177 篇；[1] 1992 年以来篇名中出现“请求权竞合”的论文共计 54 篇。[2] 这两个术语界定的法律现象的外延是否相同？如何认识二者的逻辑关系？这首先得从责任与请求权的概念界定入手。准确认识与评判民事责任竞合现象并合理应对这种现象需要准确理解隐含其中的责任、权利、请求权、竞合等法学概念。

责任既是一个日常生活中的常用词，也是一个法律术语。由于解读角度不同，作为日常生活常用词的责任与作为法律术语的责任存在较大差异。作为日常生活常用词的责任，一般有两层意思：一是分内应做的事；二是没做好分内应做的事，因而应当承担的过失。[3] 美国学者哈特曾经在讨论惩罚与刑事责任之后，在一般意义上界定过责任。他将责任划分出四种类别，即地位责任、原因责任、义务责任、能力责任。地位责任指职责；原因责任是“引起的”或“产生的”或其他意指后果，表示结果或结局的词汇；义务责任（哈特阐述为与法律相联系的责任）是指某人应对他的行动或某一行为或损

---

〔1〕 最后检索日期 2022 年 4 月 27 日。

〔2〕 最后检索日期 2022 年 4 月 27 日。

〔3〕《汉语大词典》编写委员会：《汉语大词典》，商务印书馆国际有限公司 2003 年版，第 1340 页。

害负责;能力责任是法律有效的条件。这些界定的普遍性联系可以分为三类:(1)精神或心理条件;(2)行为与损害之间的因果联系或其他形式的联系;(3)使某人应因他人的行为而承担受惩罚或付出代价之义务的人身关系。讲某人应对某种行为或损害负法律责任,便是讲按照法律,他与行为或损害间的联系足以使他承担责任。责任与义务也因此可区分开来。[1] 法律责任与其他三种责任有明确区别,但也存在不可分割的关联,如无因果责任、无能力责任则无法律责任;角色责任有时会成为承担法律责任的一个要件。一般而言,责任是否定性的,我国有学者提出肯定性法律责任、否定性法律责任、义务化法律责任的责任类型体系。[2] 这个体系中的肯定性法律责任与哈特所言的角色责任非常类似。责任通常又可分为伦理责任、社会责任及法律责任。责任还可分为抽象的责任与具体的责任,哈特的法律责任界定在重视责任具体形态方面颇具启示意义。本课题研究中探讨的责任竞合语境中的责任指的是法律责任,而且是民事法律责任。这是一种否定性法律责任,常以义务人不履行义务为条件的义务化的法律责任。

(一)法律责任与民事责任

1. 法律责任的界定

法律责任是当代法学的重要范畴。改革开放以后,形成责任的义务延续论、责任义务分离论和二重含义论等思考路径。在第一种思考路径下,形成的主要观点是第二性义务说或新义务说。新义务说认为,法律责任是侵犯法定权利或违反法定义务引起的、由专门国家机关认定并归结于法关系的有责主体的、带有直接强制性的义务,亦即违反第一性法定义务而招致的

---

〔1〕[美]H. C. A. 哈特:《惩罚与责任》,王勇等译,华夏出版社 1989 年版,第 201、202、204、207、211、219 页。

〔2〕马朱炎、葛洪义:《法律责任若干理论问题的探讨》,载《法律科学》1990 年第 4 期。

第二性义务。[1] 在第二种思考路径下，形成的主要观点有不利后果说、必为状态说、合理负担说。不利后果说的要义是，法律责任是指一切违法者因其违法行为必须对国家和其他受到危害者承担相应的后果；或者是指行为主体因违反法律义务而应当或必须承担的不利后果。[2] 必为状态说的要义是，法律责任是指由于某些违法行为或法律事实的出现而使责任主体所处的某种特定的必为状态。构成法律责任的这种必为状态，是由法律或契约加以规定的；或者将法律责任界定为义务之不履行所处之必为状态。[3] 合理负担说的要义是，法律责任是有责主体因法律义务违反之事实而应当承受的由专门国家相关依法确认并强制或承受的合理的负担。[4] 又如有学者所言，法律责任不仅仅是一个否定性评价而已，更重要的是一种负担。[5] 在第三种思考路径下，二重含义论的要义是，法律责任既有相当于义务的含义，也有与义务区别的不利后果的含义，即未履行合同义务或法定义务或仅因法律规定而应承受某种不利后果。[6] 在行为意义与结果意义的维度审视责任概念，义务与责任的本质区别在于前者属于行为意义范畴，而后者属于结果意义范畴。如在举证义务与举证责任这对概念中，前者是指在诉讼中当事人应当采取提供证据的行动，后者是指当事人在不提供证据或其提供的证据不足以使法官形成心证时应由其证明的要件事实将被拟制为假的不利后果或者合理负担。不难发现新义务说与不利后果说都指向了结果意义的责任。不过，新义务说对义务与责任关联性的强调遮蔽了责任范畴的独

---

〔1〕 张文显：《法律责任论纲》，载《吉林大学社会科学学报》1991 年第 1 期；张文显：《以权利和义务为基本范畴重构法学理论》，载《求是》1989 年第 10 期。

〔2〕 林仁栋：《马克思主义法学的一般理论》，南京大学出版社 1990 年版，第 186 页；李步云主编：《法理学》，经济科学出版社 2000 年版，第 315 页。

〔3〕 杜飞进：《试论法律责任的若干问题》，载《中国法学》1990 年第 6 期；周永坤：《法律责任论》，载《法学研究》1991 年第 3 期。

〔4〕 刘作翔、龚向和：《法律责任的概念分析》，载《法学》1997 年第 10 期。

〔5〕 赵世峰：《试析法律责任的本质》，载《辽宁行政学院学报》2008 年第 10 期。

〔6〕 沈宗灵主编：《法理学》，高等教育出版社 1994 年版，第 404 页。

立价值。不利后果说的主要局限在于它“没有说明不利后果或否定性后果不都属于法律责任的范畴”。[1] 必为状态虽然揭示了责任的显著特征，但无从据此推断责任究竟是结果意义还是行为意义的范畴。以合理负担界定法律责任概念具有多方面的理论优势：第一，这一概念是个动态意义上的概念，遵循了法律运行规律；第二，这一概念涵盖了法律责任的全部构成要素，即法律义务可归责性和法律负担，便于建立一个客观、公正、精致的法律责任制度；第三，这一概念不但揭示了法律责任的全部构成要素而且指出了三个要素有序的组成关系，为专门国家机关确认、归结法律责任提供了行为模式；第四，这一概念从有责主体和国家两方面进行双向定义，既说明了法律责任的当为性，又说明了法律责任的必为性；第五，这一概念把法律责任最终归结为一种负担，使之具有客观实在性。[2] 相较而言，在概念种属的明晰性与客观性、概念逻辑的缜密性、概念内容构成的全面性、概念运用中的平易性方面，合理负担说更显恰切。这一概念界定既兼顾了责任与义务的关联，又明确了二者的界限；这一概念既确认了责任应有的当为状态，又将抽象的当为状态实在化、具体化。不过，合理负担说对于责任与权利、请求权的关联未展开全面分析；在“责任主体与国家”这一责任规范二元主体框架下，未充分阐析水平方向上权利、义务、责任的内在关联；清晰解释了责任与权力、强制的关系，对责任的权利保障功能却未充分关注。进入新世纪，法律责任研究者在这方面有了较大进展。有学者通过救济权关系这一中介概念分析了责任与权益的关系，认为只有当权益侵害引起的救济权关系表现为请求性救济权关系或即时强制中的“特权—无权利”救济权关系时，才可能构成法律责任，受侵害权益的救济才可以通过公权力强制的方式予以实现。[3] 此外，作为法律责任的负担应当具备由法律规定的形式要件，同时也

---

〔1〕 张文显：《法学基本范畴研究》，中国政法大学出版社1993年版，第187页。
〔2〕 刘作翔、龚向和：《法律责任的概念分析》，载《法学》1997年第10期。
〔3〕 余军、朱新力：《法律责任概念的形式构造》，载《法学研究》2010年第4期。

应该体现责任应当具有的合法的强制性的本质属性,法定负担比合理负担的界定更为恰切。

如有学者所言,对行为的否定性规范评价是法律责任的本质。法律责任制度的目的主要是报复论和功利论。[1] 报复论目的观下的法律责任以刑事责任为典型,以对责任承担者的惩罚与制裁为核心特征;功利论目的观下的法律责任以民事责任为典型,以责任承担者承受损害赔偿负担为核心特征。法律责任还有行政责任、国家赔偿责任、诉讼责任等类型。法益受损或法益实现受制是一个可以涵盖绝大多数法律责任发生机理的责任条件。综合各家见解,法律责任可以界定为权利受损或权利实现受制时,由国家强制力保障的相关主体应承受的体现否定性规范评价的法定负担。不过也需注意,新义务说在解释责任与义务的关联方面有明显的方便言说的优势。在义务与责任的次序关系明显的民法场景中,其仍不失为配合法定负担界定法的辅助解释路径。

对法律责任的界定,不能忽视因民法、刑法、行政法的立法目的差异对民事责任、刑事责任、行政责任制度设定的固有功能期待的影响。刑事责任主要体现为一种报应和预防的关系,在性质上突出地表现为惩罚性、人身性和绝对性。刑事责任也会采用剥夺财产的方式,但这些方式在性质上具有附加性,而且在数额的确定上也是以剥夺罪犯的再次犯罪能力为主,而不是以填补损失为出发点。[2] 所谓"行政责任",是指行政机关基于一般统治权而对违反行政法上的义务的一般私人(个人或法人)科处的制裁或惩罚。一方面,行政责任和刑事责任一样,以惩罚和预防违法行为的发生为目的,但它本身不是刑罚,其责任程度不及刑罚。另一方面,行政责任又不同于民事责任,它不局限于恢复权利义务的原状,可以超出原来的权利义务关系去追

---

[1] 张文显:《法律责任论纲》,载《吉林大学社会科学学报》1991年第1期。

[2] 黎宏:《民事责任、行政责任与刑事责任适用之司法困惑与解决》,载《人民检察》2016年第2期。

求惩罚或预防违法行为,以此达到实现公共利益所期待的行政秩序。[1] 民事责任、刑事责任、行政责任的特有的本质属性探寻还要在各自所在的法律中依循立法目的指引在法适用论维度层层展开。

2. 民事责任的界定

我国原《民法通则》专章规定了民事责任。20 世纪末,我国民法学者就开始了对民事责任这一法律范畴的深度思考。纵观 30 余年来的民法学者们的观点,在民事责任是什么的问题上,主要形成后果说、民事权利实现保障说、法律关系说、权利救济方式说等观点。

民事责任后果说是影响最持久的责任界定学说。《民法通则》颁布后,有代表性的民法教材多专编或专章或专节阐述民事责任。关于民事责任的定义,多采后果说。[2] 至今,后果说仍在产生持续的影响力。有学者认为,民事责任,亦即民事法律责任,是指民事主体违反民事义务而应承担的民事法律后果。[3] 还有学者认为,民事责任实质上是由义务人负担的,因其违反或不履行民事义务而产生或转化出的一种不利后果。[4] 另有学者认为,民事责任是指民事主体违反合同义务或法定义务而应承担的法律后果。[5] 为了维护市民社会的和谐和秩序,义务人就必须履行义务;不履行义务的必然后果就是承担责任,即法律强制义务人履行义务。因此,规范市民社会的基本逻辑关系,就是“权利—义务—责任”这样的三段论。[6] 这一民法基本逻辑不仅是解释我国独有的在《民法典》总则编中专章规定民事责任的独特立

---

〔1〕 王云海:《日本的刑事责任、民事责任、行政责任的相互关系》,载《中国刑事法杂志》2014 年第 4 期。

〔2〕 魏振瀛:《〈民法通则〉规定的民事责任——从物权法到民法典的规定》,载《现代法学》2006 年第 3 期。

〔3〕 佟柔:《中国民法》,法律出版社 1990 年版,第 43 页。

〔4〕 田土诚:《民事责任之本质探析——兼评我国的民事责任立法》,载《郑州大学学报(哲学社会科学版)》1994 年第 3 期。

〔5〕 魏振瀛:《民法》,北京大学出版社 2000 年版,第 43 页。

〔6〕 杨立新:《〈民法总则〉民事责任规定之得失与调整》,载《比较法研究》2018 年第 5 期。

法体例的解释工具,也是推动我国民事立法经由《民法通则》《民法总则》到《民法典》制定,逐步实现民法体系本土化的理论基础。也需注意的是,依据属加种差的概念界定逻辑,从不利后果角度界定民事责任,“不利后果”既为“属”用词,就应符合同属内事物性质一致的逻辑要求。在民事领域产生责任的主要是义务人不履行或不适当履行义务的行为,但是,公平责任下的民事责任难以纳入义务不履行的不利后果的概念逻辑中。此外还有一种不合理的不利后果,比如受人诬陷而产生的不利后果。这两种不利后果的性质差异明显。因此,责任的不利后果界定法有失严谨。相比而言,以法定负担作为“属”用词界定责任更为恰当。法定负担说在裁判者与有责主体的关系维度解释了民事责任的特有属性。

民事权利实现保障说的要义是,民事责任是民事权利得以真正享有的保障,任何权利离开法律保护都不能称其为权利。[1] 民事责任为保障民事权利义务实现的法律手段,乃是现代民法之生命力所在。民事责任使民事权利具有法律上之力、民事责任是联结民事权利与国家公权力之中介。[2] 在抽象层面,民事权利实现保障说比不利后果说或者合理负担说更贴近民法的终极目的以及民事责任制度设置的根本意图。不过,该说的贡献主要是法价值层面的贡献,在法适用、法解释层面仍有进一步实在化的必要。

民事法律关系说的要义是,民事责任是一种民事法律关系。主张这种学说的学者认为,可将法律关系区分为基于合法行为形成的法律关系和基于违法行为形成的法律关系。基于违法行为形成的法律关系,是指行为人在实施违法行为过程中形成的法律关系。基于违法行为形成的法律关系反映的是不正常的社会秩序,这种法律关系的内容是权力或者权利(救济权)与责任。这种法律关系解决的是谁要谁承担法律责任、如何落实法律责任

---

〔1〕 中国政法大学民法教研室:《中华人民共和国民法通则讲话》,中国政法大学出版社 1986 年版,第 13 页。

〔2〕 梁慧星:《论民事责任》,载《中国法学》1990 年第 3 期。

的问题。[1] 在法理学学者的调整性法律关系与保护性法律关系的概念框架中,这种基于违法行为形成的法律关系被"命名"为保护性法律关系。[2] 有诉讼法学者将这种基于违法行为形成的法律关系表述为争讼法律关系,并认为与之相对应的法律规范属于实质诉讼法规范。[3] 与权利保障实现说相比,这一学说从法律关系层面更深入地解析了权利(救济权)与责任的关系,但是,对民事责任本质的展现仍欠明晰。

权利救济方式说的要义是,民事实体法上的救济观念和救济方式,使得"民事责任"的概念得以确立。在法律逻辑上,民事实体法意义上的"民事责任",直接存在于救济权法律关系之中,即在"救济权——救济权所对应的义务"的内容排列中,救济权所对应的义务就是民事责任。[4] 有学者认为,物权法、知识产权法、人格权法等权利法实际上是侵权责任法的基础,权利法确认了权利的类型、内容、行使方式,明确人们的行为规范,而侵权责任法对此提供救济。救济法主要是权利人在权利受侵害以后通过何种方式来获得救济。侵权责任法作为救济法,它通常是在侵权案件发生以后,由法官根据侵权责任法来决定是不是应该救济以及如何来救济。从这个意义来说,侵权责任法主要是一部裁判法,提供的是裁判规则。[5] 有学者在产品质量侵权领域的研究中,亦表达了民事责任体系之功能在于救济和预防的观点。[6] 新近有学者通过责任形式(法律救济)、"责任混搭"(救济体系混搭)、违约责任(违约救济)与侵权责任(侵权救济)等表达方式,对民事责任与民事法

[1] 魏振瀛:《制定侵权责任法的学理分析——侵权行为之债立法模式的借鉴与变革》,载《法学家》2009年第1期。

[2] 孙国华主编:《法理学》(第2版),中国人民大学出版社2004年版,第380页。

[3] 陈刚:《民事实质诉讼法论》,载《法学研究》2018年第6期。

[4] 马俊驹:《民法上支配权与请求权的不同逻辑构成》,载《法学研究》2007年第3期。

[5] 王利明:《侵权责任法制定中的若干问题》,载《当代法学》2008年第5期。

[6] 冯珏:《民事责任体系与无过错补偿计划的互动——以我国疫苗接种损害救济体系建设为中心》,载《中外法学》2016年第6期。

律救济做了概念上的等同化界定。[1] 从民事责任为保障民事权利实现、在民事权利发生争议时提供救济而设的目的以及民事责任概念是发生争议的非常态民商事秩序下现实需求等视角以及对《民法典》权利救济体系整体考量的体系分析方法看,救济方式说的观点最为深刻地揭示了民事责任的本质。上述观点中关于权利法与救济法、行为规范与裁判规范的民法体系内规范区分理论揭示了请求权与民事责任两种权利救济方式并存的法体系结构基础。在《民法典》颁布前,有学者采第二性义务的分析方法对民事责任制度的应然状态进行了分析,分析结论为,停止侵害、返还财产、排除妨碍、消除危险、恢复原状诸方式虽然不宜或不宜全部作为民事责任的方式,却是保护物权、知识产权正常行使与不受不法侵害的有效的救济手段,有些也是保护人格权的有效措施,法律不可将它们排除于保护手段或曰救济方式之外。同理,解除合同、减少价款、退货等方式虽然不宜被笼统地作为违约责任的方式,却是维护合同关系、对遭受违约的合同关系进行救济的不可或缺的法律手段,法律同样不可将它们排除于保护手段或曰救济方式之外。在这样的情况下,如何化解这样的矛盾?其实很简单,不依民事责任的思路安排它们,而是将它们作为救济方式对待,就既符合逻辑,又可满足民事权利保护的需要。[2] 顾及并非所有类型民事责任都因义务不履行而生的概念界定周延问题而仅将新义务说作为局部可用的诠释民事责任的辅助解释方法。在救济方式责任界定法下此间矛盾应该可以排除。在救济方式责任界定法下,民事责任本身就权利救济方式,凡是能预防、补偿权利人利益损失的救济方式都可以纳入责任范畴之内。

罗马法确立了"原权—诉权"的二元救济模式,德国民法将救济请求权引入其间,从而形成了"原权—救济请求权—诉权"的三元救济模式。[3] 有

---

〔1〕 李永军:《对我国〈民法典〉上"民事责任"的体系化考察》,载《当代法学》2020年第5期。

〔2〕 崔建远:《民法总则应如何设计民事责任制度》,载《法学杂志》2016年第11期。

〔3〕 马俊驹:《民法上支配权与请求权的不同逻辑构成》,载《法学研究》2007年第3期。

学者认为,民事责任的独立和民事责任与债的分离,改变了传统民法以请求权为保护权利方式的逻辑。虽然请求权保护的逻辑是顺畅的,《德国民法典》100 多年的实践也证明了其是有效的,但是由于我国《民法典》的立法逻辑已经脱离了德国法的逻辑,请求权保护理论已经为民事责任归结理论所代替。〔1〕有学者归纳了权利救济的诸种模式,即权利救济的请求权模式(权利—权利的救济)、权利救济的责任模式(义务—责任)、权利救济的混合模式(权利—责任),并认为我国民法形成"权利—义务—责任"的权利救济新范式。〔2〕在笔者看来,我国《民法典》的规范结构中并非以民事责任范畴取代了请求权范畴,而采取了兼容这两个民法基本范畴的权利救济模式。《民法典》的规范结构在不同的规范语境中或采取"权利—请求权"规范结构,或采取"权利—义务—责任""权利—责任"规范结构。有的规范语境中请求权与责任这两种救济方式还需结合起来共同实现对权利的救济。在涵盖民法与民事诉讼法的民事法的格局中,权利与权利受损、受制时的救济方式是有机统一体。〔3〕在通过民事诉讼实施权利保护时,请求权与责任的关系,从责任人角度讲,为"责任—诉权"关系;从权利人角度讲,为"救济权请求权—诉权"关系。〔4〕从法规范性质角度看,基础权利、请求权与责任的关系在权利法的规范结构下,为"权利—请求权—诉权"关系;在裁判法的规范结构下为"权利—责任—诉权"关系。综上所述,我国学者在区分义务与责任、区分常态民事法律关系与争讼民事法律关系、区分基础权利与其救济方式的层进式探索中,逐步揭示了民事责任的权利救济方式本质。权利救济方式说在权利人与有责主体之间的关系维度上揭示了民事责任的特有属性。在现代

---

〔1〕 李国强:《〈民法典〉民事责任制度的演进逻辑及体系解释基础》,载《当代法学》2021 年第 6 期。

〔2〕 姚辉:《民法学方法论研究》,中国人民大学出版社 2020 年版,第 193、235—240 页。

〔3〕 此处受制指的是权利的事先受到现实危险或存在预期危险的状态。

〔4〕 魏振瀛:《制定侵权责任法的学理分析——侵权行为之债立法模式的借鉴与变革》,载《法学家》2009 年第 1 期。

民法中,裁判者、权利人、有责主体之间的“三极关系”中两个维度(权利人与有责主体之间的关系维度、裁判者与有责主体的关系维度)都应受到关注。在权利人相对方的法定负担保障下权利救济才能有效实现。

概言之,民事责任可以界定为民事权利受损或实现受制时,与权利人的相对方应该承受的法定负担保障相对应的权利救济方式。这种权利救济方式包含预防、救济的功能,在特定情形下还可发挥惩罚功能。

(二)民事救济法律关系中的基础权利、救济权、责任

正如民法学者所阐述,救济权法律关系是法律用以矫正逾越正常运行原权轨道的社会关系的手段。这种措施的采用,即形成救济权法律关系。在“法律事实—法律关系”的民法逻辑结构中,救济权法律关系只能是基于非法的法律事实,即“原权义务之违背”所引起。[1] 当一方的权利受到侵害,另一方需要承担责任的时候,就发生了因责任而形成的法律关系,这种法律关系的内容是救济权和责任。[2] 还有学者认为,在规范意义上,法律责任的本质就是因特定的法律事实侵犯权利或法益而产生的特定救济权法律关系。法律责任形式构造是“不法行为—以制裁为内容的救济权法律关系”,进一步可转换成“不法行为—狭义权利—狭义义务”救济权关系或即时强制中“特权—无权利”救济权关系。[3] 这种把法律责任与救济权紧密结合的解释方法比较符合功利论责任目的观的意旨。在民事领域,这种解释方法较为恰切。不过,救济权本身是救济法律关系内容的构成要素,以其冠名法律关系,存在以偏概全的逻辑缺陷。民事救济法律关系的概念用语具有更为突出的规范体系融贯性。笔者更倾向于将这种与基于行为规范的民

---

〔1〕 马俊驹:《民法上支配权与请求权的不同逻辑构成》,载《法学研究》2007 年第 3 期。

〔2〕 魏振瀛:《制定侵权责任法的学理分析——侵权行为之债立法模式的借鉴与变革》,载《法学家》2009 年第 1 期。

〔3〕 余军、朱新力:《法律责任概念的形式构造》,载《法学研究》2010 年第 4 期。

事法律关系不同的、因权利争议而生的，由救济权与责任构成的法律关系称为民事救济法律关系。民事诉讼法律关系可分为合法运行的法律关系与产生合法性争议的救济法律关系。在权利实现与责任承担的法律关系具体化的层面，民事责任的本质首先体现为权利救济方式、救济权之基础。民事救济法律关系的核心命题是如何实现救济权。为此，很有必要进一步解析基础权利、责任与救济权的相互关系。

在民事救济法律关系中救济权是核心范畴。救济权概念外延涵盖面较为宽广。如果以其发挥作用的“法的空间”为区分标准，民事司法救济权之外还有民事救济权。若将民事司法救济权定位为形式救济权，民事救济权则为实质救济权。所谓民事救济权，是指民法中的一种援助性民事权利。它是基于民事基础权利被侵害或受有危险而产生的，以相对人承担作为或不作为义务来消除因侵害或危险产生的不法或不公平状态为内容，旨在恢复或实现基础权利的一种实体权利。民事责任是解决救济权本身的问题，相对人违反救济义务，便成为民事责任的根据，导致强制履行的后果。[1] 民法学者对于基础权利、救济权、民事责任之间的关系已经进行了卓有成效的探究。聚焦后两者的关系，大体形成两种观点。一种观点可称为责任系救济权保障方式说。持此说的学者或认为，所谓民事责任的承担，就是救济权法律关系中民事义务的履行；而所谓追究民事责任，就是救济权法律关系中的权利人向义务人所提出的实体法上的请求。[2] 或认为，相对基础权利而言，民事救济权具有派生性、独立性。民事权利据此分离为基础权利和救济权利。民事基础权利是救济权利的基础，救济权利是基础权利的保障。救济权利是连接民事权利和民事责任的纽带。救济权利的直接效果，在于保护基础权利。民事责任的直接效果，则是保护救济权利。[3] 另一种观点可

〔1〕 杨振山、龙卫球：《民事救济权制度简论》，载《法学研究》1993 年第 3 期。
〔2〕 马俊驹：《民法上支配权与请求权的不同逻辑构成》，载《法学研究》2007 年第 3 期。
〔3〕 杨振山、龙卫球：《民事救济权制度简论》，载《法学研究》1993 年第 3 期。

称为责任系救济权条件说。持此观点的学者认为,从请求权与权利、义务、责任的关系来看,基本权利是产生请求权的基础。义务或者责任是产生请求权的前提,没有义务或者责任,或者义务人已经履行了义务、责任人自动承担了责任的,请求权就没有适用的余地。从法律关系整体上看,权利、义务、责任属于高层次的概念,请求权属于低层次的概念。反映在民法体系上,低层次的概念应当服从于高层次的概念。德国民法上的请求权体系从属于基础权利体系,我国民法上的请求权体系应当从属于"权利—义务—责任"体系。[1] 这两种观点的差异在法适用论上会导致是先识别请求权还是民事责任的问题。学者们产生上述分歧主要还是因为对我国民法上权利救济模式的认识不尽一致。权利救济模式与救济权的规范结构密切相关。在我国《民法典》中,既有请求权规范,常见表达是"有权请求""有权依法请求""可以请求""有权"等;也有责任规范,常见表达是"承担民事责任""应当承担民事责任""承担责任"等;还有以"应当"为情态动词标志的义务规范,如"不动产权利人应当为相邻权利人用水、排水提供必要的便利"。另外,我国《民法典》条文中还有表述形式为"可以请求确认""可以解除""可以撤销""可以请求……撤销""有撤销权"的确认权、形成权规范。它们都是权利救济的依据。[2] 以"请求"为表征的请求权概念在《民法典》中的确立,是我国民事立法的新发展。不过,自《民法通则》至《民法典》,"权利—义务—责任"的权利救济模式都是基本模式。《民法典》的物权编、人格权编

〔1〕 魏振瀛主编:《民法》(第8版),北京大学出版社2021年8版,第49—50页。

〔2〕 应该说,在我国《民法典》编纂过程中,救济权的规范表达还是受到了重视。就请求权的规范表达而言,规定"有权请求"的表述共计49处、规定"有权依法请求"的表述有6处、规定"可以请求"的表述有70处,规定"有权"之处共计214处(其中规定"所有权"之处共计73处)。例如,第234条规定,因物权的归属、内容发生争议的,利害关系人可以请求确认权利。第235条规定,无权占有不动产或者动产的,权利人可以请求返还原物。第236条规定,妨害物权或者可能妨害物权的,权利人可以请求排除妨害或者消除危险。第237条规定,造成不动产或者动产毁损的,权利人可以依法请求修理、重作、更换或者恢复原状。第238条规定,侵害物权,造成权利人损害的,权利人可以依法请求损害赔偿,也可以依法请求承担其他民事责任。

进一步容许物权、人格权等绝对权的救济权保持相对独立的不以责任作为救济权前提,仅以隐含责任为保障的救济体系,遂形成“物权—物上请求权”“人格权—人格权的请求权”等新型权利救济路径。如果区分债权的请求权与物上请求权及人格权的请求权,上述两种观点各有其适用场域。我国《民法典》第 179 条第 1 款规定,承担民事责任的方式主要有:(1)停止侵害;(2)排除妨碍;(3)消除危险;(4)返还财产;(5)恢复原状;(6)修理、重作、更换;(7)继续履行;(8)赔偿损失;(9)支付违约金;(10)消除影响、恢复名誉;(11)赔礼道歉。《民法典》第 179 条第 3 款还规定,以上各种承担民事责任的方式,可以单独适用,也可以合并适用。上述民事责任承担方式中包含了排除妨碍、返还财产、恢复原状等物权救济方式,也涵盖了消除影响、恢复名誉、赔礼道歉等人格权救济方式,因此,作为权利救济方式的一般规则,《民法典》第 179 条第 1 款维续了“权利—义务—责任”的权利救济基本模式。该规则与《民法典》的物权编、人格权编相关规则构成权利救济方式的一般规则与特殊规则的关系,在依特殊规则不能在个案中实现物权或者人格权的救济时,仍需要适用一般规则。此外,在法理上,物权、人格权等绝对权的救济权也需以隐含责任为保障。因此,在与权利救济基本模式、权利救济方式的一般规则相符的视角看,责任系救济权条件说更为恰切。

(三)民事救济法律关系中的诉权与实质救济权、责任

就终极意义的权利救济而言,实质救济权最终要与诉权对接,才能进入民事诉讼场域,从而实现司法救济。界定诉权概念,不能过度抽象,以致无法发挥其对诉讼的整体指引与支撑功能;界定诉权概念,也不能过度简约、过分“怀旧”,以致将诉权“降格”为起诉权。诉权既是原告的基本权利,也是被告、第三人的诉讼基本权利。我国民事诉讼法学者认为,诉权是人们的一项基本权利。没有这项权利,公民、法人和其他组织便不能启动民事诉讼程

序获得司法裁判,实现实体权利。[1] 诉权是平衡当事人之间的诉讼地位的法律机制,体现的是诉讼过程中平等主体之间的法律关系,是当事人一方对另一方的请求权并由义务一方来满足,它以起诉权、应诉权、主张权、抗辩权等为其具体的表现形态和实现形式,其行使遵循当事人意思自治原则,当事人在法定的程序和制度空间内可以自主地决定诉权的取舍和行使。在整个诉讼过程中,双方当事人诉讼地位平等并基于自己的诉权都可以采取一定的诉讼手段,而且这些诉讼手段往往是相同的、对应的。[2] 有学者在论文中提出宜将诉权理解为救济性的基本人权的观点。[3] 这是在普遍性的司法救济权层面界定诉权。司法救济权又称为获得公正审判权。如有学者就将司法救济权界定为,任何人当其宪法和法律赋予的权利受到侵害时,均享有向独立而无偏倚的法院提起诉讼并由法院经过正当审讯作出公正裁判的权利。司法救济权在整个公民权利体系中具有基础性地位,它是公民为了维护自己的权利免遭侵害而寻求司法保护的权利。从制度发展史的角度看,宪法上的司法救济权是从诉讼法上的诉权演变而来的。近代之后,宪法成为人权的保障书,诉权升格为个体的原生需要,从而也成为宪法上的一项基本人权。[4] 作为人权的公民诉权是诉权的核心所在,但是,难以涵盖法人与其他组织的诉权。因此,有必要在民事诉讼法的层面参照公民诉权的内涵,将民事诉权界定为公民、法人、其他组织就民事争议诉诸法院的权利以及要求法院公正审判的基本权利。[5] 司法救济权或者获得公正审判权是基本人权范畴的概念。民事诉权是司法救济权或者获得公正审判权在民事诉讼场域中的"映射",是民事诉讼中当事人的基本权利。民事诉权与民事救济权

---

〔1〕 张卫平:《民事诉讼法学》(第5版),法律出版社2019年版,第181页。

〔2〕 汪建成、祁建建:《论诉权理论在刑事诉讼中的导入》,载《中国法学》2002年第6期。

〔3〕 江伟、王铁玲:《论救济权的救济——诉权的宪法保障研究》,载《甘肃政法学院学报》2006年第4期。

〔4〕 苗连营:《公民司法救济权的入宪问题之研究》,载《中国法学》2004年第5期。

〔5〕 韩波:《论民事检察公益诉权的本质》,载《国家检察官学院学报》2020年第2期。

之间的关系一直是一个莫衷一是的论题。有学者认为,所谓诉权之实质要件或权利保护要件,即民法所谓民事责任。[1] 人们对此民事责任与诉权关系的论断不免产生一些疑问。因为,根据上述论断在民事责任未确定时或者无民事责任可言的消极确认之诉等情形,是无诉权可启动并推动诉讼的。这种疑问的出现主要是因为对诉权的时空限定性缺乏系统的理论认知。尽管诉权是基本权利,但是,它也有时空限定性。这种时空限定性表现为诉权的成立要件、行使要件与实现要件。诉权的成立要件主要是指起诉者应当具有民事诉权权利能力。在当代社会,非自然人的其他动物、非人类社会组织不能享有诉权;诉权的行使要件主要是当事人适格与法院有主管及管辖权;诉权的实现要件是指法院裁判支持一方诉讼主张的要件。在诉权成立要件、行使要件层面,上述无责任则无诉权的逻辑是难以成立的。不过,在诉权实现要件层面,无责任则无诉权的论断则表达了诉权实现的目的在于相对方承受法定负担的含义。有学者从诉权是诉讼外权利的理论视角出发,认为民事诉权的程序含义,即在程序上向法院请求行使审判权。诉权的实体含义,是指保护民事权益或解决民事纠纷的请求,实际上是实体意义上的诉,构成了法院审判的对象和既判力的客观范围。在给付之诉中,诉权的实体含义是要求对方当事人履行给付义务的一种权利主张;在确认之诉中,诉权的实体含义是某项民事权利或民事法律关系存在或不存在的主张;在形成之诉中,诉权的实体含义是以判决宣告一定的法律关系变动的请求。[2] 诉讼公正是民事诉讼的基本价值追求。诉讼公正价值构造中包含程序公正与实体公正两个维度的价值取向。诉讼公正价值是诉权观及其相应制度的价值基础,宜与诉讼公正价值构造相呼应。从当代社会民事诉讼运用者对指引、支撑、统摄当事人权利体系的基本权利的现实需求看,诉权概念不仅应当是开启民事诉讼场域的基本权利,还应当是在民事诉讼场域内负载着

---

〔1〕 梁慧星:《论民事责任》,载《中国法学》1990 年第 3 期。

〔2〕 江伟、邵明、陈刚:《民事诉权研究》,法律出版社 2002 年版,第 153、155、156 页。

公正价值取向的能够保障民事诉讼沿着正当程序轨道运行的诉讼基本权利。因此,诉权的程序含义不应仅仅限定为向法院请求行使审判权的权利。倘若如是,诉权与作为重要权利的起诉权事实上是无法区别的;从诉权实现标的应当明确、诉讼标的应当明确的民事诉讼运行基本程序技术要求看,仅将诉权的实体含义解释为实体意义上的诉(给付权利主张或确认主张、变动法律关系的请求)仍不够明确。只有明确了当事人主张、请求中包含的具体争讼内容才能达到诉讼正常展开的明确性要求。进而言之,从民事诉权实为民事争议主体获得民事司法救济的权能的视角看,可将民事诉权界定为民事争议主体就民事纠纷诉诸法院并要求法院公正审判的救济权。这是一种具体的司法救济权、形式救济权。它具有程序和实体维度的二重含义,前者指民事争议主体可以在纠纷发生后运用民事诉讼程序并获得平等对待、公平审理;后者指民事争议主体有权获得以民事救济权及相应救济方式为标的之合法裁判。民事救济权及相应救济方式(救济权及相对方责任或者特定请求权及其自身救济方式)是当事人攻击防御的争点所在,也是当事人主张责任、举证义务、证明责任的生发之处。依据民事诉权的实体维度含义,宜将由民事救济权及相应救济方式构成的民事争讼法律关系(或言实质救济法律关系)作为诉权的实现标的。

无疑,认可在民事基础权利与民事诉权之间存在一种衔接性的、可使实体权利主张具体化的实质救济权,更便于法律解释和运用法律。如图1所示,实质救济权理论构造至少包含救济权主体、救济权行使逻辑、救济权要件、救济权行使方式。救济权主体不仅包含争议主体(权利主张者和他的相对方),还离不开裁判主体;救济权行使逻辑是“权利受损或受制—确信相对方责任—主张救济权—行使诉权”;救济权的要件包含本源权利存在的成立要件和相对方责任成立的实现要件;正常的救济权行使方式是起诉的方式(表现为给付之诉、形成之诉、确认之诉)、谈判及和解等自力救济方式。此外,禁止滥用救济权也是救济权行使的应有边界。

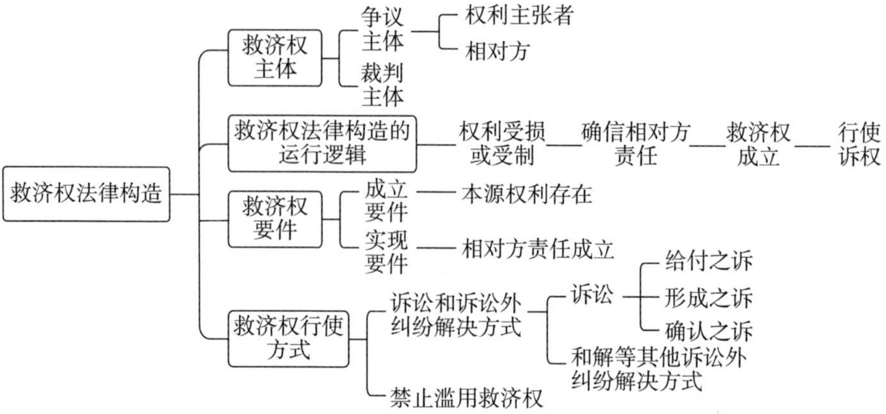

图1　实质救济权理论构造构成

实质救济权及其理论构造是为权利救济服务的法律思维工具。权利救济的必要性源于权利受损或者受制的事实。请求权是在民法与民事诉讼法分离时由罗马法上的诉权发展而来的概念。就法制史而言,在英国,是以诉讼形式(forms of action)的方式;在罗马,则是以诉权(actio)的形式来受理诉讼。因案件性质的不同采取不同的诉讼形式。诉讼形式或诉权都是类型化了的诉讼程序,并不具有相当于实体法上的权利的意义。德国民法典,也正是把罗马法中的各种诉权改换成"请求权"并进行整理统合之后才告完成。[1] 在罗马法上,诉权是获得公力救济的权利。请求权是一个给付之诉中的概念。请求权程序性背景的提示清晰地表明了,在方法上的起始,请求权只涉及给付之诉,而不涉及确定之诉和形成之诉。[2] 究其渊源,传统诉权观下给付之诉中的诉权实际上将作为实质救济权的请求权与作为形式救济权的诉权做了混同处理,因而也未能完成形式救济权与实质救济权的分化及形式救济权意义上的诉权概念塑造。公法诉权论的学说演变史实质上就

---

〔1〕 [日]谷口安平:《程序的正义与诉讼(增补本)》,王亚新、刘荣军译,中国政法大学出版社2002年版,第65、67页。

〔2〕 [德]扬·沙普:《请求权理论》,朱虎译,载徐国栋、方新军主编:《罗马法与现代民法》(第九卷),厦门大学出版社2016年版,第122页。

是一部形式救济权概念的建构史。

林诚二认为责任乃债权与诉权之中间桥梁。[1] 尽管这是债与责任一体化的民法观念以及传统诉权观下的一种认识,不过,这一观点阐明了责任在权利救济过程中的中介作用。在债与责任分离的民法场域中,责任乃权利与实质救济权与形式救济权之中间桥梁。权利救济的请求权模式(权利—权利的救济)固然有彰显保障民事权利的民法目的之益处,但是,救济权实现的具体过程中也需要借助相对方的法定负担能否成立来确定救济权能否实现。矛盾的对立面不仅相互依存,而且存在共同的基础和由此及彼的桥梁。[2] 在如何于权利主张者与相对方之间分配法定负担的矛盾中,权利和责任是对立统一的两个要素。在私法秩序中,它们既有同一性,也有斗争性。它们相互依存,无权利、无权利保障的必要,则没有设定相应责任的必要;权利与责任也可以相互转化,产生权利受损或受制的事实,权利会向相对方的责任转化。相对方的责任承担则转化为权利的实现。权利与责任是救济可能性与救济实现方式的关系。在斗争性方面,权利与责任有相互限制的关系。权利规定匮乏,相应的责任体系就难以健全。责任体系对各项权利的对应性不足,就会出现难以实现的权利。民事法律制度、私法秩序正是在权利、责任这对范畴的同一性与斗争性的相互作用下不断发展。权利、责任这对范畴需要在映射式关照中进行自身发展。在辩证法意义上,我国《民法典》专设民事责任一章,为形成权利、责任二元式权利救济路径提供充分的哲学依据;在比较法层面,这样的立法模式也是先进的。历经36年的修纂并于1994年生效的《魁北克民法典》一改传统民法不规定的民事责任的立法体例,规定了民事责任。这一立法革新在拉美地区获得认同,并产生了

[1] 林诚二:《论债之本质与责任》,载《中兴法学》1982年第19期。

[2] 《马克思主义哲学》编写组:《马克思主义哲学》(第2版),高等教育出版社2020年版,第116页。

较强的引领效应。[1]

在诉讼实践中,无论是以受损方权利为逻辑起点的解释路径,还是以致损方责任为逻辑起点的解释路径,最终都会汇聚于救济权成立要件这一焦点问题上。没有相对方的责任承担,救济权就不具有实效性,难成真正的救济权。在一般意义上,权利存在为救济权的成立要件,责任确定为救济权的实现要件。在民事争讼法律关系中,责任是实质救济权的实现要件。在与争讼法律关系对应的实质诉讼法规范中,责任是要件,救济权是法律效果。在诉讼裁判的实践意义上,在通常程序中无相对方责任则无救济权的实现。即便是确认权与形成权,相对方也需要承受确认、变更法律关系后的法定负担。司法实践中常见表述"权利主张无法律依据"常隐含着上述无相对方责任则无救济权的意涵。就请求权而言,权利主张者之相对方的责任成立构成请求权实现要件中不可或缺的部分。请求权主张者证明相对方责任成立是实现其请求权的必要条件。

(四)民事救济法律关系中实质救济权的类型

民事救济有两种程序,即自力救济与公力救济。[2] 当民事争议当事人选择公力救济时,民事救济权就与民事诉权产生行使过程中的衔接关系。有学者认为,依据作用及体现的权利内容的不同,民事救济权可分为救济性形成权、救济性请求权、抗辩权三类。民事救济权还可有其他分类。如依据体现的利益性质不同,可分为人身性救济权、财产性救济权、其他救济权等。[3] 笔者认为,救济一方的救济权除救济性请求权、救济性形成权之外,还应有救济性确认权。在公力救济程序中,请求权应用范围最为广泛,但不

---

〔1〕 徐国栋:《魁北克民法典的世界》,载《中外法学》2005年第3期;彭心倩:《魁北克民法典对我国民法典制定的启示》,载《湖湘论坛》2004年第1期。

〔2〕 杨振山、龙卫球:《民事救济权制度简论》,载《法学研究》1993年第3期。

〔3〕 杨振山、龙卫球:《民事救济权制度简论》,载《法学研究》1993年第3期。

意味着救济性形成权、救济性确认权这两种救济权不重要。包括请求权、救济性形成权、救济性确认权规范的救济权规范与责任规范都是行使救济权的法律依据。另有学者认为,根据区分原权与救济权的原理,请求权可分为原权请求权与救济权请求权。基于原权发生的请求权是原权请求权,例如,履行合同请求权、子女的抚养请求权等。基于救济权发生的请求权是救济权请求权,例如,基于侵害人格权、物权、知识产权等发生的请求权,基于不履行债务发生的请求权等。[1] 从《民法典》的规定来看,民事救济权宜分为要求救济一方的救济权及其相对方的救济权。抗辩是相对方的救济权。请求权、救济性形成权、救济性确认权都可在公力救济程序中行使,自力救济程序中可实现的救济权除了请求权还有原权意义上的形成权。[2] 抗辩的行使不以主动行使诉权为要件,可称为消极救济权;请求权、救济性确认权、救济性形成权的行使以主动行使诉权为要件,可称为积极救济权。

根据我国民法的规定,保护民事权利的基本方法是责任,责任是连接实体法与程序法的桥梁。请求权是权利派生的,请求权乃权利的表现,而非与权利同属一物。[3] 从区分不同的责任角度看,有什么责任方式,就有什么请求权,例如停止侵害请求权、排除妨碍请求权。[4] 在我国民法规范体系下,责任是一般性的救济方式,是救济权的前提条件,其外延范围更为完备。在请求权等实质救济权在民法中完全体系化之前,应以民事责任作为基本范畴展开竞合等权利救济问题的研究。作为诉权实现对象的救济性请求权、救济性确认权、救济性形成权等积极救济权都应当纳入研究范围之内。

---

〔1〕 魏振瀛主编:《民法》(第8版),北京大学出版社2021年版,第49—50页。

〔2〕 《民法典》中的形成权并不自然产生形成之诉。参见刘哲玮:《普通形成权诉讼类型考辨——以合同解除权为例》,载《中外法学》2014年第5期。

〔3〕 魏振瀛主编:《民法》(第8版),北京大学出版社2021年版,第49页;王泽鉴:《民法总则》(增订版),中国政法大学出版社2001年版,第92页;梁慧星:《民法总论》,法律出版社2001年版,第80页;孙宪忠《民法总论》,社会科学文献出版社2004年版,第77—78页。

〔4〕 魏振瀛主编:《民法》(第8版),北京大学出版社2021年版,第49页。

(五)民事责任竞合的概念界定

在历史悠久的汉语体系中,竞合是个新词语。当然这个新词语的"新"是相对于古汉语而非时下流行的网络新词而言的。目前,竞合主要应用于商业和法律领域。在商业领域,竞合这个词指的是竞争的同时也要合作的新型商事行为模式。[1] 竞合,在法律领域,指的是重合。民事诉讼、行政诉讼、刑事诉讼三个诉讼领域,分别适用不同性质的诉讼程序,确定不同性质的实体责任。责任的基础分类与民事诉讼、行政诉讼、刑事诉讼三个诉讼领域大体一致。不同性质的责任竞合,也可理解为跨诉讼领域的实体责任竞合。通常认为,这些实体责任可以并存并立,至于这些责任之间是否可以相互影响则需要甄别具体的法律运用环境。人们对竞合状态的一般认知既包括一个行为应承担两种乃至两种以上不同性质的法律责任的法律适用状态(如纵火行为人既应承担刑事责任,也需承担相应的民事责任),也包括一个行为应承担两种乃至两种以上同属民事责任性质的不同种类责任竞合的法律适用状态(如医疗事故行为人既可能承担侵权责任,也可能承担侵权责任)。随着法律的持续发展,部门法分支也更加精细。知识产权法、劳动法、经济法、自然资源和环境保护法等部门法的民事可诉性不断增强,加之公益诉讼的蓬勃兴起,民事诉讼的受案范围正在跨越传统意义上的私权益争议。尽管如此,民事诉讼仍保持着原告以要求对方履行民事责任或确认、变更争议民事法律关系为具体诉讼目的之基本特征。民事责任是在民事诉讼领域维系众多部门法分支的"枢纽"性概念。经济、社会飞速发展,民事性质的不同种类的责任竞合也变得更加复杂。目前,学界在超广义、广义、狭义三种层次上适用责任竞合的概念。超广义的责任竞合涵盖不同诉讼部门法确定的责任,实际上等同于责任聚合;广义的责任竞合概念涵盖了通过民事诉讼

---

[1] 近年来这种意义上的竞合已取得较大社会影响。参见《在竞合中求得更大发展》,载《人民日报》2019年6月12日。

所能确定的双方对立关系中的竞合与三方对立关系中的竞合。三方对立关系中的竞合常牵涉民法、经济法、社会法的民事争议中不同种类责任的竞合以及不真正连带责任语境中的民事责任竞合。[1] 狭义的责任竞合概念仅指发生在民法适用过程中民事责任的竞合。在庞大、复杂的责任竞合场域中，狭义的责任竞合是责任竞合的基础类型。本着先厘清责任竞合基础类型的争议问题并提出可行解决方案进而推动体系化的责任竞合现象的系统规制的研究趣旨，本课题的研究对象限定为狭义责任竞合的范围内。这种狭义的民事责任竞合法律现象具有如下特征：第一，发生在同一对当事人之间；第二，救济主张的单向性；第三，致害人责任的双重性（甚至多重性）。

在民事领域，《民法典》第 187 条规定的是法律责任聚合与民事责任优先原则。[2] 《民法典》第 186 条规制的是相同性质（民事）、不同种类的责任（违约责任与侵权责任）竞合现象。对于民事责任竞合这个法律概念，学者有不同表述。例如有学者认为，在民法上，不法行为人实施的某一违法行为符合多种民事责任的构成要件，从而在法律上导致多种责任形式，此种现象被称为“责任竞合”。从权利人（受害人）的角度看，因不法行为人的行为具有多重性，使其具有因多种性质的违法行为而产生的多重请求权，此种现象称为请求权竞合。不法行为人违法行为的双重性必然导致双重请求权的存在。[3] 若当事人的行为同时符合违约责任与侵权责任的构成要件时，即发生民事责任竞合。其基本特征有以下三点：第一，当事人之间存在法定和约定的双重权利义务；第二，行为侵犯的是复杂客体；第三，同一行为涉及多重民事责任规范调整。[4] 有学者认为，因同一生活事实引发可得适用的不同

---

〔1〕 参见林嘉、马特：《工伤赔偿请求权竞合问题研究》，载《法学论坛》2008 年第 3 期；刘雪梅：《保险责任与侵权民事责任的竞合》，载《西华大学学报（哲学社会科学版）》2004 年第 5 期。

〔2〕 王利明主编：《〈中华人民共和国民法总则〉条文释义》，人民法院出版社 2017 年版，第 470 页。

〔3〕 王利明、董安生：《合同责任与侵权责任竞合的比较研究》，载《法学研究》1989 年第 1 期。

〔4〕 蓝承烈：《民事责任竞合论》，载《中国法学》1992 年第 3 期。

责任规范即为责任竞合问题。[1] 学者们对责任竞合所具有的一个行为引发双重乃至多重责任的表象的认识是一致的，但是，对于其实质认识存在分歧。或认为违法行为的双重性是责任竞合的本质；[2] 或认为规范竞合是责任竞合的本质；[3] 或认为，在现行法规定的背景下，所谓违约责任与侵权责任的竞合，实质上是指赔偿损失的竞合。[4] 具体责任的形成过程是法律的评价过程。实体法律评价过程围绕规范（要件与效果）与事实两个要素展开。上述不同观点是基于不同法律评价对象展开的，在规范层面展开的分析，既有侧重要件的分析，也有侧重效果的分析；在事实层面展开的分析，既有侧重引起法律关系发生的行为的分析，也有侧重作为诉因的损害事实的分析。上述分歧折射出对复合责任状态的进行法评价的复杂性。

责任竞合不仅是一个民法现象，还是一个民事诉讼现象。在民事诉讼场域，责任竞合问题就是诉的竞合问题。因此，应当在法律适用过程中对此现象进行分析，围绕区分的理论与实践展开研究。民事诉讼中的法律适用构造由纠纷事实呈现——具有法律指涉性事实的发现——法律检索——确定可适用法条（法律评价的大前提确定）——纠纷事实分解（剥离无关事实）——发现法条适用的要件事实（法律评价的小前提确定）——涵摄——得出法律适用的结论。法律适用构造中，首先要根据纠纷当事人呈现给法院的纠纷事实发现法律指涉性事实。所谓法律指涉性事实，是指依据纠纷当事人陈述可以大致明确法律检索的线索与方向的纠纷事实。[5] 法律适用过程是一个用法律规范评价纠纷事实中的行为与事件的过程。当对一个现实行为进行法律评价时，首先要进行法律关系定性评价。法律关系定性评

---

〔1〕 张家勇：《中国法民事责任竞合的解释论》，载《交大法学》2018 年第 1 期。

〔2〕 王利明、董安生：《合同责任与侵权责任竞合的比较研究》，载《法学研究》1989 年第 1 期。

〔3〕 蓝承烈：《民事责任竞合论》，载《中国法学》1992 年第 3 期。

〔4〕 张民、崔建远：《责任竞合的“收”与“放”——我国〈合同法〉第 122 条规定的解释与适用》，载《国家检察官学院学报》2011 年第 5 期。

〔5〕 毕玉谦主编：《民事诉讼法学》（第 2 版），中国政法大学出版社 2021 年版，第 7 页。

价又得起步于案涉行为会引起单一法律关系还是双重法律关系的评价。在此评价过程中,可用法律规范调整范围是否重合这个重要的评价要素,同时也要从诉的区分视角求解。如果一个现实行为可用两种法律规范(如侵权法律规范、违约法律规范)加以评价,那么,该案件存在发生双重法律关系的可能。如果没有在先客观存在的规范竞合,也难以做出一个现实行为是否双重违法的评价,因此,可以说规范竞合与双重违法行为同时构成责任竞合现象发生的客观条件。学者们的讨论推动了责任竞合现象的具体化。责任的构成要件与违法行为、违约行为的构成要件密切关联,但虑及责任能力(年龄与精神智力状态)因素导致的民事责任与民事违法行为、违约行为的差别以及主观过错并非无过错责任、公平责任的构成要素,有学者提出一个高度抽象的责任构成要件思路,即责任主体要件、特定事实要件、形式性要件。[1] 形式要件是形成特定责任的法律规定依据。一般而言,民法规范结构由要件与法律效果构成。如果法律效果的要件不重合,那么法律效果也不应重合。应否对权利人追求的重合的法律效果作出责任竞合的法律判断,还要取决于重合的法律效果的要件是否重合。在此意义上,责任竞合可以理解为一个现实行为同时触犯两种甚至两种以上的法律规范,因而权利人可以主张两种乃至两种以上的救济方式、相关主体会承受两种乃至两种以上的法定负担,当且仅当权利人追求的两种法律效果的要件确有重合时,两种法律效果方重合的法律适用状态。从责任系救济方式的性质出发,责任竞合是指受损方因一个不法行为所受损害而获得双重民事救济的现象。从责任系合理负担的性质出发,责任竞合是指致损方因一个不法行为而要在民事领域承受双重负担的现象。不过,也需注意,没有民事诉讼,责任竞合现象并非必然发生。只有当权利人以不同种类的法律规范为权利依据或者请求权基础,针对行为人的不同性质的违法行为追求不同的法律效果并

[1] 夏锦文主编:《法哲学关键词》,江苏人民出版社2013年版,第310—311页。

一并起诉或者先后起诉且被追求的法律效果的要件(行为或损害)确有重合时,责任竞合现象才真正形成。申言之,民事责任竞合亦指一个不法行为引起可适用法律规范的重合并最终在民事诉讼中形成的诉的竞合的现象。双重救济可能导致双重负担,但也有可能只实现了一种应受保护的权利,对方也只承受一种法定负担。故此,应以民法与民事诉讼法双向互动的视角来谋求民事责任竞合现象的妥当化解之道。

如前所述,民事责任是民事权利的救济方式、救济权的实现要件。救济权构成复杂。原权请求权或原权救济权与基础权利的概念功能相同,纳入救济权体系的实益不大且容易致使救济权体系复杂化。在理论上,一旦发生责任竞合,就会呈现请求权之间的竞合;请求权与救济性形成权;请求权与救济性确认权之间的竞合;救济性形成权、救济性确认权之间的竞合等竞合形态。本课题研究聚焦《民法典》第 186 条的规定,并以请求权竞合作为研究的焦点对象。

三、本课题研究的文献综述及主要研究内容、研究重点与研究方法

(一)本课题研究的文献综述

对于民事责任竞合问题,我国学术界与实务界已经展开二十余年的研究,积累了厚实的研究成果,不过在研究思路与解决问题的方式与方法上仍存在明显的分歧。立足法律的可预期性和诉讼参加者的基本预期,民事责任竞合现象涵盖三个层层递进的基本问题:第一,受理效果问题,即法院应否受理竞合后诉的问题?第二,胜诉效果问题,如果法院受理竞合后诉,应该如何对待竞合后诉中原告提出的诉讼请求?第三,受理效果与胜诉效果的系统优化问题,即如何对待裁判文书生效后及诉讼过程中提起竞合后诉带来的诉讼成本增加问题?对于受理效果问题,目前实体法进路与诉讼法

进路的研究成果存在见解分歧。目前仍比较突出的争议是胜诉必然性对受理效果的影响。有这样一种认知逻辑,因为民事责任竞合或者请求权竞合会引起重复赔偿,所以在民事责任竞合时受损害方只能选择主张一种请求权来起诉。或云,请求权竞合时,不允许当适用一种责任失败或者不足后,又补充适用另外一种责任。[1] 或云,竞合合并在实践中表现为同一个原告对同一个被告,在实体法上享有几种独立的请求权。但是,“禁止重复评价”是我国民事诉讼的基本原则。这些独立的请求权,在起诉的时候只能主张之一。[2] 对此认知逻辑值得省思的是,受理效果与胜诉效果是可以混淆的法律效果吗?受理效果与胜诉效果各自的要件是一致的、相通的还是井然有别的?如果胜诉必然性对受理效果具有决定性影响,那又如何解释不应拒绝受理超过诉讼时效的起诉的制度逻辑呢?有学者提出可通过诉的利益衡量来解决请求权竞合问题的建议。[3] 这就牵涉到是否有必要在现行受理制度之外再设定获得实体审理的法律效果的问题。即便在制度上确立了获得实体审理的法律效果以及相应的诉讼要件,不具有胜诉必然性是否一定欠缺诉的利益呢?不展开实体审理又何以确定一个起诉行为的胜诉必然性或者败诉必然性呢?如果后诉与前诉存在胜诉利益差,诉的利益又如何衡量呢?诉讼法进路上对民事责任竞合案件的受理效果的探讨也争议甚大。诉讼法进路上的民事责任竞合问题主要是竞合后诉是否落入前诉裁判文书既判力客观范围之内的问题。既判力客观范围又有形式维度与实质维度之别。形式维度需校验既决文书生成既判力的具体部分(主文、判断理由、审理程序记载部分、诉讼请求记载部分),实质维度需校验竞合后诉与前诉的诉的客体是否同一。民事诉讼中既决文书的效力(主要是确定判决效力)体

---

〔1〕 吴庆宝:《论侵权责任与违约责任竞合的限制》,载《法律适用》2002 年第 8 期。

〔2〕 李盛烨:《诉的合并的实证形态和“三维”认定——以立案工作遇到的诉的合并疑难案例为切入点》,载《法律适用(司法案例)》2019 年第 4 期。

〔3〕 吴英姿:《诉讼标的理论“内卷化”批判》,载《中国法学》2011 年第 2 期。

系是展开既判力客观范围分析的思维框架基础。基础思维框架的差异对分析结论存在显著影响。目前民事诉讼法学界最有影响力的判决效力体系学说是认为判决效力体系包括判决原有效力(既判力、执行力、形成力)、附随效力(诉讼时效中断效力等法定附随效与争点效、反射效等法理附随效)、事实效力的三维体系说;[1]较有影响的是认为判决效力体系包括判决的规范意义效力(判决的既判力、执行力和形成力)和事实上的效力(主要包括证明效、波及效、裁判程序效等)的二维体系说。[2] 另有学者提出区分确定判决之判决主文和判决理由的效力,确定判决之判决主文的效力涵盖既判力、形成力和执行力,确定判决之判决理由的效力涵盖预决效力和先决效力的判决效力谱系修正思路。[3] 对此判决效力谱系修正思路值得进一步思考的是,既然以判决书构成为标准划分判决效力,判决书中对诉答过程、辩论过程的记载部分是何效力状态?先决效力与预决效力究竟是本案效力还是案外效力?新近有学者提出不妨借助比较法(主要是德国)上的"同一性"与"先决性"这两个范畴针对前后诉主客体之间的关系组合重新整理判决效力体系的思路。[4] 这是一个以判决效力的要件而非法律效果本身重构判决体系的思路。判决效力是个复杂系统。如果不对本案判决效力系统与案外判决效力系统以及下一层级的法律效果系统与要件系统加以区分,难免不陷入系统混沌状态。本案判决效力系统中的实体效(法益效、事实效)、程序效、实体与程序交融效是否都以后诉与前诉的同一性作为法效果要件?案外判决效力系统的实体效(法益效、事实效)、程序效、实体与程序交融效是否都以先决性作为法效果要件?先决效力、证明效力与预决免证效力(司法认知免证效力、自认免证效力、推定免证效力的同属概念)的概念分歧是否

---

[1] 张卫平:《民事诉讼法学》(第五版),法律出版社 2019 年版,第 440—443 页。

[2] 林剑锋:《民事判决既判力客观范围研究》,厦门大学出版社 2006 年版,第 18—19 页。

[3] 丁宝同:《论争点效之比较法源流与本土归化》,载《比较法研究》2016 年第 3 期。

[4] 陈晓彤:《比较法视角下中国判决效力体系化研究》,中国社会科学出版社 2020 年版,第 13、61 页。

本身就意味着事实效力层面的先决性是具有争议性的？如果对同一性做“松散意义上”的理解、对“先决性”做“广义上的”理解，在体系分类标准上是否过于“灵活多变”？尽管上述判决效力体系修正或重整思路仍需要回应上述质疑，毋庸置疑的是，这些思路显然是非常有价值的尝试。这也表明对判决效力体系抑或系统的研究正处于在争议中谋求至善的状态。在既判力客观范围的形式维度，就既决文书具体部分（主文、判断理由）的裁判效力，学界存在裁判理由既判力说、裁判理由争点效说、裁判理由先决效力与预决效力说等不同学术观点。[1] 在既判力客观范围的形式维度与实质维度（诉的客体同一性）有时会产生叠加效应。判决理由中的事实判断有既判力的诉讼效果和采诉讼标的诉讼法说识别诉的客体的诉讼效果几乎是一样的。近二十年来在民事责任竞合问题阈下对既判力客观范围识别的探讨主要是在既判力客观范围即诉讼标的之分析框架之下展开的。就此议题，学术观点分歧明显。20 世纪 90 年代后期，有学者的观点倾向于诉讼标的实体法说。[2] 也有学者的观点倾向于诉讼标的诉讼法说。[3] 进入新世纪以来，更多学者的观点倾向于诉讼标的诉讼法说。[4] 也有学者倾向于诉讼标的新实体法说。[5] 还有学者认为，应当以案件事实为审判对象，结束新旧诉讼标的理论之间的争鸣。[6] 无论依据诉讼标的诉讼法说、诉讼标的新实体法说还

---

〔1〕 胡军辉：《民事裁判既判力问题新探索》，法律出版社 2018 年版，第 46 页；柯阳友：《民事诉讼中的争点效理论初探》，载《北京科技大学学报（社会科学版）》2007 年第 3 期；郭翔：《民事争点效力理论研究》，北京师范大学出版社 2010 年版，第 240—253 页；丁宝同：《论争点效之比较法源流与本土归化》，载《比较法研究》2016 年第 3 期。

〔2〕 江伟、肖建国：《论既判力的客观范围》，载《法学研究》1996 年第 4 期。

〔3〕 张卫平：《论诉讼标的及识别标准》，载《法学研究》1997 年第 4 期。

〔4〕 江伟、段厚省：《请求权竞合与诉讼标的理论之关系重述》，载《法学家》2003 年第 4 期；张彩娟：《既判力的客观范围论略》，载《西南民族大学学报（人文社科版）》2005 年第 3 期；袁彬：《既判力客观范围再研究》，载《常熟理工学院学报》2005 年第 5 期；郗伟明：《论诉讼标的与请求权规范之竞合——以旧诉讼标的理论的两岸实践为视点》，载《法商研究》2016 年第 3 期。

〔5〕 赵信会：《既判力客观范围理论既判力客观范围的历史考察与现实定位》，载《理论探索》2006 年第 2 期；夏璇：《民事重复起诉研究：司法控制与诉权保障的博弈》，厦门大学出版社 2020 年版，第 153 页。

〔6〕 梁开斌：《民事诉讼标的理论争鸣的终结》，载《甘肃政法学院学报》2009 年第 4 期。

是诉讼标的之案件事实观，对待民事责任竞合问题的解决方案大体都倾向于前诉既决文书既判力遮断竞合后诉。这样的解决方案在体现正义的效益价值、法安定性价值和维护法秩序的制度目的方面的优势是非常明显、非常突出的，充分体现了前瞻性智慧。不过，这样的前瞻性方案是否符合人民群众感知正义高度的正义价值观的公正导向？能否与充分保护民事权利的制度目的相协调？可否实现“案结事了”“从源头上解决纠纷”的彻底解决纠纷的制度目的？对这些问题亦需再行斟酌。我国还有不少学者分析论述了传统诉讼标的学说在我国民事诉讼中的实定法依据和制度整合优势、司法可操作性上的比较优势。〔1〕此间分歧是一种应然性与实然性的判断分歧。在区分受理效果与胜诉效果以及如何从胜诉效果视点解决民事责任竞合问题维度上，未见分析透辟的观点。就受理效果与胜诉效果的系统优化问题，目前学界主要争议点是要不要通过诉的客观合并来整体性解决民事责任竞合问题以及为竞合问题设定怎样的诉的客观合并形态。就前者，我国学者中既有持否定合并说者，也有持诉的合并说者。否定合并说以诉讼标的诉讼法说为前提。该说的代表性观点是，在实体法上请求权发生竞合的场合，由于诉之声明和事实理由均为单一，诉讼标的也为单一，当事人同时提出的各种法律依据，只能认为是不同的法律评价或者是攻击手段，因此并不存在诉之合并的情形。〔2〕诉的合并说的主张者中，又有三种不同的观点。第一种观点的要义为，应以诉的竞合合并（重叠合并）或选择合并化解请求权竞合

---

〔1〕 李龙：《对民事诉讼标的理论的透视及反思》，载《常德师范学院学报（社会科学版）》1999年第3期；王娣、钦骏：《民事诉讼标的理论的再构筑》，载《政法论坛》2005年第2期；张永泉：《民事之诉合并研究》，北京大学出版社2009年版；严仁群：《实体法：请慎入程序法之域——以民事责任竞合为例》，载《法律科学》2010年第3期；段文波：《请求权竞合论：以诉之选择性合并为归宿》，载《现代法学》2010年第5期；严仁群：《诉讼标的之本土路径》，载《法学研究》2013年第3期；李磊：《请求权竞合解决新论——以客观预备合并之诉为解决途径》，载《烟台大学学报（哲学社会科学版）》2016年第4期；王德新：《〈民法典〉中请求权竞合条款实施研究》，载《法学杂志》2021年第5期；郑涛：《民事诉讼禁止重复起诉研究》，社会科学文献出版社2019年版，第89—94页。

〔2〕 李仕春：《诉之合并制度的反思与重构》，载《法商研究》2005年第1期。

问题。[1] 第二种观点的要义为,应该通过诉的客观预备合并之诉来解决请求权竞合问题。[2] 第三种观点的要义为,应区分律师代理与本人诉讼分别设立预备合并与选择合并的程序构造。[3] 上述研究成果是众多学者、实务专家多年心血与智慧的结晶。这些研究成果为本课题研究的展开奠定了坚实的学理基石,为本课题研究开启了多扇思维之窗。

(二)本课题的主要研究内容

研究过程中主要对下列内容进行研究。第一,厘清民事责任竞合规定的规范目的是充分保护权利、化解请求权竞合冲突还是平衡权利保护与审判负担及被告权益?禁止重复起诉规则的规范目的是避免诉权滥用、维持程序安定性还是在诉权保护与审判负担之间寻求平衡?对此,本课题研究过程中力图通过辨析学理解释、法律适用解释加以明确。第二,通过实证分析解明民事责任竞合规定诉讼适用中我国法院识别重复起诉的实践样态。第三,明确民事责任竞合语境中请求权与诉讼标的之间的关系。“同一诉讼标的”是判断重复起诉的标准之一,也是重复起诉判断标准中的基础标准。本课题研究中力图解明请求权之间最适切的关系样态。第四,民事责任竞合语境中阐明既判力客观范围限定对重复起诉识别的影响。依“请求权 = 诉讼标的 = 既判力客观范围”的阐释范式,就同一事实提起的新的请求权并不在既判力的客观范围之内,受损方的后诉不应被列为重复起诉。这与民事责任竞合规定的规制目的是否相合,又能否为当事人、实务界接受?本课

---

〔1〕 段文波:《请求权竞合论:以诉之选择性合并为归宿》,载《现代法学》2010 年第 5 期;严仁群:《实体法:请慎入程序法之域——以民事责任竞合为例》,载《法律科学》2010 年第 3 期;张永泉:《民事之诉合并研究》,北京大学出版社 2009 年版,第 64 页;李龙:《民事诉讼标的理论研究》,法律出版社 2003 年版,第 184 页。

〔2〕 李磊:《请求权竞合解决新论——以客观预备合并之诉为解决途径》,载《烟台大学学报(哲学社会科学版)》2016 年第 4 期;王德新:《〈民法典〉中请求权竞合条款实施研究》,载《法学杂志》2021 年第 5 期。

〔3〕 袁琳:《基于“同一事实”的诉的客观合并》,载《法学家》2018 年第 2 期。

题研究过程中力图通过实证分析破解这一困惑。第五,阐明法律适用方法对民事责任竞合语境中重复起诉识别的潜在影响。我国目前通行的争点裁判方法与新近被倡导的请求权基础分析方法、要件事实分析法如何整合的问题不仅对重复起诉识别问题有直接影响,也关系到民事诉讼理论与实践的逻辑自洽性。本课题研究过程中对此问题也展开了深入研究。第六,在规范分析、理论剖析、实证分析的基础上,本课题组将提出解决民事责任竞合规定适用中重复起诉识别问题的优化方案。

(三)本课题的研究内容重点

本课题研究的重点是发现并阐述《民法典》民事责任竞合规定适用中识别重复起诉存在的问题;在梳理此规定适用路径的基础上,全面归纳诉讼实践中对诉讼标的、既判力客观范围、重复起诉界定标准的认知状况;剖析诉讼实践思维与既有的诉讼标的理论、既判力客观范围理论的偏离之处及因由;在法律适用、法律解释、法律修正层面提出优化重复起诉识别方法的对策。

(四)本课题的研究方法

本课题研究过程中力求从研究角度新、研究方法新、研究结论新三方面谋求创新。《民法典》对民事实体法体系的整合与更新为本项研究提供了新的契机。本项研究以民事责任竞合规定适用中重复起诉识别问题这一实体法与程序法的交接点、理论发轫点为研究对象,采取以诉讼法理论透视实体法适用解释并展开反馈式理论自省的研究角度;采取对裁判文书进行大数据分析的新方法;力图在研究结论中提出言之有理、适应国情的对策,在基本理论发展方面提出新见解。

第一章　责任竞合与重复起诉的规制目的

> 民事法律制度以程序保障为基准、优先保护民事权利，顺势解纷、维护法秩序的目的系统与感知正义诉讼正义观为先导的价值系统是高度契合的。
>
> ——题记

《民法典》的责任竞合规范与民事诉讼法规制重复诉讼的法律规范同为规制责任竞合现象的法律依据。它们相互结合、彼此呼应，共同发挥着阻却责任竞合现象消极效应的作用。在现行法规范的解释方法体系中，文义解释、体系解释是法律应用方法论中的基础方法。不过，在《民法典》实施的场域中，仅依靠这两种解释方法恐难适应实体法与程序法结合运用的复杂实践的需求。

一、责任竞合规范的规制目的

《民法典》的责任竞合规范与民事诉讼法规制重复诉讼的

法律规范的法律适用效果、结合状况仍需持续观察。对现行法律规范实施状况展开实证分析，透析当下应对责任竞合现象的制度供给是否充分，也需准确把握责任竞合规范的规制目的。唯其如此，才能敏锐发现规范解释、规范运用中的偏离制度目的迹象。

作为民事责任竞合的一般规定，《民法典》第186条规定，因当事人一方的违约行为，损害对方人身权益、财产权益的，受损害方有权选择请求其承担违约责任或者侵权责任。对此规定，实务界、学术界一直有不同的解释路径。有实务专家认为，请求权竞合时，不允许当适用一种责任失败或者不足后，又补充适用另外一种责任。[1] 另有实务专家则认为，竞合合并在实践中表现为同一个原告对同一个被告，在实体法上享有几种独立的请求权。但是，“禁止重复评价”是我国民事诉讼的基本原则。这些独立的请求权，在起诉的时候只能主张一个。[2] 在性质论层面，就民事责任竞合抑或请求权竞合的性质，有法条竞合说、请求权竞合说、请求权规范竞合说等学说。[3] 这些年来，有学者提出过认同请求权相互影响说或请求权规范竞合说的主张。[4] 但是，大多数学者认为我国请求权竞合规定的解释理据是请求权自由竞合说。该说堪称我国民法学界的通说。[5] 依据请求权规范竞合说，同一行为因其多种法律规范的适用而产生多种法律效果时，仅为法律规范竞合，只产生一个请求权。这时诉讼中就仅有一个诉讼标的。我国请求权竞

---

〔1〕 吴庆宝：《论侵权责任与违约责任竞合的限制》，载《法律适用》2002年第8期。

〔2〕 李盛烨：《诉的合并的实证形态和“三维”认定——以立案工作遇到的诉的合并疑难案例为切入点》，载《法律适用（司法案例）》2019年第4期。

〔3〕 崔建远：《合同法》（第7版），法律出版社2021年版，第232—233页。

〔4〕 叶名怡：《〈合同法〉第122条（责任竞合）评注》，载《法学家》2019年第2期；舒瑶芝：《侵权责任与违约责任竞合的探讨》，载《河北法学》2002年第3期。

〔5〕 崔建远：《合同法》（第7版），法律出版社2021年版，第235页；《民法学》编写组编：《民法学》，高等教育出版社2019年版，第329页；韩世远：《合同法总论》（第4版），法律出版社2018年版，第892页；李宇：《民法总则要义：规范释论与判解集注》，法律出版社2017年版，第875页；傅鼎生：《赔偿责任竞合研究》，载《政治与法律》2008年第11期；王利明：《合同法新问题研究》，中国社会科学出版社2003年版，第754页；崔建远：《合同责任研究》，吉林大学出版社1992年版，第166页。

合规定中“有权选择”“违约责任或者侵权责任”等表述表明一个行为牵涉多个法律规范时可以产生一个以上请求权、可以形成一个以上诉讼标的。因此,我国请求权竞合规定的理据应为请求权自由竞合说而非请求权规范竞合说;再有,目前请求权竞合规定难以解析出请求权可以相互影响的文义。相较而言,请求权自由竞合说更能充分保障受损方权利,符合新时代的诉讼公正观,应予肯定。[1] 立法机关的同志认为,违约责任与侵权责任的竞合,是指义务人的违约行为既符合违约要件,又符合侵权要件,导致违约责任与侵权责任一并产生。也就是说,受损害方既可以就违约责任行使请求权,也可以就侵权责任行使请求权。这就产生了两种请求权竞合的情况。在两种请求权同时存在的情况下,如果允许受损害方同时行使双重请求权,则使违约方承受双重责任,这对违约方来说显失公平;从受损害方来说,受损害方获得双重补偿,又会构成受损害方不当得利,也不合理。因此,根据公平原则,《民法典》第186条规定,受损害方可以在两种请求权中选择行使一种请求权。这意味着受损害方只能行使一种请求权,如果受损害方选择行使一种请求权并得到实现,那么另一种请求权即告消灭。但是,如果受损害方行使一种请求权未果,而另一种请求权并未因时效而消灭,则受损害方仍可行使另一种请求权。[2] 在上述释义表述中,“如果受损害方选择行使一种请求权并得到实现,那么另一种请求权即告消灭”这句话明确了竞合请求权中的另一种请求权消灭的前提是受损方主张的请求权已经得到实现。这表明立法机关在设定本条规定规范目的时预设了多层目的,不过,首要目的是保障受损方权益。《民法典》中具体规定的规制目的是《民法典》立法目的之具体体现。民事责任竞合规定也非例外。《民法典》第1条规定,为了保护民事主体的合法权益,调整民事关系,维护社会和经济秩序,适应中国特色社会主义发展要求,弘扬社会主义核心价值观,根据《宪法》,制定本法。立法机

[1] 韩波:《论请求权竞合时诉的客观合并之形态》,载《现代法学》2022年第1期。
[2] 黄薇主编:《中华人民共和国民法典释义》,法律出版社2020年版,第370页。

关的同志认为,《民法典》第 1 条规定了《民法典》五个方面的立法目的:一是保护民事主体的合法权益;二是调整民事关系;三是维护社会和经济秩序;四是适应中国特色社会主义发展要求;五是弘扬社会主义核心价值观。保护公民的各项基本权利是《宪法》的基本原则和要求,保护民事主体的合法权益是民法的首要目的,也是落实和体现宪法精神的表现。[1] 在此多层次立法目的论下,保护民事主体的合法权益既是首要目的,也是民法立法目的体系中的其他目的之基石。在前述释义的语境中分析,对责任竞合时竞合请求权的实现方式是择一实现而非仅仅止步于择一主张或择一起诉的表述看,在理解责任竞合规定的规制目的时,应保持民事责任竞合规定规制目的与民法立法目的一致性,在兼顾受损害方权益、违约方的责任、公平的民法秩序时,首要考虑是受损害方的权益的有效保护。简而言之,民事责任竞合规定的规制目的是充分保障受损害方实体权利及诉权,兼顾被告方利益及审判负担。[2] 《民法典》的五个立法目的之间的逻辑关系是递进关系。凭借保护民事主体合法权益利导效应的社会传导力,才能有效调整民事关系,才能有效维护社会和经济秩序。在此基础上,《民法典》才能彰显适应中国特色社会主义发展要求与弘扬社会主义核心价值观的立法目的。保护合法权益是《民法典》的首要目的。这是在局部层面理解诸如责任竞合这样的具体制度规制的时的基本考量。

综上所述,《民法典》第 186 条规定了民事责任竞合时受损害方的行为模式是择一实现竞合请求权。同时还规定了未主张请求权的消灭要件:第一,在进行法评价时会出现责任竞合;第二,前诉与后诉的诉讼理由是基于一个违约行为;第三,前诉请求权已经实现。就此而言,该规定是确定受损害方再诉能否胜诉的实体法依据。如果再诉中其主张的请求权已经消灭则其诉讼不能产生胜诉效果,亦即不能取得诉讼请求获得支持的判决。质言

---

[1] 黄薇主编:《中华人民共和国民法典释义》,法律出版社 2020 年版,第 12 页。
[2] 韩波:《论请求权竞合时诉的客观合并之形态》,载《现代法学》2022 年第 1 期。

之,允许竞合但禁止重复赔偿是民事责任竞合制度目的之实质所在。除胜诉效果外,这条规定是否会对程序范畴的受理效果发生规制作用呢?正如超过诉讼时效的起诉行为尽管可能被判决驳回诉讼请求,但是并不能因此而禁止受损害方起诉,作为一条实体法的规定,该规定的规制范围应当只限于双重请求权不能都获得支持的实体性法律效果。民事诉讼中允许超过诉讼时效的受损害方起诉的实践合理性很大程度上是因为诉讼过程中存在相对方认诺或者放弃抗辩的可能性。民事责任竞合时,也存在受损害方的相对方认诺或者放弃抗辩的可能性。在诉讼原理上,通常认为民事诉讼中允许超过诉讼时效的受损害方起诉的法理依据在于超过诉讼时效起诉的原告只是可能丧失胜诉权,而其起诉权并未丧失。在民事责任竞合规定对能否产生不应受理效果的问题上,不援用上述法理依据似无特别充分的理由。此外,该规定中的"有权请求"之后是指称相对方的"其"而不是法院,该规定中的"请求"指的应是受损害方向相对方提出要求的意思,而不是受损害方向法院提出的救济主张的意思。由是,即便受损害方在前诉中胜诉,再提起以另一个请求权基础为据的诉讼并不能依据《民法典》第 186 条否定其起诉的合法性。另一个牵涉诉的合法性的问题是受损害方是否有权合并起诉。在责任竞合时受损害方有权选择请求责任方承担违约责任或者侵权责任。"或者"作为连词用在叙述句中,表示在几个连接的成分中选择一个。[1] 这是否意味着,民事责任竞合时受损害方诉讼的选择形式只能是"单选"而不能"双选"?依据前述胜诉权与起诉权分离、胜诉效果与受理效果分离的现代诉讼原理,对此问题的回答应当是否定的。如前所述,《民法典》第 186 条的规制范围应当只限于双重请求权不能都获得支持的实体性法律效果,"或者"一词并非民事责任竞合时合并起诉形式的法律"壁垒"。如此解释不免要引起这样的困扰,如果受损害方在一个诉讼中同时要求对方承担侵权责

[1] 《汉语大词典》编写委员会:《汉语大词典》,商务印书馆国际有限公司 2003 年版,第 467 页。

任、违约责任的诉的形式合法是否会与受损害方的竞合请求权只有一个能获得支持的实体效果形成紧张关系。这样的困扰并非“杞人忧天”。如果没有健全的诉的客观合并程序技术作为保障,这样的困扰在一审以及二审的审理、判决诸环节一直会存在。

二、规制重复起诉的目的

通常而言,重复起诉就是起诉人以相同的事由又一次提起诉讼的行为。在不同语境中,“重复”表达的词义不同。在有的语境中,重复是个中性词。比如,在教育语境中,我们常说重复是记忆之本。在这个语境中的重复就是一个中性词。在民事诉讼中,一个起诉人基于相同事由反复起诉却是应给予消极评价的不正当行为。民事诉讼运行过程中,当事人就一个纠纷事实并非总是只提起一次诉讼。由于各种,有的当事人在案件受理后乃至判决确定后仍会另案再诉。因为纠纷事实发生的具体情境不同,另案再诉既可能是与前诉事由不同的应当受理的另案新诉,也可能是与前诉事由相同的重复起诉。与通常的一次起诉制度相比,另案再诉的制度应当是受理制度中的比较特殊的具体制度。另案再诉制度又可分为另案新诉受理制度与重复起诉禁止制度。如有学者所发现的,《最高人民法院关于适用〈中华人民共和国民事诉讼法〉的解释》(以下简称《民诉解释》)第 247 条的体现的“三同说”就同一法律关系下的不同请求再诉、同一事件或同一纠纷下不同请求的再诉,可以给出应当受理的确定答案。上述类型的再诉在诉讼实践中被认定为另案新诉的案例也频频出现。[1] 另案新诉与重复起诉之间非此即彼的关系导致相应制度也形成矛盾型不相容关系。识别重复起诉之所以成为一个民事诉讼问题,是因为另案再诉可能是重复起诉,也可能是另案新诉。

---

〔1〕 严仁群:《既判力客观范围之新进展》,载《中外法学》2017 年第 2 期。

如果不能对另案再诉行为准确定性就会侵害起诉人的起诉权并进而剥夺其公平审判获得权。

责任竞合时，起诉人的诉讼方式有两种。一种是接续诉讼，即先提起一个诉讼，在该诉讼获得受理后再提起另一个诉讼。或者先提起一个诉讼，在该诉讼获得确定判决后，再提起另一个诉讼。另一种是合并诉讼，即一并提起违约之诉与侵权损害赔偿之诉。合并诉讼显然不符合重复起诉的两个诉讼先后提起的基本特征。接续诉讼发生重复起诉的可能性较大。如果合并诉讼受阻，这种诉讼方式就又极易转化为接续诉讼。故此，本项研究统合关照这两种诉讼方式并以此作为实践层面的研究出发点。

（一）规制重复起诉的规范体系

1. 基本法律层面的规范体系

在我国的民事诉讼法的制度框架下，重复起诉现象是案件受理制度的调整对象。判决效力规范体系与共同管辖规范直接发挥规制重复起诉的作用。

（1）《民事诉讼法》第 127 条的规制作用

在我国民事诉讼受理制度中规定了一项起诉获得受理的积极要件与消极要件。根据《民事诉讼法》第 122 条的规定，一项起诉获得受理的积极要件有原告是与本案有直接利害关系、被告明确这两项当事人要件；诉讼请求和事实、理由具体的客体要件；法院有权主管、受诉法院有管辖权的审判主体要件。第 127 条规定了涉及主管与管辖、既决案件、特殊起诉期限三方面的消极要件。既决案件消极要件的具体内容是“对判决、裁定、调解书已经发生法律效力的案件，当事人又起诉的，告知原告申请再审，但人民法院准许撤诉的裁定除外”。对另案再诉而言，若要获得受理就先得满足案件受理的积极要件。满足积极要件，而不存在消极要件，则为另案新诉；满足积极要件，却存在既决案件消极要件，则为重复起诉。

我国《民事诉讼法》第127条、第158条、第182条都没有明确使用"既判力"的概念。有学者认为,固然没有明示的"既判力"一词,但结合既判力的理论思考,它们无疑是中国民事判决的既判力之法律依据。因为,所谓"发生法律效力的判决"或"终审的判决",从立法精神来看,具有一个显著的特点,即其确定性。〔1〕尽管这种因既决案件文书生效而禁止后诉提起的法律效果是否完全等同于既判力尚待后续深入探究,但是《民事诉讼法》第127条确属我国规制重复起诉的重要制度。

(2)《民事诉讼法》第36条的规制作用

在日本、德国等国家的民事诉讼中,不仅通过既判力的遮断效来规制判决生效后的重复起诉,还通过诉讼系属的排除效来规制诉讼进程中的重复起诉。大陆法系代表性国家诉讼系属制度类似于我国民事诉讼中的受理制度,但仍存在较大差异。〔2〕诉讼系属制度与我国民事诉讼中的受理制度最直观的差异在于是否有明确的效力规定。比如,《日本民事诉讼法》第142条规定,当事人不能再次对系属于裁判所的案件提起诉讼。〔3〕《德国民事诉讼法》第261条对诉讼系属作出更完整的规定,即"(1)案件因提起诉讼而发生诉讼系属。(2)在诉讼过程中才提出请求权的,自在言词辩论中主张请求权时或者符合第253条第2款第2项要求的书状送达时发生诉讼系属。(3)诉讼系属具有下列效力:①在诉讼系属期间,各当事人不能再以其他途径令案件系属;②受诉法院的管辖权不因作为管辖权基础的情形发生变化

---

〔1〕常怡主编:《比较民事诉讼法》,中国政法大学出版社2002年版,第239页。

〔2〕在大陆法系国家,就诉讼系属中的前诉与后诉关系存在不同认识。第一种观点认为,当前诉处于诉讼系属中时,如果当事人提起的后诉与前诉相同(如诉讼请求相同),那么后诉法院应当以不合法驳回后诉。第二种观点认为,禁止重复诉讼除了驳回后诉,还应当包含在某些情形下当事人不得另行起诉,但可以与前诉合并审理。在特定的情形下,如果出现提起后诉的情形,那么对后诉的处理是实现强制性合并,而非简单地予以驳回。比较典型的是基于同一法律关系提起的反诉与本诉的合并。参见张卫平:《重复诉讼规制研究:兼论"一事不再理"》,载《中国法学》2015年第2期。

〔3〕《日本民事诉讼法典》,曹云吉译,厦门大学出版社2017年版,第50页。

而受影响。"[1]在诉讼系属制度的法律文本上,《德国民事诉讼法》规定的规范结构更为完整,法律效果也更为明确,既规定了诉讼系属排除效,也规定了诉讼系属的管辖恒定效。

我国民事诉讼受理制度中没有诉讼系属排除效的规定。与之相关的《民事诉讼法》第36条以确定共同管辖时管辖权的方式规定,原告向两个以上有管辖权的人民法院起诉的,由最先立案的人民法院管辖。这条规定确立了受理前诉的法院有管辖权而受理后诉的法院无管辖权的管辖规则进而以后诉法院移送管辖的方式规制案件受理后而裁判文书未作出或未生效时的再诉行为。这条规定对于裁判前的再诉行为能发挥调适作用,但是,这与规定诉讼系属排除效的前述比较立法例迥然不同。概言之,《民事诉讼法》第36条对再诉行为的规制方式并非明确禁止而是仅规定移送管辖。在移送管辖之后,前诉法院究竟是进行前诉对后诉的"吸收合并"还是对后诉裁定驳回起诉,难以揣测。同时也需注意到,《民事诉讼法》第36条对于在受诉法院提起的另案再诉,无法适用。毕竟,《民事诉讼法》第36条规定的是共同管辖制度,而非受理制度。它对于"多头起诉"形式的重复起诉的规制仅仅是该规定的衍生作用。

重复起诉是一种滥用诉权的行为,是一种不合理的起诉行为。它与有正当理由的、有权益保护必要的另案起诉行为有本质区别。不过,既决案件文书生效后的重复起诉与诉讼进行中的重复起诉对诉讼秩序的负面影响程度不同,前者损害司法公信力,后者则带来审理程序上的混乱与不便。对这两种重复起诉的规制方式也应不同。《民事诉讼法》第36、127条规定的现行规制方式似有体现上述区分重复起诉的类型而分别规制的轮廓。如何概括目前重复起诉规制方式整体形态,取决于前诉法院在接受移送后如何对待后诉。如果前诉法院的处理方式是裁定驳回诉讼进行中的后诉,则不存

---

〔1〕《德国民事诉讼法典》,赵秀举译,法律出版社2021年版,第84页。

在这种区分;如果前诉法院的处理方式是将前诉与诉讼进行中的后诉合并审理,则存在这种区分。目前国内研究重复起诉的学者大都以日本、德国民事诉讼法中的相关规定作为比较立法例参照框架。通过阅读相关论著,笔者获得三方面的启示。第一,既判力的遮断效影响的另案再诉与诉讼系属排除效影响的另案起诉是比较成熟的制度类型化框架。第二,日本、德国在以既判力的遮断效、诉讼系属排除效规制重复起诉时,存在规制范围的宽窄之别。具体而言,囿于既判力客观范围的相对明确性,既判力的遮断效的规制范围较窄;诉讼系属排除效的对象范围是"案件",其规制范围宽广。第三,德国民事诉讼法在既判力规定之前明确规定对侵犯当事人法定听审请求权的救济。[1] 该规定详细、具体,对重复起诉规制过程会产生有效制约。比较而言,我国《民事诉讼法》没有直接、明确规定既判力的内涵与外延,而仅对既决案件不得再诉的受理效果作出规定;囿于"案件"这一对象范围的广阔性,我国的既决案件不得再诉的受理效果规定规制范围较宽。我国《民事诉讼法》有可与诉讼系属制度大体对应的受理制度,但是缺乏类似诉讼系属法律效果的明确规定。囿于缺乏直接产生规制作用的规则,诉讼系属排除效向度上的规制方式不甚明确。

2. 司法解释层面的规范体系

若以程序效果、发生时间为划分依据,另案再诉可分为诉讼系属影响型另案再诉与既判力影响型另案再诉。在此类型体框架下,再依据另案新诉与重复起诉的区分,可划分出诉讼系属中的另案新诉、诉讼系属排除型重复起诉、判决确定后的另案新诉、既判力遮断型重复起诉四种类型。诉讼系属排除型重复起诉,是指无正当事由对法院已经受理的案件再次起诉的诉讼行为;既判力遮断型重复起诉,是指无正当事由对法院的既决案件再次起诉的诉讼行为。

---

[1] 《德国民事诉讼法典》,赵秀举译,法律出版社 2021 年版,第 107—108 页。

科学与类型化研究是密不可分的,法律科学也不例外。科学立法要求我们在规则制定时要有明确的调整对象类型意识。意在通过法律适用层面的具体规定进一步明确规制另案再诉的基本法律规定的《民诉解释》第247、248条比较明显的特征就是对不同类型的重复起诉采取相同的规制方式。《民诉解释》第247条规定,当事人就已经提起诉讼的事项在诉讼过程中或者裁判生效后再次起诉,同时符合下列条件的,构成重复起诉:(1)后诉与前诉的当事人相同;(2)后诉与前诉的诉讼标的相同;(3)后诉与前诉的诉讼请求相同,或者后诉的诉讼请求实质上否定前诉裁判结果。当事人重复起诉的,裁定不予受理;已经受理的,裁定驳回起诉,但法律、司法解释另有规定的除外。在此规定中,当事人就已经提起诉讼的事项在诉讼过程中再次起诉对应的是诉讼系属影响型另案再诉,裁判生效后再次起诉对应的是既判力影响型另案再诉。值得肯定的是,该规定通过要件化的方式区分另案再诉与重复起诉的规范构造利于形成保障另案新诉当事人起诉权与规制重复起诉的界限意识。不过,对不同类型的重复起诉遵循相同的要件、采取相同的处置方式,是否恰当值得省思。此外,《民事诉讼法》第36条并未规定移送管辖之后前诉法院的处理方式。在我国《民事诉讼法》未明确规定诉讼过程中的重复起诉(亦即诉讼系属中的重复起诉)规制方式的前提下,司法解释规定这样关涉起诉权保障的规制方式是否允当亦需省思。

《民诉解释》第221条规定,基于同一事实发生的纠纷,当事人分别向同一人民法院起诉的,人民法院可以合并审理。日本学者高桥宏志认为根据另案起诉的当事人地位,可将重复起诉分为反复型重复起诉与对抗型重复起诉。[1] 这一分类提示,有助于回归具体诉讼场景展开精细分析。《民诉解释》第221条规定可以适用的诉讼场景很可能进入的是诉讼系属影响中的对抗型重复起诉识别场景。《民诉解释》第221条的规定与第247条的规定

---

〔1〕［日］高桥宏志:《民事诉讼法——制度与理论的深层分析》,林剑锋译,法律出版社2003年版,第103页。

在重复起诉识别与规制层面有体系关联性。在第 221 条规定的情形下很有可能构成诉讼系属影响中的对抗型重复起诉。对这种重复起诉的处置模式是合并审理,然而,对于其他诉讼系属中的重复起诉的处置模式是裁定不予受理或者驳回起诉。这种规则抵触现象似乎有违法规范体系一致性的基本要义。

《民诉解释》第 247、248 条能否视为既判力客观范围、时间范围的规定,是值得认真审度的问题。毋庸置疑,这两条规定意义重大,能产生与既判力客观范围、时间范围规定的部分实践效应。不过,作为司法解释中的条文,上述规定无法明确、直接地规定对于关涉既决案件的何等事项(程序事项抑或实体事项)产生确定判决实体审判结论维持效力以及既判力发生的时间效力。限于司法解释的规定权限,上述应用性规范不能等同于应在基本法律层面明确的既判力及其范围规定。《民诉解释》第 247 条是涉及重复起诉的诉讼实务中应用最为广泛的法律规定。这条规定在规范内容上具有三大特点:第一,两种案件类型一个法律效果;第二,一种规制双重标准;第三,诉讼客体同一性判断的双核要素。诉讼过程中的重复起诉案件与裁判生效后的重复起诉案件是两种案件类型,据此规定这两种案件都产生应被裁定不予受理或者驳回起诉的法律效果。这是否妥当?为了实现规制重复起诉行为这一个规制目的,设定了“三同一”(当事人、诉讼标的、诉讼请求相同)与“两同一否定”(当事人相同、诉讼标的相同、后诉诉讼请求实质上否定前诉裁判结果)两种标准。这两种标准,前者是客观性标准,后者是主观性标准。二者关系如何协调?通过裁量界限不明、裁量幅度不明的实质裁量,“两同一否定”标准能否实质性地进行对“三同一”标准的“吸收式合并”?此案采“三同一”标准,彼案采“两同一否定”标准是否公平?对于诉讼客体采诉讼标的与诉讼请求双核要素展开同一性判断。这双核要素之间是何关系?是并列关系、主辅关系、包含关系,还是交叉关系?这些法条文义解读过程中的疑问都有待民事诉讼法解释学上的进一步廓清。

此外，在《民法典》第186条的诉讼适用中，当事人变换讼争法律关系、当事人位置互换另案再诉时，倘若符合《民事诉讼法》第122条规定的受理积极要件，无论是基本法律层面的消极要件还是司法解释层面的识别标准都会因为诉讼标的、既判力客观范围的解释路径不同而产生认识歧异，影响法律统一适用。明确规制重复起诉的目的，无论是在法律适用论（含法律解释论）还是在法律制定论上，都具有基础意义。

（二）目的体系中的目的探寻

鉴于现行可用于规制重复起诉行为的法律规范体系复杂，又存在《民事诉讼法》与《民法典》的交叠状态，探寻重复起诉制度的设定目的不仅在法律适用论上有必要性，在规范重整的法律制定论层面也意义重大。

探寻规制重复起诉制度的设定目的不仅要明确其本身目的，还要兼顾其在所处制度体系中各项制度制约关系下的隐含目的。舍此，具体制度之间、不同层级及不同调整范围的制度之间就会产生冲突，进而违背法制统一的宪法原则。学界对于重复起诉制度的本身目的已经展开了较为充实的研究。有学者认为之所以要禁止重复起诉，是因为它违背诉讼经济原则或价值追求；有可能造成后诉与前诉的矛盾裁判，由此损害司法裁判的权威；重复诉讼加重被告的讼累。在这些根据当中，最主要的应当防止重复诉讼所导致的矛盾裁判。因为这涉及裁判的公正性问题。[1] 也有学者认为，出于诉讼经济计，同时为避免矛盾判决并维持司法秩序的统一，徒增对方当事人讼累之后诉在理论上和实践中并不合法。[2] 有学者从司法资源有效利用、避免矛盾判决、保障当事人程序权利等三个方面阐述了禁止重复起诉的制

---

〔1〕 张卫平：《重复诉讼规制研究：兼论"一事不再理"》，载《中国法学》2015年第2期。

〔2〕 段文波：《日本重复起诉禁止原则及其类型化析解》，载《比较法研究》2014年第5期。

度目的。[1] 如日本学者新堂幸司所言,决定既判力作用范围的因素可谓多元,其中包括:(1)对于具有正当解决期待的争点穷尽攻防之义务;(2)尽可能地实现终局性、强制性解决纠纷之制度目的;(3)纠纷相对性解决所需之限度;(4)与实体法秩序的协调;(5)对争点效、诚实信用原则等既判力以外其他效力的影响等因素。[2] 在日本民事诉讼中,是明显区分既判力作用与规制重复起诉的制度的。基于这样的比较法知识,有学者提示应区分"既判力"制度与"重复起诉禁止"制度,分别探讨各自目的。"既判力"制度的目的是实现裁判终局性。"重复起诉禁止"制度的目的是实现纠纷的一次性解决。[3] 另有学者认为,应当区分禁止重复起诉和禁止另行起诉两种形态,分别探讨其制度目的。禁止重复起诉的目的在于避免既判力相冲突,而禁止另行起诉则是为了避免实质性的矛盾判决。[4] 也有学者提示,避免矛盾裁判理念及纠纷一次性解决理念在民事诉讼目的论层面不宜绝对化。[5] 有学者强调了维护程序安定性在禁止重复起诉制度目的体系中的重要性。[6] 有学者则认为维护法律尊严和法院权威是禁止重复起诉制度的价值追求。[7] 与其他法律制度一样,在基础理论层面,价值论是理论根基。诉权论、目的论是诉讼价值观与阐释诉讼场域动力机制、制度构建方向必要性相互结合的理论产物。因为,一种学说论断往往是一个价值预设的映射,对此的理由说明是对此映射过程的印证。诸种理论学说鲜有游离价值观预设的问题发

---

〔1〕 夏璇:《民事重复起诉研究——司法控制与诉权保障的博弈》,厦门大学出版社 2020 年版,第 37、38 页。

〔2〕 [日]新堂幸司:《新民事诉讼法》,林剑锋译,法律出版社 2008 年版,第 477—478 页

〔3〕 林剑锋:《既判力时间范围制度适用的类型化分析》,载《国家检察官学院学报》2016 年第 4 期;冉博:《"重复诉讼"与"既判力"的混同及其规制》,载《法律适用(司法案例)》2018 年第 16 期。

〔4〕 熊跃敏、郭家珍:《禁止重复起诉和禁止另行起诉的区分与适用》,载《国家检察官学院学报》2020 年第 5 期。

〔5〕 林剑锋:《既判力相对性原则在我国制度化的现状与障碍》,载《现代法学》2016 年第 1 期;任重:《民事纠纷一次性解决的限度》,载《政法论坛》2021 年第 3 期。

〔6〕 郑涛:《民事诉讼禁止重复起诉研究》,社会科学文献出版社 2019 年版,第 188—189 页。

〔7〕 夏璇:《民事重复起诉研究——司法控制与诉权保障的博弈》,厦门大学出版社 2020 年版,第 40、41 页。

现、结论探求、理由说明。诉讼系属论、诉讼标的论、要件事实论、证明责任及事案解明义务论、既判力论的诸种争鸣都在不同程度上展现了诉讼价值观冲突。民事诉讼价值构造中，诉讼公正（程序公正与实体公正）、诉讼效益、法安定性价值的阶梯式位序是形式合理性先于实质合理性、程序正义先于实体正义等现代法理的应然结论，也是诉讼实践史验证的实然结论，还是个体价值与群体价值的理论平衡点。当我们探寻应对重复起诉这样的棘手问题的制度预设目的时，不能忘却价值观检视的基础意义。重复起诉规制问题难道与诉讼公正价值（程序公正与实体公正）无涉吗？它与涵盖程序应答性、程序参与性、程序中立性、程序透明性、程序严格性、程序客观性、程序自足性（正当程序可产生的独立于实体结果的满足当事人公正获得感的性质）、程序不可逆、程序利益保障等要素的正当程序价值毫不相干吗？在另案起诉现象的发生场域中难以对此等问题给出肯定的答案。鉴于另案起诉现象两面性、重复起诉现象的复杂性，在一定时期难以避免探寻规制重复起诉制度的设定目的时的价值取向分歧。

重复起诉只是另案起诉的一种表现形式。因为还存在合法的另案新诉，规制另案起诉的制度目的，必然包含保障合法起诉权与遏制滥用起诉权行为这两个维度的目的。从制度体系视角看，另案起诉制度制约着重复起诉制度，保障合法起诉权应当是重复起诉制度的隐含目的。作为民事诉讼具体制度体系中的一种制度，重复起诉制度也应当与民事诉讼法的立法目的保持一致。唯其如此，才能体现法律制度在整体与局部关系上的整全性。比较而言，将价值与目的分离，维续价值在更高层面的指导意义，从民事诉讼功能实现角度探索民事诉讼目的是更具有实效性的研究路径。在本质意义上，民事诉讼的系统功能，可分解为内在功能、社会功能、正当化功能。民事诉讼的可预期基本功能包括：权利义务确定、发现真实、秩序维持、纠纷解决、权利保障、程序保障六种。权利义务确定、发现真实功能是民事诉讼的内在功能，中间三项功能是民事诉讼的社会功能，程序保障功能是正当化功能。民事诉讼目的构造中各项功能性目的不应是松散的不规则的自由组合，而应是以实现程序保障目的为基准，交融于该目的，以权利义务确定、发现真实为其直接目的，以秩序维持、纠纷解决、权利保障为其间接目的。这种内在功能与社会功能相协调的功能性目的构造既具有对诉讼实践的牵引性，也具有对现实变革的灵活变通性与回应性。最为关键的是，它是实现各种功能性目的过程中冲突与摩擦成本最小的目的构造。[1] 我国《民事诉讼法》第 2 条规定，"中华人民共和国民事诉讼法的任务，是保护当事人行使诉讼权利，保证人民法院查明事实，分清是非，正确适用法律，及时审理民事案件，确认民事权利义务关系，制裁民事违法行为，保护当事人的合法权益，教育公民自觉遵守法律，维护社会秩序、经济秩序，保障社会主义建设事业顺利进行"。尽管法的任务与法的目的存在具体与抽象之别，但是，具体的法的任务与抽象的法的目的具有内在一致性。法的任务是法的目的之直观表达。我国《民事诉讼法》第 2 条的规定具化式地表达了功能性的多层次民事诉讼法立法目的观。这一民事诉讼法任务体系背后的多层次目的观隐含了以实现程序保障目的为基准，以确定民事法益、发现真实为直接目的，以秩序维持、权利保障为间接目的的逻辑结构。之所以说我国民事诉讼法中隐含的民事诉讼目的规定体现了以实现程序保障目的为基准的逻辑结构，一方面是因为其将保护当事人行使诉讼权利的任务置于各项任务之首。程序应答性、当事人真实参与、裁判者中立是正当程序的核心要素。只有当事人能够充分行使权利，才能够实现实质性的程序参与。保障当事人行使诉讼权利是根本性的程序保障举措。另一方面是考虑到《民事诉讼法》第 2 条将及时审理民事案件作为一项重要任务加以规定。在当代诉讼中，程序是否及时终结已经成为程序是否正当的重要标尺。在当今世界的民事诉讼法中，制定于 20 世纪 90 年代初的我国《民事诉讼法》是一部"后发优势"明显

〔1〕 详见韩波：《当代中国民事诉讼思潮探究》，华中科技大学出版社 2015 年版，第 109—130 页。

的法律。立法机关通过有层次地设定《民事诉讼法》的任务体系隐含地表达了以实现程序保障目的为基准的立法目的观。因此,在规制重复起诉制度的目的考量中,应当充分关注当事人起诉权、处分权(含程序处分权与实体处分权)、辩论权、不服救济权等民事诉讼中的重要权利是否会被侵害。它们与理念意义上的诉权一样,都是不容侵犯的程序权利。综上所述,重复起诉制度的规制目的不仅仅要以不侵害起诉人的起诉权为隐含目的,还要在重复起诉争点的审理过程中保障起诉权、处分权(含程序处分权与实体处分权)、辩论权,在裁定确定后保障当事人的不服救济权。

(三)制度类型差异视角下的目的探寻

《民事诉讼法》第127条第5项规定可以发挥阻却裁判结果(或调解结果)确定后的重复起诉的作用。这种作用可理解为既判力的遮断效。从《民诉解释》第247条的规定来看,我国语境下的重复诉讼(一事不再理),既涉及诉讼系属中(在诉讼过程中……再次起诉)的重复诉讼(二重起诉)问题,也涉及部分既判力作用范围(或者裁判生效后再次起诉)。[1] 据此可将重复起诉行为分为诉讼系属排除型重复起诉与既判力遮断型重复起诉。将二者混同起来概括性地探究重复起诉规制目的可能失之于疏阔。如前所述,目前探讨重复起诉规制目的的学术成果中,已经有学者提示应该区分重复起诉的不同类型并分别探究规制目的。这样回归具体诉讼场景展开精细分析的思维路径具有很强的研究针对性。

1. 规制诉讼系属排除型重复起诉的目的偏重一次性解纷

在诉讼系属排除型重复起诉中,反复型重复起诉会怎样发生呢?第一种情形是,当事人可能出于对诉讼外因素的顾虑或者囿于诉讼知识的欠缺而在不同法院提起与已获受理前诉完全相同的诉讼或者因为不能确定自己

---

〔1〕 林剑锋:《既判力时间范围制度适用的类型化分析》,载《国家检察官学院学报》2016年第4期。

的起诉能否获得受理而相继在不同法院提起完全相同的诉讼。第二种情形是,当事人可能因为前诉的诉讼请求不足或者前诉讼请求需要变更,又忽视诉讼请求追加与变更制度,而在受理前诉的同一个法院或者其他法院又起诉。第一种反复型另案起诉常常发生在本人诉讼或者缺乏有效诉讼代理的诉讼场景中。它带来管辖冲突并有可能引起平行审判(如在对方当事人未获有效送达情形下就有可能引起平行审判)。诉讼实施条件的制约并不足以使其带来的诉讼弊端正当化。第二种反复型另案起诉常常因为起诉人首次起诉时考虑不周或者案情发生变化。它也会带来管辖冲突并有可能引起平行审判。从诉讼费以及时间成本来看,反复型另案起诉对于起诉人本身也是一种很不经济的行为选择。无论是前者的"同态试错",还是后者在案情变化或者自身认识变化后的"重新启动",都主要是主观认知欠缺引起的。不过,在第二种情形下,也有合理的另案起诉的情况,如起诉人先行提起的确认之诉获得受理后,又提起给付之诉。[1] 在纠纷一次性解决理念下,区分合理的另案起诉与不合理的重复起诉、受理合理的另案起诉、阻断重复起诉并引导起诉人正确实施诉讼行为,当为规制反复型另案起诉的应有操作程式。这样,既可以消除重复起诉的弊端,也可以让纠纷中的各方的合理诉讼主张能够获得充分陈述与辩论的机会。诉讼系属中的对抗型另案起诉,很可能是被告的抗辩与反诉。在诉讼系属中,抗辩权与反诉权是被告行使辩论权的重要方式。例如,甲起诉乙侵权,乙起诉甲请求确认己方不侵权。乙的起诉是否认型抗辩。乙应该在前诉中主张抗辩,其另行起诉属于重复起诉。我国《民诉解释》对反诉的牵连性要求较为宽松,反诉成立的可能性较大。然而,有的被告由于各种原因将旨在推翻或吞并前诉原告诉讼请求的反诉作为新诉提起。反诉本身是可以独立存在的诉。是否提起反诉是被告行使处分权范围内的事项。对此种另案新诉不应裁定不予受理或者驳回起

---

〔1〕 宋春雨:《论民事诉讼一事不再理原则》,中国政法大学2009年博士学位论文,第126、127页。

诉。本可反诉,却另案起诉,割裂紧密关联的诉讼争议,不利于纠纷的一次性解决,也有悖于重要性日益凸显的诉讼效益价值观。依诉讼法理,在此种另案新诉完全符合反诉要件时,宜由后诉受理法院或审理后诉的本院审判组织移交给前诉受理法院或者本院的前诉审判组织。在未规定必要型反诉的国家,应当在征得另案新诉原告同意后始可移交。如果另案新诉原告不同意,在前诉对于后诉的先决条件成立时,可以裁定中止诉讼。如果前诉对于后诉的先决条件不能成立,基于牵连性要件的考量,后诉本身也不能成为反诉,而是另外形式的新诉。在此情形下,应当受理并正常审理新诉。

居于保护权利功能之后的解纷功能也是民事诉讼重要的社会功能。这种功能又可区分为一次性解纷功能与终局性解纷功能。一次性解纷功能是一起诉讼发展进程中诸种关联争点兼可在一个诉讼中得以化解的诉讼功能;终局性解纷功能是一起诉讼通过法定的程序阶段形成既决文书便结束争执的诉讼功能。一次性解纷功能发挥于一个诉讼某个特定阶段的横向场域中;终局性解纷功能发挥于一个案件的既决文书确定后争执再现的纵向场域中。在复杂纠纷频现、程序效益价值凸显的现代社会,一次性解纷功能的独立价值日益彰显。实现一次性解纷功能,也应当是现代诉讼制度应当具有的制度目的。诉讼系属中无正当事由的另案起诉,应纳入重复起诉并严格规制。诉讼系属中重复起诉引起的诉讼法上的问题是诉辩分散问题。具言之,反复性重复起诉是原告将本该合一提起的诉分散提出;对抗性重复起诉是被告将本该在本诉中提出的抗辩或者反诉以独立的诉的形式分散提出。基于审判的回应性特质,诉辩分散必然带来平行审判、分散审判,诉讼的一次性解纷功能必然被消解,一次性解纷的目的也难以实现。在现代民事诉讼的立场上,规制诉讼系属中的重复起诉的直接动力就是要将无正当事由的分散诉讼行为纳入一个诉讼中,其目的偏重实现一次性解纷功能。

2. 既判力遮断型重复起诉的规制目的偏重终局性解纷

在表象上,判决确定后的另行起诉常常会被贴上“无理缠诉”“滥用审判资源”的标签。据实而言,判决确定后的禁止就判决标的再行争讼的既判力消极效应是有主观、客观范围和时间范围的。在此范围之外的另案起诉,应属合法新诉。

既判力遮断的重复起诉也可分为反复型与对抗型。反复型既判力遮断重复起诉与对抗型既判力遮断重复起诉都属于在既判力覆盖范围之下的另行起诉。这种另行起诉的起因在于原诉的原告或者被告对于原诉判决不服。在这种判决已定、争执未平的诉讼情境中,起诉人的动机是进一步寻求救济。在程序上,诉讼救济可分为通常救济与特殊救济。起诉与上诉是在寻求通常诉讼救济,它们分别对应一审程序与二审程序;在判决生效后,诉讼救济具有特殊性,主要是再审程序、第三人撤销之诉担当此等功能。相同主体在判决生效后就生效判决中的诉讼标的继续寻求通常救济,试图通过另案起诉化解自己在原诉中的败诉结果。这会导致重复审理、矛盾裁判。既判力遮断的重复起诉,无论是反复型既判力遮断重复起诉还是对抗型既判力遮断重复起诉,引起的诉讼法上的问题是既决文书生效后的争执问题。这种争执最终消解的是民事诉讼的终局性解纷功能。如前所述,终局性解纷功能是一起诉讼通过法定的程序阶段形成既决文书便结束争执的诉讼功能,它发挥于一个案件的既决文书确定后争执再现的纵向场域中。在民事纠纷解决体系中,民事诉讼是具有终局性的纠纷解决方式。[1] 终局性解纷功能是民事诉讼终极性特质的核心构成要素,实现终局性解纷功能也应当是民事诉讼制度的一个制度目的。既判力遮断的重复起诉最终消解的是民事诉讼的终局性解纷功能。对既判力遮断的重复起诉的规制目的偏重于终局性解纷。

诉讼系属排除型重复起诉会导致平行审理、矛盾裁判;既判力遮断型重复起诉会导致重复审理、矛盾裁判。矛盾裁判是二者都可能导致的直接结

---

〔1〕 韩波:《审判终极性:路径与体制要素》,法律出版社2013年版,第31、32、59页。

果,不宜把矛盾裁判作为一种差异性结果,不应把规制矛盾裁判作为规制某一种重复起诉的特有目的。避免矛盾裁判可理解为一种中间目的。规制既判力遮断的重复起诉的最终目的应当是终局性解纷。

消解矛盾裁判现象是实现法律适用统一宗旨的关键问题。比较而言,应对矛盾裁判现象大体有两种模式:一种是容忍与事后救济结合模式;另一种是预防与阻断模式。认识容忍与事后救济结合模式的脉络是为了保障起诉者的起诉权,要容忍可能出现的矛盾裁判。一旦出现矛盾裁判,可通过事后救济方式予以解决。具体而言,葡萄牙采取直接规定后诉裁判无效的方式来解决;日本将矛盾裁判作为再审事由并通过再审之诉解决。这种模式的机理在于不以限制起诉权的代价来获取裁判一致的正当性,以否定后诉裁判效力或者再审之诉来反向促进审慎诉讼。我国目前对待矛盾裁判的立场是预防与阻断,其认识脉络是从矛盾裁判的源头—重复起诉—入手消解矛盾裁判,其机理是通过对起诉的审查与审理、“初筛”与“复核”将可能产生矛盾裁判的起诉阻却在法院之外。这种应对机制符合源头治理重于事后治理的解纷系统观。不过也需注意,当重复起诉与合法新诉的界限混淆时,这种阻却模式的正当性可能会受到质疑。

三、实体与程序规范目的之交错与整合

(一)民法与民事诉讼法的关系

民法与民事诉讼法的关系既是民事诉讼法学也是民法学的重要理论范畴。素以精细研究著称的日本学者对这个理论范畴进行了深入研究,我国学者对这个理论范畴也进行了持久的探究。

日本东京大学的民事诉讼法学者兼子一从民事诉讼法与民法的规范性质以及它们在民事诉讼中的作用出发提出可称为“共同作用说”的观点。该

说的要义是,它们都是法院进行民事诉讼、作出裁判所依据的规范。民法是对案件的实体内容作出裁判所依据的规范,民事诉讼法是法院应该以什么样的程序、方式进行诉讼所依据的规范。民事诉讼法与民法如同一辆车的两个轮子,对诉讼都起作用,它们之间不可能存在主从关系。[1] 日本京都大学的民事诉讼法学者谷口安平从实体法起源以及诉讼的权利创制功能出发,提出可称为"母体说"的观点。就法制史而言,在英国,是以诉讼形式(forms of action)的方式;在罗马,则是以诉权的形式来受理诉讼。因案件性质的不同采取不同的诉讼形式。诉讼形式或诉权都是类型化了的诉讼程序,并不具有相当于实体法上的权利的意义。《德国民法典》也正是把罗马法中的各种诉权改换成"请求权"并进行整理统合之后才告完成。传统观点并不涉及古代的罗马法、英国法的内容,而仅仅议论了近代市民法意义上的实体法与诉讼法的关系而已。综上所述,不是"先有实体法",而是"先有诉讼法",诉讼法才是实体法发展的母体。作为新的实体法或新的权利形成的母体,诉讼以及诉讼法的创造性功能在今天仍然不会丧失,只是变得不可视了而已。[2] 尽管谷口安平并未对当代社会民法与民事诉讼法的合理关系给出明确答案,也未对法官造法在成文法为法律渊源主体的国家只是填补法律漏洞的补充手段予以明确,但是,他对民事诉讼法的现实重要性、历史重要性的分析与论述是透彻而富有启示意义的。日本早稻田大学的民事诉讼法学者中村宗雄采用历史解释法和权利、义务、诉讼之间的多维、动态函数关系分析方法提出可称为"综合关系说"的观点。他认为,实体法和诉讼法的分离源于继承罗马法传统的德国普通法末期的诉权的分离。以私法诉权说为代表的实体法一元观与公法诉权说(司法行为请求权说)为代表的诉讼法一元观都不尽完善,前者不能正确地把握由裁判而形成的新的权利关系,

---

〔1〕 [日]兼子一、竹下守夫:《民事诉讼法》,白绿铉译,法律出版社1995年版,第8页。

〔2〕 [日]谷口安平:《程序的正义与诉讼》(增补本),王亚新、刘荣军译,中国政法大学出版社2002年版,第60、61、63、65、67、68页。

所以它把“裁判”的法的创定力完全误认为是私权的效力；后者忽视了“裁判”资料的收集必须以实体法为依据。因而，“诉讼”就是实体法和诉讼法综合的“场”，二者不是“对立关系”，而是“综合关系”。[1] 从诉讼实践中既需要依据诉讼法的程式与证明规则来确定事实，亦需要实体法“提供”规范来确定要件、锁定要件事实、推导法律效果，综合事实与规范要素、民法和民事诉讼法为民事权利保障发挥综合作用的关系描述比较符合民法与民事诉讼法的实际关系样态。日本东京大学的民事诉讼法学者新堂幸司从属种关系逻辑的角度对在民事法的属概念下对民法与民事诉讼法的关系进行了分析，提出可称为“形式法关系及交叉关系说”的观点。他首先明确民事诉讼法是处理涉及对等私人间生活关系之纠纷及利害对立的规范，与民法、商法等私法具有共性，并与这些私法一起构成了民事法这个部门法。在民事法这个部门法内，私法与民事诉讼法的作用分担是私法发挥着裁判内容基准之作用，民事诉讼法则发挥着规制诉讼形式方面的作用，即规定如何进行程序、如何收集用于事实认定的资料、以何种方式作出裁判等。着眼于私法与民事诉讼法上述各自机能，也可以说私法是实体法，而诉讼法是形式法。此外，上述区别是基于一般考察得出的分类，如果基于个别的视角，那么可以发现民商法规定有时候也成为判断确认利益或当事人适格存在与否的标准，进而发挥着形式法之作用，与此同时，在判断再审事由存在与否或者上告审法院在判断原审诉讼程序是否违法时，诉讼法规也成为裁判内容的基准，因此可以说具有实体法方面的机能。[2] 依逻辑论分析，在民事法这个属概念下，民法与民事诉讼法是相容关系而非不相容关系。在这一点上，高桥宏志与中村宗雄的观点是一致的。在相容关系中，民法与民事诉讼法不是同一关系、包含关系，而是交叉关系。二者各有

---

〔1〕［日］中村宗雄、中村英郎：《诉讼法学方法论：中村民事诉讼理论精要》，陈刚、段文波译，中国法制出版社 2009 年版，第 6—12、71 页。

〔2〕［日］新堂幸司：《新民事诉讼法》，林剑锋译，法律出版社 2008 年版，第 29—30 页。

自身发挥作用的范围，在局部领域有作用重叠之处。高桥宏志的研究结论的有益提示是，既要注意民事诉讼法是民法的形式法的一般状态，也要注意二者个别情形下作用迁移的特殊状态。日本京都大学的民法学者山本敬三从民法适用过程的角度提出过可称为“理论依存说”的观点。综合规范与事实的关系、主张责任与举证责任、攻击防御方法配置等多方面考量，他认为要件事实是“民事诉讼上的概念”。将要件事实论与民法的“理论”对立起来把握是不正确的。主张责任及举证责任之所在以及攻击防御方法的配置，从为权利的发生和阻却提供基础这种观点出发，经过对民法规范的含义和构造的阐明，才能被推导出来。这个意义上确定民法规范之含义和构造的作业，就是民法解释本身，而阐明规范的含义和构造恰恰是“理论”的作用。因此，对要件事实的理解，取决于依据何种理论，这里存在应称为“理论依存性”的特点。[1] 因为已经将研究视点聚焦于要件事实论这一民事诉讼法律运用方法论的实践层面，他的“理论依存说”或“法观点依存说”在中村宗雄、新堂幸司的“综合关系说”“形式法关系及交叉关系说”上又推进了一步。综上所述，上述学者的理论解释了民法与民事诉讼法在民事诉讼场域中规范维度的共同作用关系、在民事法概念下的同属逻辑关系、在民法适用过程中的互相依存关系、在诉讼中的具体作用层面的交叉关系。

正如有学者概括，新中国成立以来，民事法领域的程序与实体关系经历了“主从论”“独立论”和“互动论”的话语变迁，这种话语变迁折射出中国语境中程序与实体关系的时代特征、观念转型、制度基础和发展方向。[2] 在改革开放之初，民事诉讼法学界就提出了“独立论”主张。在《民事诉讼法(试

---

〔1〕 [日]山本敬三:《要件事实、规范构造分析的意义及本书中表格的读法》，载氏著:《民法讲义Ⅰ总则》(第3版)，解亘译，北京大学出版社2012年版(正文前的说明，无页码)。

〔2〕 霍海红:《程序与实体关系的话语变迁——以中国“民事法”为中心》，载《南京大学法律评论》2010年第2期。

行)》颁行前,学者们就提出实体法和程序法不是主从关系或依附关系,民事诉讼法是一个独立的法律部门的观点。[1] 在《民事诉讼法(试行)》颁行后,民事诉讼法是保障民法、经济法、婚姻法等民事法律规范顺利实施的程序法的观点较受实务部门认同。[2] 1991年《民事诉讼法》颁行后,学界对民事诉讼法与民法的关系认识更趋全面。当时的学者认为,实体法与程序法是孪生姐妹,是相伴随而生的,二者的关系很密切,是形式和内容的关系。民事实体法和民事诉讼法是相互独立相互配套的法律,实体法是规范民事行为、调整一定社会关系的有效武器,而民事诉讼法则是表现实体法生命力的法律形式,二者相互依存,不能分离。[3] 进入21世纪以来,学界对民事诉讼法与民法之间相互影响关系的认识更为深入。有学者认为二者紧密相连、有所分离;[4]还有学者认为,民事诉讼法保障民法实施,但是,各自发挥作用,相互影响。[5] 自世纪之交开始,学者们就不断强化对民事诉讼法独立价值的认识,或强调,实体法固然是法官判断形成的准据。可是,该判断如果不是在正当的程序中作出,则将不具有赋予公权判断的效力。裁判的正当性是通过诉讼程序获得的。[6] 或提示,民诉法除了具有保障实体法实施,还具有自身独立的价值。程序公正既保障了当事人的诉讼权利,又使法院的裁判具有正当性和公信力。[7]

《民法典》颁布前后,民事诉讼法学者对民事诉讼法与民法的关系认识又上一个台阶,有学者提出,因为民事实体法与民事程序法彼此之间具有同

---

[1] 江伟、刘家兴:《建议民事诉讼法先于民法颁布施行》,载《民主与法制》,1981年第5期。
[2] 全国法院干部业余法律大学民事诉讼法教研组编写:《中国民事诉讼法教程》,人民法院出版社1988年版,"绪论"第1页。
[3] 柴发邦主编:《民事诉讼法学新编》,法律出版社1992年版,第9页。
[4] 江伟主编:《民事诉讼法专论》,中国人民大学出版社2005年版,第34—35页。
[5] 潘剑锋主编:《民事诉讼法》,清华大学出版社2008年版,第6—7页。
[6] 江伟、刘荣军:《实体法与诉讼法的关系要论——民事实体法与诉讼法分离的历史小考》,载陈光中、江伟主编:《诉讼法论丛》第3卷,法律出版社1999年版。
[7] 李浩:《民事诉讼法学》,法律出版社2011年版,第22页。

样的精神，具有不可割裂的内在联系，彼此联动、依赖，所以民事实体法与程序法之间必须彼此关照。[1] 从矛盾论的角度看，二者具有对立统一的关系。民事实体法对实体权利实现方式的规定性对民事诉讼制度的建构应当具有直接作用。民事诉讼制度的建构缺失对实体法的关照，不能适应与对接实体法的发展，无法与“实”俱进，甚至出现了与实体法相抵触的个别情形。基于程序法的工具价值，程序法必须顾及实体法的要求。[2] 另有学者提出，既要重视《民法典》的时代意义，也要认可民事诉讼法的独立价值，助力民事法律体系的协同发展，进而发挥我国民事诉讼法的优越性，让人民群众在每一个案件中都能感受到公平正义。[3]

作为同属概念，民事诉讼法与民法调整对象不同、立法目的不同，但确需相互关照才能更好地实现各自的立法目的。从法律中突出彰显的法学范畴来看，《民法典》是一部民事权利法，《民事诉讼法》则是一部当事人程序权利法与法院职权法。除二者逻辑上的同属关系、哲学上的辩证关系、实践中共同作用关系之外，还要充分意识到通过正当程序形成与增强民事诉讼利用者公正获得感的法治意义。在此意义上，既要高质量地实现民事诉讼法的工具价值，也要通过合理设定并严格规范审判者权限与权力行使方式、合理设定并充分保障当事人程序权利，强化程序保障，高质量地实现民事诉讼法的独立价值。

（二）交叉型规范的规制目的

自世纪之交开始，在民事诉讼法与民法的关系探究中，学者们开始关注到民事诉讼法与民法的“交叉地带”，探讨了民事诉讼法与民法之间的交融

---

〔1〕 张卫平：《民法典与民事诉讼法的连接与统合——从民事诉讼法视角看民法典的编纂》，载《法学研究》2016 年第 1 期。

〔2〕 张卫平：《双向审视：民事诉讼制度建构的实体与程序之维》，载《法制与社会发展》2021 年第 2 期。

〔3〕 洪浩：《民法典时代民事诉讼制度发展的几个基本问题》，载《政法论丛》2020 年第 5 期。

关系或交叉关系,提出了程序上请求权、请求权竞合等“难题”。[1] 在这方面最深入的研究成果当属实质诉讼法概念的提出与论证。有学者提出,民法、实质诉讼法、诉讼程序法是支撑民事诉讼制度得以运行的三大法律支柱。实质诉讼法是一种有别于民法、诉讼程序法的独立存在,且具有两者不可替代的固有功能。实质诉讼法是调整争讼法律关系、有关民事法律关系的诉讼形成的诉讼规范。对于民法、民事诉讼法中存在的实质诉讼法规范应当按照诉讼法的法理及原则加以解释和适用。民事诉讼法由实质诉讼规范和诉讼程序规范组成,对于民事诉讼法上的诉讼行为和诉讼契约之类借用民法概念的规范,对当事人、诉讼标的、诉讼攻击防御方法、判决的法律效力(既判力),应当根据实质诉讼法原则及法理进行解释和适用。[2] 笔者认为,将关涉诉讼实体形成效果的规范称为实质诉讼法是有理论意义和实践价值的。只是在语义上,实质与程序并非对应语词,通常认为以形式对应实质较为恰切。将规定民事诉讼基本制度、重要制度,特别是当事人程序权利与法院职权的制度归入程序本体性规范,将之与诉讼程序运行规范合为诉讼形式规范似更为适宜。除此之外,实质诉讼法概念对民事法律制度臻于至善有导引意义;在法律解释、法律适用论层面,实质诉讼法概念及其解释策略利于化解对民事诉讼法与民法交叉规范的释义分歧。

作为本课题研究对象的《民法典》第 186 条关乎诉讼中的实体形成,当属典型的实质诉讼法规范。它与《民事诉讼法》第 36 条、第 127 条以及相关司法解释等形式规范构成一个微观的民事法规范系统。这个既特殊又复杂的微观系统上“密布”诉讼标的、诉讼系属、既判力等民事诉讼理论范畴,其应用场域也是当事人诉讼行为与法院裁判行为的汇集之所。在目的构造维

---

〔1〕 王国征:《民事诉讼法与民法关系辨析》,载《东方论坛》2001 年第 4 期。赵钢、占善刚、刘学在:《民事诉讼法》(第 2 版),武汉大学出版社 2010 年版,第 11—12 页。韩宝:《民事诉讼法与民法关系省思——兼及民法典的编纂》,载《北方法学》2017 年第 5 期。

〔2〕 陈刚:《民事实质诉讼法论》,载《法学研究》2018 年第 6 期。

度，这个微观的民事法规范系统与包含民事实体法与程序法的整个民事法规范系统具有系统同质性。《民法典》《民事诉讼法》的立法目的层次性是它们各自目的构造系统性的集中体现。对于立法工作的发展方向，习近平总书记指出，要坚持系统观念，统筹立改废释纂，全面完善法律、行政法规、监察法规、地方性法规体系。[1] 对于政法工作的发展方向，习近平总书记指出，2021 年是“十四五”开局之年，各级政法机关要认真贯彻党的十九届五中全会和中央全面依法治国工作会议精神，更加注重系统观念、法治思维、强基导向，切实推动政法工作高质量发展。[2] 构建制度哲学，应从系统角度、总体视野和全局观念出发，全面把握中国特色社会主义制度和国家治理体系运行的内在机理、一般规律、方式方法，研究阐释这一制度和治理体系的系统性、协同性、实践性，掌握其要素结构与目标层次。[3] 系统观念就是应用系统思维分析事物的本质和内在联系，从整体上把握事物发展规律的方法。这是马克思主义对我们工作提出的基本要求，也是马克思主义哲学提供给我们的科学思想方法和工作方法。[4] 我国《民法典》《民事诉讼法》的目的构造都是系统观范式的目的构造，它们既有全面的子目的构成，也有明确的层次及位序安排。它们通过位序安排区分各自子目的并形成层次格局，它们在各自连贯的子目的互动关照过程中集成。《民法典》的目的构造可概括为权利保护优先的目的系统，民事诉讼法的目的构造可概括为程序权利筑基、实体权利保护优先的目的系统。保障权利人的民事权利是《民法典》立法目的体系中的首要目的，也是《民事诉讼法》的立法目的体系中的重要目的。在民事法律规范目的构造这个更高层级的系统中，作为子系统的前两者的交集是实体权利保护，这一子目的在高一层级系统中仍应保持优

---

[1] 习近平：《毫不动摇坚持、与时俱进完善人民代表大会制度》（2021 年 10 月 13 日），载《习近平谈治国理政》（第四卷），外文出版社 2022 年版，第 253 页。

[2] 《习近平对政法工作作出的重要指示》，据新华社 2021 年 1 月 9 日电。

[3] 宇文利：《运用系统论构建制度哲学》，载《实践（思想理论版）》2020 年第 5 期。

[4] 曲青山：《论坚持系统观念》，载《北京日报》2020 年 12 月 1 日。

先性。民事法规范目的系统处在实体权利诉讼实现的运行环境之中。保障当事人的民事诉讼权利是《民事诉讼法》的立法目的体系中的首要目的。保障当事人的民事诉讼权利与保障权利人的民事权利是有区别的。前者的主体范围更广,既包括权利主张者,又包括权利主张者的相对方和第三人。保障当事人的民事诉讼权利与正当程序保障具有异曲同工之效。正当程序保障,既要为规范审判职权、合理运用审判资源设定程序边界,又要为当事人有效辩论与交涉营造程序空间。避免被告诉累的考虑,实际上就是平等对待当事人的正当程序思维的体现。正因为诉讼权利保障是实体权利保护的前提、诉讼内在功能(发现真实、确定法益)得以发挥的基础,程序权利保障这个子目的在高一层级系统中还需保持基础性。一般系统论首创者贝塔朗菲(也被译为贝塔兰菲)根据生命有机体的等级秩序、逐渐分异与逐渐集中化、均等潜能与等终局性、动态有序、远离平衡态的开放系统、自我调整、节律—自动活动等特征,提出了机体论的基本原理:整体原理(组织原理)、动态原理、自主原理。这些原理表明:有机体是一个独特的组织系统,其个别部分和个别事件受整体条件的制约,遵循系统规律。[1] 诉讼权利保障子目的之基础性、实体权利保护子目的之优先性都不是游离于系统整体性之外的优先性,而是要受到系统整体性制约的基础性与优先性。纠纷解决、法秩序维护也是民事法规范目的系统中不可或缺的子目的。在具有基础性、优先性的子目的与其他子目的组成的关系网络中,具有基础性、优先性的子目的之实现应遵守不使其他子目的失灵、不使系统失控的底线原则。在此的底线之上,诉讼权利保障子目的之基础性、实体权利保护子目的之优先性应予遵循。

[1] 黄欣荣:《贝塔朗菲与复杂性范式的兴起》,载《科学技术与辩证法》2004 年第 4 期。

第二章 民事责任竞合时识别重复起诉的实践样态

实务中，区分竞合案件与非竞合案件、实体胜诉效果与受理效果的意识和既判力意识还比较单薄。诉的区分方法尚不尽一致。

——题记

在重复起诉识别诉讼实践中是否区分重复起诉的类型、识别依据的援引状况以及实践中采取怎样的识别与判断标准、如何界定重复起诉识别标准中的要素、对于民事责任竞合时的重复起诉识别有无专门标准，都是需要通过实证分析加以明确的问题。

一、展开实证分析的案件类型基础与分析路径

另案再诉是一个属概念。这个属概念下有两个种概念，一个是合法再诉，另一个是重复起诉。它们分别对应两个不同层次的诉讼行为。另案再诉既包括消极的重复起诉，也包括积极的合法再诉。

(一)展开实证分析的案件类型基础

以是否涉及责任竞合问题,可将另案再诉分为竞合再诉与单纯再诉,进而可将重复起诉分为竞合型重复起诉(以下简称竞合重诉)与单纯型重复起诉(以下简称单纯重诉)。从纠纷解决程序与纠纷复杂程度相称原理角度观之,这一以案涉争议复杂程度为标准划定的分类是很有必要的。

识别并规制重复起诉行为,事实上就是区分合法再诉与重复起诉进而对重复起诉予以驳回的过程。重复起诉包括使后诉与前诉审判结果重合或者矛盾的在生效裁判文书生效后再行起诉行为,也包括为实现一个诉讼目的,在尚无生效审判结果时同步或先后提起审判结果将会重合或者矛盾的两个诉讼的行为。判决会导致后诉判决与前诉判决矛盾或重合,如果受理、审理而不判又将违背基本程序法理,这种左右为难的矛盾状态可称为判决悖论。如果一个诉的两次诉讼都获得法院受理,法院与这个案件的当事人建立起的诉讼系属关系就会发生冲突。这种状态可称为诉讼系属冲突。从诉判关系外部视角观之,之所以要规制重复起诉行为,一方面是因为这种行为会引起判决悖论;另一方面是因为这种行为会引起诉讼系属冲突。前者体现既判力维护原理,后者体现一个诉的诉讼系属应当唯一的原理。基于这方面的考虑,在竞合重诉与单纯重诉的分类下,分别可进一步细分为既判力影响型竞合重诉、诉讼系属影响型竞合重诉;既判力影响型单纯重诉、诉讼系属影响型单纯重诉。因当事人诉讼动机的不确定性,也有可能出现诉讼系属中存在竞合关系的前诉、后诉或者一并提起的两诉。这样看来,还有可能存在合并提起的竞合之诉。

日本学者高桥宏志提出的根据后诉提起者是否为前诉被告来判断后诉是否对抗性诉讼的观点很有启发性。[1] 将前诉原告的另案再诉归入反复型

---

〔1〕［日］高桥宏志:《民事诉讼法——制度与理论的深层分析》,林剑锋译,法律出版社2003年版,第103页。

再诉，将前诉被告提起的另案再诉归入对抗型再诉，进而区分反复型重复起诉、对抗型重复起诉，也是细分重复起诉的重要层面。责任竞合具有单向性，即原告就一个不法事实可以寻求实现两种法效果、要求相对方承担两种性质的责任、提出两种救济权主张，通常而言竞合重诉应为反复型再诉。如果就甲与乙发生争议的不法事实，甲先提侵权之诉并胜诉，乙又提违约之诉试图排除前诉的确定的裁判结果，虽然后诉与前诉的诉的客体要素是否重合值得考量，但是，若以对抗型再诉、重诉这一类型“标签”来定位这种诉讼形态，则有悖于责任竞合制度在于避免责任方双重给付的制度目的。故此，如表1(重复起诉类型表)所示，竞合重诉可分为既判力影响型竞合重诉与诉讼系属影响型竞合重诉，且都以反复型重诉为基本形态。单纯重诉则可在既判力影响型单纯重诉与诉讼系属影响型单纯重诉之下进一步细分为既判力影响的反复型单纯重诉、既判力影响的对抗型重诉；诉讼系属影响的反复型单纯重诉、诉讼系属影响的对抗型单纯重诉。

表1　重复起诉类型

<table>
<tr><th>区分标准</th><th colspan="2">重复起诉</th></tr>
<tr><td>是否涉及民事责任竞合</td><td>竞合性重诉</td><td>单纯重诉</td></tr>
<tr><td rowspan="2">影响后诉正当性的要素(是否会引起判决悖论、是否会形成诉讼系属冲突)</td><td>既判力影响型竞合重诉</td><td>既判力影响型单纯重诉</td></tr>
<tr><td>诉讼系属影响型竞合重诉</td><td>诉讼系属影响型单纯重诉</td></tr>
<tr><td rowspan="2">提起后诉的当事人在前诉中的诉讼地位</td><td>既判力影响型竞合重诉(反复)</td><td>既判力影响的反复型单纯重诉或对抗型重诉</td></tr>
<tr><td>诉讼系属影响型竞合重诉(同步或先后)</td><td>诉讼系属影响的反复型单纯重诉或对抗型单纯重诉</td></tr>
</table>

(二)展开实证分析的路径

2022年6月9日,笔者在聚法案例数据库中以“争议焦点:重复起诉”“民事案件”为条件进行检索,检索到10593例裁判文书。总体上看,涉及重复起诉争议的案件绝对数量较大,自2020年起出现案件数量下降趋势。此类案件处于总体可控的态势下,不过,从精准司法、统一法律适用的高度看,仍需重点关注。

从该数据库检索到的《民事诉讼法》及《合同法》的相关法律规定被引用数据分析结果可知,《民事诉讼法》(2017年)第124条(共729次)适用频率较高但充分度似有不足,《民事诉讼法》(2012年)第13条(共8次)的适用频率低。《合同法》(1999年)第122条(共40次)的适用频率也较低。[1] 从上述法律规定被援引状况分析尚难以全面、准确把握在诉讼实践中识别重复起诉的规则依据的具体情况;被检索到的裁判文书的审判结果分析显示,77%的案件没有被认定为重复起诉,约4%的案件被裁定驳回起诉,被裁定不予受理的案件仅有9例。[2] 由上述数据分析可知,合法再诉与重复起诉混杂现象在涉及重复起诉的案件中不仅确实存在,而且比较明显。

在本章中,笔者拟通过案例分析的方法进一步探究重复起诉识别实践的具体情况。在分析路径上,先对《民诉解释》颁行后涉重复起诉的指导性案例裁判文书的分析,再对《民诉解释》颁行后四级人民法院涉重复起诉的裁判文书进行抽样分析。

---

〔1〕 从聚法案例数据库检索到的《民事诉讼法》及《合同法》的相关法律规定被引用数据其他主要分析结果如下:《民事诉讼法》(2017年)第170条3875次;《民事诉讼法》(2017年)第64条2605次;《民事诉讼法》(2017年)第171条1094次;《民事诉讼法》(2017年)第253条1046次;《民事诉讼法》(2017年)第144条880次;《合同法》(1999年)第60条1391次;《合同法》(1999年)第107条1278次。最后检索日期为2022年6月9日。

〔2〕 聚法案例数据库,最后检索日期为2022年6月9日。

二、对《民诉解释》颁行后涉重复起诉的指导性案例裁判文书的分析

《〈最高人民法院关于案例指导工作的规定〉实施细则》第3条规定,指导性案例由标题、关键词、裁判要点、相关法条、基本案情、裁判结果、裁判理由以及包括生效裁判审判人员姓名的附注等组成。该实施细则第9条规定,各级人民法院正在审理的案件,在基本案情和法律适用方面,与最高人民法院发布的指导性案例相类似的,应当参照相关指导性案例的裁判要点作出裁判。第10条规定,各级人民法院审理类似案件参照指导性案例的,应当将指导性案例作为裁判理由引述,但不作为裁判依据引用。第11条规定 ,在办理案件过程中,案件承办人员应当查询相关指导性案例。在裁判文书中引述相关指导性案例的,应在裁判理由部分引述指导性案例的编号和裁判要点。根据上述规定,只有纳入指导性案例的裁判要点的裁判结果、裁判理由才具有指导性意义。尽管下列涉及重复起诉判断问题的指导性案例裁判文书中都未将该问题纳入指导性案例的裁判要点,鉴于程序争议裁判对于实体争议裁判的前提意义及指导性案例裁判文书在裁判文书体系中的重要地位,下列裁判文书也应当予以关注。

(一)对指导性案例第84号裁判文书涉重复起诉部分的分析

1. 案情摘要

针对华生公司奥氮平制备工艺,礼来公司曾于2003年9月29日提起侵害本案案涉专利权的前案诉讼,请求法院"判令被告支付因其侵权行为给原告造成的损失,包括但不限于原告为保护其中国专利而支付的律师费、调查费和其他合理支出,暂计人民币50万元"。礼来公司称上述50万元系针对前案起诉日之前的被诉侵权行为所主张的损害赔偿。对此,作为二审法院

的最高人民法院认为,前案诉讼审理期间为2003年至2011年,礼来公司确实难以在起诉之时就预见到被诉侵权行为的持续进行并将损害赔偿数额计算至8年后的案涉专利权到期日。基于此,2011年11月9日,前案二审庭审结束后,礼来公司曾向二审法院提交书面代理意见,就华生公司在前案诉讼期间的持续侵权行为请求增加损害赔偿数额至人民币1.7亿元。对此,前案二审判决的认定为:"综合考虑涉案专利权的性质、伊莱利利公司(即本案的礼来公司)专利被侵权所造成的损失,以及伊莱利利公司为保护涉案专利支出的合理律师费、调查费以及华生公司的侵权时间等因素,本院认为伊莱利利公司主张50万元损失并无不当,应予支持。"概言之,前案二审法院对礼来公司在闭庭后提出的增加损害赔偿数额的诉讼请求未予理涉,前案二审判决判令华生公司赔偿礼来公司的"经济损失50万元"仅为针对前案起诉日之前的被诉侵权行为所作的裁判。现礼来公司就前案起诉日至案涉专利权到期日期间的被诉侵权行为提起本案侵权诉讼,两案的诉讼请求不同,礼来公司对前案裁判结果也不持异议,故本案不属于重复诉讼。对于华生公司关于本案与前案构成重复诉讼,本案的审理因违反一事不再理原则的上诉理由,最高人民法院未予支持。[1]

2. 案例分析

本案属于单纯再诉中的重复起诉识别案例。从判决理由内容看,此案审判中判断是否重复起诉的依据是《民诉解释》第247条,直接依据"三同一"标准,以后诉与前诉的诉讼请求不同作出本案不属于重复起诉的判断。此案裁判文书中的"现礼来公司就前案起诉日至案涉专利权到期日期间的被诉侵权行为提起本案侵权诉讼,两案的诉讼请求不同,礼来公司对前案裁判结果也不持异议"这句裁判理由表明,诉讼请求是完全独立于诉讼标的之诉的构成要素,具有独立的重复起诉的判断功能。这与《民诉解释》第247

〔1〕 礼来公司与常州华生制药有限公司侵害发明专利权纠纷案,最高人民法院(2015)民三终字第1号知识产权与竞争纠纷判决书。

条的文义完全一致。就诉讼请求的同一性判断而言，只要审查诉讼请求的具体要求项目的表述是否相同即可。此案裁判理由中为何以被诉侵权行为的发生时间段不同来解释诉讼请求不同？如果原告就同一时间段的侵权行为再诉，只是诉讼请求发生变化，那么仍然不构成重复起诉吗？从裁判理由阐述的整体脉络看，不同侵权行为才是此案未构成重复起诉的核心理由。侵权行为是本案所涉侵权法律关系存在的诉因事实。本案审判中的重复起诉的判断要素体系中纳入了诉因事实要素。本案中的诉讼请求差异不是简单的数额变化而是以不同时段侵权行为作为诉因事实带来的请求性质差异。这种诉讼请求性质差异是诉讼标的差异的具体体现。正因为诉因事实不同，诉讼标的及其相应的诉讼请求不同，本案诉讼构成相对于前案的新诉。在此案对重复起诉的判断思维中，可以发现诉因事实与诉讼标的、诉讼请求的关联。就民事审判方法而言，此案的裁判理由在诉的客体要素分析中不论诉讼标的要素，只论诉讼请求，是否显现了诉的识别实践中诉讼请求标的化的倾向，殊值慎思。本案属于既判力影响型再诉，适用法律规定首先应为《民事诉讼法》第127条第5项，弃之不用而直接援引《民诉解释》第247条的规定是否允当，亦需慎思。

（二）对指导性案例第161号裁判文书涉重复起诉部分的分析

1. 案情摘要

原告王老吉大健康公司因为被告加多宝（中国）饮料有限公司在重庆地区生产的“加多宝”产品的外包装、附带宣传单页和现场广告中，以突出的字体进行“全国销量领先的红罐凉茶改名加多宝”的广告宣传构成虚假宣传形式的不正当竞争，遂诉至重庆市第五中级人民法院。此前，围绕“全国销量领先的红罐凉茶改名加多宝”的广告宣传语，在广州、长沙也曾形成民事诉讼且判决都已生效。在此案的一审、二审、再审中，此起诉讼是否构成重复起诉一直是争议焦点之一。本案一审法院认为，就广州案与本案而言，原告与被告均不相同,起诉所涉及的具体侵权事实也不相同,因此,两案之间虽然有一定的相似性和关联性,但并非系同一法律事实和同一法律关系,本案并非重复诉讼,并不违反一事不再理原则,被告的该项答辩意见不能成立,一审法院不予支持。二审法院认为,鉴于两案的案件当事人不同,起诉所涉及的具体侵权事实也不相同,建立在此基础上的诉讼请求和诉讼标的当然不同。作为再审法院的最高人民法院亦认为,鉴于两案的当事人不同,起诉所涉及的具体侵权事实也不同,建立在此基础上的诉讼请求和诉讼标的当然不同。广东省广州市中级人民法院判决的第263号案件中涉及的广告语包含本案案涉广告语,但两案的原、被告不相同,起诉涉及的侵权事实不相同,两案不属于同一法律事实和同一法律关系,故本案不属于重复诉讼。同理,本案与湖南省长沙市中级人民法院判决的(2013)长中民五初字第00308号亦不构成重复诉讼。加多宝中国公司关于本案属于重复诉讼的再审理由不能成立,最高人民法院不予支持。[1]

2. 案例分析

本案也属于单纯再诉中的重复起诉识别案例。从判决理由内容看,审判此案的合议庭判断重复起诉与否的依据也是《民诉解释》第247条的规定,直接依据"三同一"标准,以后诉与前诉的当事人、诉讼标的、诉讼请求不同作出本案不属于重复起诉的判断。在本案判决理由中未连贯使用诉讼标的概念阐述判决理由,而是以常见的诉讼标的识别方法确定诉讼标的后诉与前诉是否相同。这种常见的诉讼标的识别方法就是法律事实与法律关系相结合的识别法。

此判决中的法律事实,即因侵权地点不同而产生不同侵权行为,并非要

---

〔1〕 加多宝(中国)饮料有限公司、广州王老吉大健康产业有限公司虚假宣传纠纷案,最高人民法院(2017)最高法民再151号知识产权与竞争纠纷判决书;广州王老吉大健康产业有限公司与加多宝(中国)饮料有限公司虚假宣传纠纷案,重庆市第五中级人民法院(2014)渝高法民终字第00318号知识产权与竞争纠纷判决书。

件事实,而是原告据以提起诉讼的诉因事实。进言之,此案中的诉讼标的识别方法是综合诉因事实与特定法律关系的互动状态来识别诉讼标的之单复数状态。本案对重复起诉的审判思维,再次显现诉因事实与诉讼标的、诉讼请求的关联。就民事审判方法而言,此案的裁判理由在诉的客体要素分析中兼顾了诉讼标的与诉讼请求两个要素,只是以法律关系指代了诉讼标的,显现了以实体法视角界定诉讼标的之立场。本案亦属于既判力影响型再诉,未引用《民事诉讼法》第127条第5项的规定而直接援引《民诉解释》第247条的规定是否允当,亦需慎思。

(三)对指导性案例第167号裁判文书涉重复起诉部分的分析

1. 案情摘要

在买卖合同纠纷中,百富公司应当返还大唐公司的货款数额为75814208.13元(112183613.45元-36369405.32元)。万象公司是百富公司的债务人,大唐公司曾向万象公司提起代位诉讼。在(2014)浙甬商初字第74号民事案件中,法院判决万象公司返还大唐公司货款36369405.32元。大唐公司向浙江省象山县人民法院申请强制执行。这期执行案件被裁定终结本次执行。大唐公司在该案中并未执行到上述债权。在大唐公司就买卖合同纠纷诉百富公司的本案中,一个争议焦点是,就(2014)浙甬商初字第74号民事判决书涉及的36369405.32元债权,大唐公司是否有权向百富公司另行起诉。最高人民法院认为,大唐公司有权就该笔款项另行向百富公司主张,理由主要是,代位权诉讼与对债务人的诉讼并不相同,从当事人的角度看,代位权诉讼以债权人为原告、次债务人为被告,而对债务人的诉讼则以债权人为原告、债务人为被告,两者被告身份不具有同一性。从诉讼标的及诉讼请求上看,代位权诉讼虽然要求次债务人直接向债权人履行清偿义务,但针对的是债务人与次债务人之间的债权债务,而对债务人的诉讼则是要求债务人向债权人履行清偿义务,针对的是债权人与债务人之间的债权债务，两者在标的范围、法律关系等方面亦不相同。从起诉要件上看，与起诉债务人不同的是，代位权诉讼不仅要求具备《民事诉讼法》第108条规定的起诉条件，同时还应当具备最高人民法院《关于适用〈中华人民共和国合同法〉若干问题的解释（一）》第11条规定的诉讼条件。基于上述不同，代位权诉讼与对债务人的诉讼并非同一事由，两者仅具有法律上的关联性，故大唐公司提起本案诉讼并不构成重复起诉。[1]

2. 案例分析

尽管本案的争议对象是债权人、债务人、次债务人三方当事人的三方对立关系，不过，债权人与债务人的合同之债关系与债权人与次债务人之间的代位权关系都源自债务人对债权人有应履行债务的诉因事实——一个违约行为。虽然本案在民法上存在两种救济途径、两种法效果，但是，债权人只能实现其中一种救济权。进言之，债权请求权与代位权请求权不能并立，否则，就会产生债权人双重获益、相对方复合担责（债务人不仅对债权人承担了清偿责任，还要承受丧失对次债务人的给付请求权的不当负担）的情形。此案裁判理由中明示判断重复起诉的法律依据是《民诉解释》第247条，并且对《民诉解释》确定的三要素——当事人、诉讼标的、诉讼请求逐一展开分析以示本案与前案并不相同。不过，仅仅这三个要素就能完整诠释本案并非相对于前案的重复起诉吗？显然不是，如果大唐公司在本案所涉执行案件中执行到万象公司的财产，仅有这三个要素形式上的差异不足以否定属重复起诉的性质，而且更凸显了本案诉讼请求具备实质上否定前案裁判的重复起诉要件。因此，本案裁判理由中从案涉债权是否消灭的角度进行了说理，指出本案所涉执行案件中，因并未执行到万象公司的财产，浙江省象山县人民法院已经作出终结本次执行的裁定，故在万象公司并未实际履行清偿义务的情况下，大唐公司与百富公司之间的债权债务关系并未消灭，大

〔1〕北京大唐燃料有限公司、山东百富物流有限公司买卖合同纠纷案，最高人民法院（2019）最高法民终6号民事判决书。

唐公司有权向百富公司另行主张。本案也可归入既判力影响型再诉。就本案是否构成重复起诉的说理而言，如果先引用《民事诉讼法》第127条第5项的规定，再将《民诉解释》第247条作为解释《民事诉讼法》第127条第5项的规定中前后案件同一性界定的适用性规定，其程序说理的法律适用逻辑性将更强。作为实体胜诉效果法律依据的《合同法》第122条（现为《民法典》第186条）应为判决理由的基础。

本案中诉讼标的识别方法为特定法律关系识别法，即以发生争议的债权债务究系何种性质法律关系作为诉讼标的识别方法。进言之，此案审判中是以特定法律关系的内容（即债权债务）进行了诉讼标的识别。在民法学上，民事法律关系的基本内容通常是民事权利和民事义务，民事责任是维护正常民事法律关系的保障。在发生民事责任的情况下，其内容是民事权利和民事责任。根据民事法律关系的内容也可以认定该项民事法律关系的性质。例如，对于某项合同是买卖合同还是承揽合同，有时当事人之间会发生争议，在这种情况下，认定该项合同性质的根据是该合同内容，即根据当事人约定的权利、义务和责任认定其性质。[1] 如以特定法律关系的内容作为识别诉讼标的依据，债权与债务人清偿责任、代位权与次债务人代为清偿责任分属不同的法律关系的表述似更为恰切。不过，本案的审判过程也表明将民事法律关系的内容而非涵盖主体、客体、内容的法律关系整体作为识别诉讼标的（诉讼救济权）的要素是较为可行的。因为债权与债务人清偿责任、代位权与次债务人代为清偿责任分别以债务人未清偿债务和债务人对次债务人有到期债权、债务人怠于行使对次债务人的债权的案情为诉因事实，所以，在本案的诉讼标的识别中也潜在地运用了诉因事实这一诉讼标的识别要素。该案裁判理由亦表明前诉主张的诉讼救济权是否已经实现要以是否获得可执行权益为标准的解释立场。在对是否获得可执行权益标准的

〔1〕 魏振瀛主编：《民法》（第8版），北京大学出版社2021年版，第33页。

进一步解释中采扩张解释路径，在案涉救济权中的实体权益未获执行的情形中涵盖了前诉判决被裁定终止本次执行。

（四）小结

上述指导性案例裁判文书中对重复起诉认定的裁判说理部分，在适用《民诉解释》第 247 条认定重复起诉方面，对促进法律统一适用有积极意义。上述指导性案例裁判文书中涉及重复起诉识别问题说理部分还给我们以下启示：第一，如果具备单纯再诉与竞合再诉；既判力影响型再诉、诉讼系属影响型再诉的类型区分意识，可以更透彻、更清晰地解读不同类型再诉中重复起诉的判断依据的差异；第二，如果形成《民事诉讼法》第 127 条第 5 项及《民法典》第 186 条规定是当前判别重复起诉的基本法律依据的共识，围绕重复起诉法律规范的法律解释技术会向纵深展开；第三，如果优化诉讼标的这一民事诉讼枢纽概念、民事诉讼法与民事实体法之间的衔接概念的界定方式，涉及重复起诉识别的裁判说理会更为透彻；第四，如能解明诉因事实与纠纷事实、要件事实的差异并厘清其在诉讼标的识别过程中的作用，涉及重复起诉识别的裁判说理会更为透彻。

三、对《民诉解释》颁行后四级人民法院涉重复起诉的裁判文书的抽样分析

（一）对基层人民法院裁判文书的抽样分析

以“争议焦点：重复起诉”为检索词在威科先行数据库中进行检索获得案例 9194 例，按照 100∶1 的比例抽样，抽取样本 93 例。[1]

---

〔1〕 2022 年 6 月 23 日，笔者指导的硕士研究生杨凯翔协助笔者进行了这次样本案例抽样。

1. 未将重复起诉问题纳入争议焦点的 28 例样本的情况

这 93 例裁判文书中,有 28 例裁判文书实际上未将重复起诉问题纳入争议焦点。数据库抓取数据能力尚未达到绝对精准的程度,抓取数据过程中,将被告答辩陈述、相关案情叙述中提及的“重复”“重复起诉”语词一并抓取,抓取到 8 例实际上与本案是否重复诉讼的判断并无直接关系的裁判文书。[1] 在其他样本裁判文书中,被告提出了原告起诉系重复起诉的答辩意见或者案件明显涉及重复起诉,裁判文书中未将是否重复起诉的问题纳入争议焦点。[2] 是否重复起诉是案件受理要件中重要的消极要件。因为案件受理问题涉及本案是否具备展开案件实体审理、判决的前提条件,所以,如

---

〔1〕 如重复处理税款等说法并非在法律概念意义上使用重复起诉一词(如在本案诉讼请求之间的重叠意义上使用重复起诉一词)。见阿勒泰益康有机面业有限公司、王浩等新疆汇丰世纪建设工程有限公司建设工程施工合同纠纷案,新疆维吾尔自治区吉木乃县人民法院(2020)新4326 民初 235 号民事判决书;济南东盛阳光房地产开发有限公司等与白学森房屋买卖合同纠纷案,山东省商河县人民法院(2018)鲁 0126 民初 1327 号民事判决书;康文群、康文杰等与宁波市宝丽电器有限公司等请求变更公司登记纠纷案,浙江省宁波市鄞州区人民法院(2019)浙0212 民初 16087 号民事判决书;林秉勇与常莲、朱远东合伙协议纠纷案,广东省深圳市龙岗区人民法院(2018)粤 0307 民初 12186 号民事判决书;曾宪武与吴香兰生命权、健康权、身体权纠纷案,江西省鹰潭市月湖区人民法院(2020)赣 0602 民初 286 号民事判决书;倪玉翠与中国邮政集团公司济南市唐王邮电支局等侵权责任纠纷案,山东省济南市历城区人民法院(2019)鲁 0112 民初 4608 号民事判决书;章启树与华锋实业(香港)有限公司、潘宝利物权确认纠纷案,广东省汕尾市城区人民法院(2016)粤 1502 民初 538 号民事判决书;马怀庆与广州市淳果农业科技有限公司公司解散纠纷案,广东省广州市海珠区人民法院(2020)粤 0105 民初 9580 号民事判决书。

〔2〕 陈文炳与纳雍县勺窝乡湖坝村中井煤矿、吴茂瑜买卖合同纠纷案,贵州省纳雍县人民法院(2018)黔 0525 民初 2620 号民事判决书;杜威与青海海宏房地产有限责任公司商品房预售合同纠纷案,青海省西宁市城北区人民法院(2019)青 0105 民初 1414 号民事判决书;红英、包阿拉坦敖喜尔民间借贷纠纷案,内蒙古自治区科尔沁左翼中旗人民法院(2021)内 0521 民初 3416 号民事判决书;湖南省宇泰建筑工程有限公司与湖南建峰置业有限公司建设工程合同纠纷案,湖南省辰溪县人民法院(2019)湘 1223 民初 1263 号民事判决书;李万贵与王国爱、张强民间借贷纠纷案,河北省遵化市人民法院(2020)冀 0281 民初 279 号民事判决书;王国智与××、冯明路等机动车交通事故责任纠纷案,海南省澄迈县人民法院(2017)琼 9023 民初 1945 号民事判决书;张淑清与刘承龙不当得利纠纷案,湖北省老河口市人民法院(2018)鄂 0682 民初 419 号民事判决书;长春恒信典当有限责任公司、于某 1 等被继承人债务清偿纠纷案,吉林省长春市朝阳区人民法院(2021)吉 0104 民初 12976 号民事判决书;重庆普胜商贸有限公司与代洪伟买卖合同纠纷案,重庆市渝北区人民法院(2019)渝 0112 民初 2928 号民事判决书;房建华与上海舵程安防技术有限公司民间借贷纠纷案,上海市闵行区人民法院(2016)沪 0112 民初 30538 号民事判决书;董洪宝、陈飞等买卖合同纠纷案,江苏省东海县人民法院(2021)苏 0722 民初 1212 号民事判决书;邝燕芝与王建英生命权、健康权、身体权纠纷案,湖南省郴州市北湖区人民法院(2020)湘 1002 民初 4791 号民事判决书等。

果被告提出重复起诉抗辩，就应该将重复起诉问题作为争议焦点。有的案件是因为原审法院以重复起诉为由裁定驳回起诉引起再审，再审法院撤销原裁定指令再审而审理案件。[1] 尽管如此，将是否重复起诉纳入争议焦点，在理由阐述中表明本案非重复起诉的理由在指令再审裁定已经充分叙述，更为恰当。也需注意，有的案件中被告提出不实的重复起诉抗辩意见，对此法院不纳入争议焦点是正确的。[2] 由于裁判文书显现的案情未必完整，笔者仅能推断，出现这种状况的原因或为出于彻底解决争议的考虑，或为基于本案并非重复起诉一目了然、毋庸置疑地认识。无论基于怎样的认识，被告提出重复起诉抗辩而不将重复起诉问题纳入争议焦点，都不免产生程序正义价值是否受到重视的质疑。在阅读这些裁判文书过程中，笔者发现，有的案例涉及如何处理诉讼请求重叠问题；[3] 有的案例涉及单纯重诉中诉讼系属影响反复型重复起诉；[4] 有的案例存在单纯重诉中既判力影响对抗型重复诉讼的可能性；[5] 有的案例可能构成竞合再诉中的既判力影响反复型再诉。[6] 总之，这些裁判文书仍有参考研究价值。从上述情况来看，重复再诉的实践场域中存在忽视新诉提出部分请求、诉讼系属影响型再诉以及竞合

[1] 赵忠英、张宏伟机动车交通事故责任纠纷案，辽宁省兴城市人民法院（2020）辽1481民再6号民事判决书等。相较而言，云南省禄劝彝族苗族自治县人民法院（2017）云0128民初565号民事判决书的争议焦点归纳方法及说理方式更为恰当。

[2] 中国音像著作权集体管理协会与斗门区乾务镇新星光大道量贩式歌舞厅著作权权属、侵权纠纷案，广东省珠海市香洲区人民法院（2017）粤0402民初6355号民事判决书。

[3] 杜威与青海海宏房地产有限责任公司商品房预售合同纠纷案，青海省西宁市城北区人民法院（2019）青0105民初1414号民事判决书；王国智与××、冯明路等机动车交通事故责任纠纷案，海南省澄迈县人民法院（2017）琼9023民初1945号民事判决书；董洪宝、陈飞等买卖合同纠纷案，江苏省东海县人民法院（2021）苏0722民初1212号民事判决书。

[4] 红英、包阿拉坦敖喜尔民间借贷纠纷案，内蒙古自治区科尔沁左翼中旗人民法院（2021）内0521民初3416号民事判决书；重庆普胜商贸有限公司与代洪伟买卖合同纠纷案，重庆市渝北区人民法院（2019）渝0112民初2928号民事判决书。

[5] 李万贵与王国爱、张强民间借贷纠纷案，河北省遵化市人民法院（2020）冀0281民初279号民事判决书；房建华与上海舵程安防技术有限公司民间借贷纠纷案，上海市闵行区人民法院（2016）沪0112民初30538号民事判决书等。

[6] 张淑清与刘承龙不当得利纠纷案，湖北省老河口市人民法院（2018）鄂0682民初419号民事判决书。

型再诉的情形。由以上分析可知,重复起诉问题属于审判前提问题、应为职权判断事项、对于重复起诉抗辩意见应予回应并先行确定的诉讼意识在基层法院层面尚未完全获得认同。

就请求权竞合下重复起诉判断标准的主题而言,崔江与闫增平不当得利纠纷案值得关注。此案裁判理由中叙明,“崔江在其配偶卞喜萍于2018年12月19日已去世且没有遗言的情况下,又以不同案由对已经生效判决对其诉讼请求不予支持的情况下,再次用相同的证据以不同理由向本院起诉,系重复起诉”。[1] 此案的案由是不当得利纠纷,前案案由为货运代理合同纠纷。通常而言,案由不同意味着争议法律关系不同、诉讼标的不同。依据《民诉解释》第247条的规定,后案与前案诉讼标的不同时后案并不构成重复起诉。从请求权竞合视角观之,基于一个诉因事实在前案诉讼标的上的诉讼请求被否定后再以新的诉讼标的提起后案之诉并非重复起诉。本案中构成重复起诉的理据是否充分,值得省思。此外,受诉法院在作出本案构成重复起诉的判断后并未裁定驳回起诉,而是将诉讼请求是否超过诉讼时效作为争议焦点,进而进行实体判决。妥否,亦值得省思。由此案裁判过程看,请求权竞合时重复起诉判断标准问题在实务中确实是个真问题。

2. 将重复起诉问题纳入争议焦点的65例样本的情况

根据以重复起诉为争议焦点的65例样本的分析,可得出如下结论。

(1)在是否重复起诉成为争议焦点的案件中,被认定为重复起诉的案件占比不高,部分重复起诉案件较多。

在65例样本库中,被认定为重复起诉的案件仅为15例,占比约为23%。由上述数据状况可知,在诉讼实践中,现实存在合理再诉与重复起诉的分野,未见我国法院应对再诉现象的“一边倒”的先定重复起诉的标签化审判倾向。依法区分合理再诉与重复起诉行为是我国法院应对再诉现象的

---

〔1〕 崔江与闫增平不当得利纠纷案,山西省山阴县人民法院(2019)晋0621民初758号民事判决书。

惯常倾向的主要方面。

实践中裁定重复起诉的法律依据是什么、对“诉讼标的同一”判断要素的重视程度如何、如何认识诉讼请求与诉的关系,是这组案例值得关注的问题。

第一,实践中裁定重复起诉的法律依据问题。在抽样样本案例中,基本上都是以《民诉解释》第 247 条作为认定重复起诉的依据,仅 1 例涉及《民诉解释》第 248 条。[1] 鲜有以《民事诉讼法》及《民诉解释》中关于裁判效力的规定作为法律依据认定重复起诉。[2] 就此而言,对于重复起诉规制的裁判依据体系还需要深入研究。

第二,对“诉讼标的同一”判断要素的重视程度问题。尽管界定上的差异明显,在涉及诉讼标的的大多数样本案例中,对“诉讼标的同一”判断要素都是很重视的。不过,基层法院个别样本案例也对如何识别这一判断要素提出了案由是否等同于诉讼标的这样值得重视的问题。如有的样本案例的裁定书理由中述及,吉林高新技术产业开发区人民法院对王振东、李洪艳诉辛桂玲、李传军民间借贷纠纷一案作出的(2016)吉 0291 民初字 67 号民事调解书,已于 2016 年 3 月 24 日发生法律效力。该调解书没有依法被撤销,该案涉房屋的权属及如何返还已经由生效的法律文书予以确认,实质上本案与(2016)吉 0291 民初字 67 号民事调解书中确定的内容系相同当事人、相同诉讼标的,李传军、辛桂玲、李学福应当依据已经生效的法律文书实现其应享有的权利,故法院不予审理该案。[3] 笔者认为,我国民事诉讼案由主

〔1〕 沈国强与李建学民间借贷纠纷案,浙江省桐乡市人民法院(2019)浙 0483 民初 4914 号民事判决书。

〔2〕 有的裁判文书援引了《民事诉讼法》第 127 条第 5 项的规定,见马敏平、马永兰民间借贷纠纷案,贵州省威宁彝族回族苗族自治县人民法院(2022)黔 0526 民初 341 号民事判决书;有的裁判文书援引了最高人民法院《关于适用〈中华人民共和国民事诉讼法〉的解释》第 249 条第 1 款有关“人民法院作出的发生法律效力的判决、裁定对受让人具有拘束力”的规定,见安奇才与吐尔逊·哈斯木、阿不利孜·卡斯木合同纠纷一审民事案,新疆维吾尔自治区若羌县人民法院(2020)新 2824 民初 342 号民事判决书。

〔3〕 李传军等诉王振东排除妨害纠纷案,吉林省吉林市丰满区人民法院(2017)吉 0211 民初 538 号民事判决书。

要是根据民事法律关系、救济权归纳的，无论将诉讼标的界定为当事人主张的发生争议的法律关系、权利或者单元化的救济权还是将诉讼标的界定为当事人就发生争议的法律关系、权利或者单元化的救济权而提出的诉讼主张，案由不同，诉讼标的也不同。这个样本案例中的前案的案由是民间借贷纠纷，后案的案由是排除妨害纠纷，后案诉讼标的应与前案诉讼标的不同。尽管，本案的诉因事实与前案的诉因事实的基础事实在整体上是相同的，但是，这并不能产生两个案件诉讼标的同一的识别效果。《民诉解释》第 247 条是对《民事诉讼法》关于裁判文书、调解书效力的规定的适用性解释。在《民诉解释》生效后，对于这种似乎实质重复的起诉，也不宜直接以《民事诉讼法》关于裁判文书、调解书效力的规定予以裁定。只有严格依据法定的重复起诉标准与要素认定重复起诉，才能实现在重复起诉规制方面的法律适用统一。

第三，如何认识诉讼请求与诉的关系的问题。这组案例中被认定为全案重复起诉的有 5 例；[1] 被认定为部分重复起诉的有 10 例。对于部分重复起诉问题，样本显示了三种实践做法：第一种是说明对构成重复起诉的部分诉讼请求不予审理或者不予支持，全案一体判决，不单独作出裁定；[2] 第二

[1] 安奇才与吐尔逊·哈斯木、阿不利孜·卡斯木合同纠纷案，新疆维吾尔自治区若羌县人民法院(2020)新 2824 民初 342 号民事判决书；马敏平、马永兰民间借贷纠纷案，贵州省威宁彝族回族苗族自治县人民法院(2022)黔 0526 民初 341 号民事判决书；石臻华与赵庆梅等房屋买卖合同纠纷案，北京市延庆区人民法院(原北京市延庆县人民法院)(2018)京 0119 民初 374 号民事判决书；安图县启源商贸有限公司与延吉市建筑安装有限公司建设工程施工合同纠纷案，吉林省安图县人民法院(2017)吉 2426 民初 1259 号民事判决书；李传军等诉王振东排除妨害纠纷案，吉林省吉林市丰满区人民法院(2017)吉 0211 民初 538 号民事判决书。

[2] 王凡与湖南龙峰房地产开发有限责任公司商品房预售合同纠纷案，湖南省岳阳市岳阳楼区人民法院(2020)湘 0602 民初 1867 号民事判决书；北京河图创意图片有限公司与烟台领航户外运动有限公司案，山东省烟台市芝罘区人民法院(2021)鲁 0602 民初 1337 号民事判决书；北京乐扬知识产权代理有限公司与阳春市唐会娱乐有限公司著作权权属、侵权纠纷案，广东省阳江市江城区人民法院(2021)粤 1702 民初 1992 号民事判决书；中国音像著作权集体管理协会与南宁市东辉娱乐城侵害作品放映权纠纷案，广西壮族自治区南宁市青秀区人民法院(2017)桂 0103 民初 8568 号民事判决书；广州市白云泵业集团有限公司与石家庄强大水泵有限公司买卖合同纠纷案，广东省广州市黄埔区人民法院(原广东省广州市萝岗区人民法院)(2018)粤 0112 民初 3002 号民事判决书；王文发与松原市豫桥油气开发有限公司财产损害赔偿纠纷案，吉林省大安市人民法院(2018)吉 0882 民初 1536 号民事判决书。

种是在判决说理部分明确表明与前案诉讼请求重叠部分应予驳回;[1]第三种是以单独裁定驳回重复起诉部分,[2]这种实践做法中的劳务合同纠纷案件本身是普通共同诉讼,是诉的合并。[3]此案中的诉具有可分性。对此案中的两个诉,一个判决驳回诉讼请求,一个裁定驳回起诉,并无争议。第三种实践做法中的劳动争议案的裁判思路是后案部分请求与前案诉讼请求重叠是诉的重复。这与其他涉及后案部分请求与前案诉讼请求重叠的案件的认知立场有很大差异。在此劳动争议案中,受诉法院认为,对原告于2017年向该院起诉的(2017)黔0628民初2530号案件进行审查,原告所提出的前述第2项至第8项诉讼请求属于重复起诉,因此该院作出(2018)黔0628民初2311号民事裁定书予以驳回起诉。[4]这三种实践做法的裁判思路实际上可分为两类,第一种与第二种做法是一类,而第三种是另外一类。这两种类型裁判思路对待诉讼请求与诉的关系、重复起诉之诉的认知立场完全不同。第一种类型是诉讼请求非诉的独立识别要素裁判思路;第二种类型乃诉讼请求是诉的独立识别要素裁判思路。可以应对后案部分请求与前案诉讼请求重叠的案件的是诉的分离程序技术。运用诉的分离技术,首先得识别独立的诉。如果将诉讼请求作为独立的诉的基本识别要素,那么,后案与前案的诉讼请求重叠构成诉的重复,可以分离裁判;如果将当事人与诉讼标的作为诉的识别的基本识别要素,仅将诉讼请求作为独立的诉的辅助识别要素,那么,后案与前案的诉讼请求重叠并不构成诉的重复,仍应全案一体

[1] 沈国强与李建学民间借贷纠纷案,浙江省桐乡市人民法院(2019)浙0483民初4914号民事判决书;李彬与长沙市天心区鑫天山水洲城业主委员会合同纠纷案,湖南省长沙市天心区人民法院(2019)湘0103民初8743号民事判决书。

[2] 王优滨与贵州盐业(集团)松桃有限责任公司劳动纠纷案,贵州省松桃苗族自治县人民法院(2018)黔0628民初2311号民事判决书;迟景宝、董明等与迟磊劳务合同纠纷案,辽宁省宽甸满族自治县人民法院(2020)辽0624民初2222号民事判决书。

[3] 迟景宝、董明等与迟磊劳务合同纠纷案,辽宁省宽甸满族自治县人民法院(2020)辽0624民初2222号民事判决书。

[4] 王优滨与贵州盐业(集团)松桃有限责任公司劳动纠纷案,贵州省松桃苗族自治县人民法院(2018)黔0628民初2311号民事判决书。

裁判。从这部分样本案例的总体情况来看,持仅将诉讼请求作为诉的辅助识别要素的裁判思路的案例比例显著占优。就权利保障诉讼制度目的观而言,这两种裁判思路下的裁判结果在原告诉讼费用负担方面存在差异,以单独的裁定对后案与前案重叠的诉讼请求驳回起诉,无须缴纳相应的案件受理费;在判决中表明对后案与前案重叠的诉讼请求不予审理或者不予支持,仍需缴纳相应的案件受理费。如果法院作出相应的变通决定,是否符合《民事诉讼法》《诉讼费用交纳办法》中规定的案件受理费负担规定则成为一个不可忽视的问题。[1] 就诉讼秩序保障诉讼制度目的观而言,在判决中表明对后案与前案重叠的诉讼请求不予审理或者不予支持,给原告适当的促使其审慎诉讼的不利后果,有助于保持单元化、系统性审理民事案件的高效诉讼秩序。将后案与前案重叠的诉讼请求视为独立的诉予以诉的分离,进而以单独的裁定予以处理,可以使审判对象更为清晰,彰显诉判一致性。不过,以诉讼请求识别诉的观念会产生一整套诉的识别、分离、合并的程序技术。在多数案件中,诉讼请求并非单一,只要出现复数诉讼请求,该案件就要被视为诉的合并。如是行之,诉的主观合并与诉的客观合并以及第三方加入的诉的合并将因面临体系性冲击而难以展开。如果每项诉讼请求都具有独立成诉的正当性,那么分割诉讼、分段诉讼是否会成为原告诉讼惯常倾向,民事诉讼是否会被碎片化,也是不能不考虑的问题。

(2)本组样本案例中,未见被认定的诉讼系属影响型重复起诉案件。

在本次样本案例中未见被认定的诉讼系属影响型重复起诉,并不意味着在诉讼实践中没有这种类型的重复起诉。如前所述,在未将重复起诉问题纳入争议焦点的样本案例中就显现了实践中出现这种情形的可能性。上述抽样结果只能说明在诉讼实践中诉讼系属影响型重复起诉占比较低。这种现象的原因有两方面:一方面,在制度上,我国民事诉讼法层面并没有规

---

〔1〕 参见王文发与松原市豫桥油气开发有限公司财产损害赔偿纠纷案,吉林省大安市人民法院(2018)吉0882民初1536号民事判决书。

制诉讼系属影响型重复起诉的具体规定；另一方面，从诉讼经济性角度来看，同步提起两起诉讼案件来实现一个诉的目的不符合普遍存在的理性人人性假设。既然，这种诉讼行为与通常的人性假设难以吻合，也就缺乏形成当事人惯常诉讼倾向的诉讼意识基础，在重复起诉案件中占比较低也并无令人讶异之处。不过，诉讼系属影响型重复起诉案件少，并不意味着可以忽视对这种类型案件的观察、审视与规制。这种同一当事人为了同一诉的目的进行的同步诉讼行为既消耗审判资源、扰乱民事诉讼秩序，又增加当事人自身的诉讼成本，是诉讼制度运行的“短板”，应该对其形成一套规制方式。

(3)在未被认定为重复起诉的案件中，主要理由是新案的诉讼请求与前案诉讼请求不同。

在未被认定为重复起诉的案件中，以“三要素”不同或当事人与诉讼请求不同、诉讼标的与诉讼请求不同故不构成重复起诉为审判理由的有11例。[1] 在未被认定为重复起诉的案件中，主要理由是新案的诉讼请求与

[1] 丁尚锋、音桂萍等与吴亚平缔约过失责任纠纷案，安徽省宿松县人民法院(2019)皖0826民初4029号民事判决书；卢某1与中国人民财产保险股份有限公司昭平支公司、中国人民财产保险股份有限公司贺州市分公司人身保险合同纠纷案，广西壮族自治区昭平县人民法院(2019)桂1121民初190号民事判决书；潘红与王庆林、任义新民间借贷纠纷案，江苏省灌云县人民法院(2018)苏0723民初4356号民事判决书；陈千鑫与威乐建设集团有限公司、湖北省绿野旅游开发有限公司建设工程合同纠纷案，湖北省宣恩县人民法院(2019)鄂2825民初2312号民事判决书；史图安与铜陵建鑫建筑安装工程有限责任公司、铜陵县城东金汇钢构有限责任公司建设工程施工合同纠纷案，铜陵市铜官区人民法院(2017)皖0705民初69号民事判决书；杨道平与杨学志合同纠纷案，河南省商丘市梁园区人民法院(2019)豫1402民初11404号民事判决书；杨延海与天津宝龙城房地产开发有限公司、王双双确认合同无效纠纷案，天津市滨海新区人民法院(2019)津0116民初44890号民事判决书；张博瑶与管鼎文共有物分割纠纷案，天津市北辰区人民法院(2017)津0113民初5338号民事判决书；中国太平洋财产保险股份有限公司陆良县支公司保险纠纷案，云南省陆良县人民法院(2018)云0322民初3035号民事判决书；原告宋联钦与被告资兴市联创地产开发有限公司、刘晓鸿股权转让纠纷案，湖南省资兴市人民法院(2019)湘1081民初2006号民事判决书；古波、胡秀花等与刘树军等民间借贷纠纷案，河北省邯郸市丛台区人民法院(2019)冀0403民初1037号民事判决书。

前案诉讼请求不同,共计 15 例。[1] 这些案例都涉及诉讼请求相同这个重复起诉的判断要素。从这些案例的裁判文书说理部分可以明显感知到基层法院对基于补提部分请求的新诉的包容立场。有时纠纷的连续性产生先后相续的诉讼请求,有时对方的行为超越了预期,有时前案与后案只是在诉争法律关系的抽象性质上相同而在具体化、特定化法律关系层面并不相同,合理再诉行为有其现实需求。以诉讼权利保障为基准、优先保护民事权利的民事诉讼目的导向在上述裁判文书中有较为充分的体现。对于法院如何结合具体案情予以裁量后案与前案的诉讼请求是否相同,上述裁判文书的说理部分应为有益的经验素材。对于如何促使原告完整提出全部诉讼请求,实现高效诉讼秩序的诉讼目的,上述案例并未给出一个圆满的答案。在这些案例的裁判文书中说理部分,也显现了在基层法院层面,法官对于诉讼标的

[1] 陈同炉与安庆市宏业房地产开发有限责任公司商品房销售合同纠纷案,安徽省宿松县人民法院(2017)皖 0826 民初 1755 号民事判决书;成都兴业建筑安装工程有限公司、宣云辉、宋金和建设工程施工合同纠纷案,四川省成都市双流区人民法院(原四川省双流县人民法院,(2017)川 0116 民初 9165 号民事判决书;范闪强与缙云县东渡镇古郑村民委员会合同纠纷案,浙江省缙云县人民法院(2019)浙 1122 民初 1404 号民事判决书;甘肃金凯宁工贸集团有限公司、王某1 建设工程合同纠纷案,甘肃省成县人民法院(2021)甘 1221 民初 934 号民事判决书;李天成与王晓莉合伙协议纠纷案,四川省中江县人民法院(2019)川 0623 民初 2327 号民事判决书;李伟与三亚金泰实业发展有限公司商品房销售合同纠纷案,海南省三亚市城郊人民法院(2018)琼 0271 民初 4207 号民事判决书;凉山农村商业银行股份有限公司与西昌汇诚商贸有限公司、西昌市昌平物业开发有限公司借款合同纠纷案,四川省西昌市人民法院(2020)川 3401 民初 1100 号民事判决书;平江县浏家滩钢架管租赁部与四川盛世荣盛建筑劳务有限公司、江应生建筑设备租赁合同纠纷案,湖南省平江县人民法院(2021)湘 0626 民初 3207 号民事判决书;何明军与百色润泽房地产开发有限公司合伙协议纠纷案,广西壮族自治区百色市右江区人民法院(2018)桂 1002 民初 1375 号民事判决书;山东维尔斯化工有限公司与山东新滨环保科技有限公司承揽合同纠纷案,山东省广饶县人民法院(2019)鲁 0523 民初 5278 号民事判决书;唐必余与浦荣成、高桂芳机动车交通事故责任纠纷案,江苏省射阳县人民法院(2020)苏 0924 民初 946 号民事判决书;未来电视有限公司与微鲸科技有限公司侵害作品信息网络传播权纠纷案,天津市滨海新区人民法院(2020)津 0116 民初 6449 号民事判决书;未来电视有限公司与微鲸科技有限公司侵害作品信息网络传播权纠纷案,天津市滨海新区人民法院(2020)津 0116 民初 6419 号民事判决书;张立强、杨磊诉被告阳光一百置业(辽宁)有限公司、天津阳光壹佰物业服务有限公司沈阳分公司商品房销售合同纠纷案,辽宁省沈阳市于洪区人民法院(2017)辽 0114 民初 9641 号民事判决书;陈某 1 与陈某 2 离婚后财产纠纷案,广东省佛山市禅城区人民法院(原广东省佛山市城区人民法院)(2018)粤 0604 民初 9639 号民事判决书。

与诉讼请求的关系的认知困惑，如有的裁判文书中运用了诉讼请求标这样的难解其意的“新术语”。[1] 这也显现了进一步强化诉讼标的理论研究的紧迫性。一方面，从民事诉讼技术层面来看，以新诉讼标的提起民事诉讼比改变诉讼请求提起民事诉讼更为复杂，改变诉讼请求的再诉占比高，表明目前民事纠纷的实际复杂程度还不高，亦表明判而未决的诉讼争议状况而非判而难决的争议状况是目前涉及重复起诉的诉讼争议的重要方面。另一方面，也需要注意到诉讼争议的复杂程度与法律发展进程、法律意识、诉讼服务法律水平存在密切关联，会随着后者的变化而变化。

在未被认定为重复起诉的案件中，新案与前案当事人不同也是主要审判理由，共计 8 例。[2] 在未被认定为重复起诉的案件中，以发生新事实故不构成重复起诉为审判理由的有 2 例。[3] 在未被认定为重复起诉的案件中，

---

〔1〕 山东维尔斯化工有限公司与山东新滨环保科技有限公司承揽合同纠纷案，山东省广饶县人民法院(2019)鲁 0523 民初 5278 号民事判决书。

〔2〕 和月勤与刘俊、中国人民财产保险股份有限公司昆明市分公司机动车交通事故责任纠纷案，云南省禄劝彝族苗族自治县人民法院(2017)云 0128 民初 565 号民事判决书；孔骏驰、张君等房屋租赁合同纠纷案，山东省曲阜市人民法(2021)鲁 0881 民初 2244 号民事判决书；李卫军与贾千逸民间借贷纠纷案，北京市平谷区人民法院(2022)京 0117 民初 1824 号民事判决书；平武县凌元商品混凝土有限公司与绵阳市瑞源建筑工程有限公司、赵伟买卖合同纠纷案，四川省平武县人民法院(2021)川 0727 民初 275 号民事判决书；无锡江南电缆有限公司与宜兴市锦洋电子有限公司买卖合同纠纷案，江苏省宜兴市人民法院(2019)苏 0282 民初 4200 号民事判决书；吴江运东喷织厂、王俊等买卖合同纠纷案，江苏省苏州市吴江区人民法院(原江苏省吴江市人民法院，(2021)苏 0509 民初 5105 号民事判决书；张荣、吴峰等追偿权纠纷案，江苏省高邮市人民法院(2021)苏 1084 民初 48 号民事判决书；镇江加勤智慧电力科技股份有限公司与陈伟买卖合同纠纷案，江苏省镇江经济开发区人民法院(2019)苏 1191 民初 3572 号民事判决书。

〔3〕 王双财与杜永飞、铜川恒源房地产开发有限公司、杜永涛民间借贷纠纷案，陕西省铜川市印台区人民法院(原陕西省铜川市郊区人民法院)(2018)陕 0203 民初 609 号民事判决书；赖福德与吕静文袁海等建设工程施工合同纠纷(9211)案，重庆市巴南区人民法院(2017)渝 0113 民初 3462 号民事判决书。

还有5例驳回起诉或撤诉后的再诉案件。[1] 这些案例印证了诉讼地位与当事人同一的关系、新事实的判断时点应该是判决确定时还是辩论终结时;驳回起诉的裁定是否产生既判力等问题的实践性。

(4)既判力影响的对抗型重复起诉案件数量略多于反复型重复起诉案件的数量。

全案被认定重复起诉的样本案例中,既判力影响型单纯重诉案件中反复型为2例,[2]对抗型为3例。[3] 若归结这种现象的原因,反诉制度的非常态化运用应该是主要的原因。反诉也需要诉讼成本,如果一个诉讼中的被告对于诉讼结果的估计盲目乐观或者对交付案件受理费有抵触心理,那么在诉讼结果对其不利时可能出现对抗型重复起诉。这种现象在一定程度上也表明,不及时反诉会产生不利后果的风险意识在民事纠纷的当事人中尚未"扎根"。

(5)在重复起诉问题被作为争议焦点的样本案例中涉及竞合再诉的案件占比不高,兼为法院未裁定为重复起诉的案件。法院在审定这类案件时认定标准不一,区分单纯再诉与竞合再诉的意识不明显。

在65例样本库中,涉及竞合重诉的8例,诉讼系属影响型竞合重诉1

[1] 安信农业保险股份有限公司江苏分公司与江苏扬子江港务有限公司保险人代位求偿权纠纷案,江苏省靖江市人民法院(2017)苏1282民初2567号民事判决书;牛某与毕某1等民间借贷纠纷案,山西省高平市人民法院(2019)晋0581民初35号民事判决书;宋丽敏、侯建厂等与宋洪胜民间借贷纠纷案,山东省荣成市人民法院(2019)鲁1082民初6188号民事判决书;繭荣与吴腾辉、陈家妹民间借贷纠纷案,福建省政和县人民法院(2018)闽0725民初641号民事判决书;邓强与贵州齐胜房地产开发有限公司民间借贷纠纷案,贵州省黔西县人民法院(2019)黔0522民初6171号民事判决书。

[2] 安奇才与吐尔逊·哈斯木、阿不利孜·卡斯木合同纠纷案,新疆维吾尔自治区若羌县人民法院(2020)新2824民初342号民事判决书;马敏平、马永兰民间借贷纠纷案,贵州省威宁彝族回族苗族自治县人民法院(2022)黔0526民初341号民事判决书。

[3] 石臻华与赵庆梅等房屋买卖合同纠纷案,北京市延庆区人民法院(原北京市延庆县人民法院)(2018)京0119民初374号民事判决书;安图县启源商贸有限公司与延吉市建筑安装有限公司建设工程施工合同纠纷案,吉林省安图县人民法院(2017)吉2426民初1259号民事判决书;李传军等诉王振东排除妨害纠纷案,吉林省吉林市丰满区人民法院(2017)吉0211民初538号民事判决书。

例,其余兼为既判力影响型竞合重诉。这些样本案例显现的问题主要是:重复起诉界定标准不尽一致;缺乏对竞合重诉的专门识别标准考量;对重复起诉识别标准的构成要素的界定不尽一致。

第一,重复起诉界定标准不尽一致问题。在这些样本案例的裁判文书理由中有采"三同一"标准(当事人、诉讼标的、诉讼请求)的。[1] 不过,"三同一"标准并非"通用"标准,以同一法律关系为标准的案例居多。[2] 此外,还有以诉的理由为标准的样本案例。[3] 涉及会员费纠纷的案件较为典型。以本次检索到的裁判文书为线索,笔者进一步检索到关联案件的裁判文书。从这些裁判文书关于重复起诉问题的裁判理由来看,前案的一审、二审以事实为标准,再审中改采"三同一"标准。[4] 就采用这些标准的依据而言,采"三同一"标准的样本案例依据的是《民诉解释》第 247 条的规定。采法律关系标准的,未表明识别依据;会员费纠纷案的前案一审、二审尽管引用了《民诉解释》第 247 条的规定,解释路径仍囿于"一事不再理"的"民事诉讼原则"。重复起诉问题是个程序问题,应以程序理论范畴,特别是程序法的法律范畴,如诉讼标的、诉讼请求,来对此争议作出判断。这也是我国《民事诉讼法》《民诉解释》规制重复起诉行为的用意所在、意义所在。抛开现行程序法规定,以法律关系等实体法范畴,以事实、诉的理由等非法定重复起诉判

---

〔1〕 王嘉慧等与沃达恒通汽车租赁(北京)有限公司承揽合同纠纷案,北京市朝阳区人民法院(2020)京 0105 民初 11178 号民事判决书;田晓梅、赖敏等与杨丽平合同纠纷案,云南省武定县人民法院(2020)云 2329 民初 739 号民事判决书。

〔2〕 韩增奎与任辉、谢静民间借贷纠纷案,河南省封丘县人民法院(2020)豫 0727 民初 3880 号民事判决书;陈玉群、蔡冬梅等债权人撤销权纠纷案,广东省韶关市浈江区人民法院(2020)粤 0204 民初 307 号民事判决书;李杨与杨培培委托理财合同纠纷案,北京市大兴区人民法院(2021)京 0115 民初 17383 号民事判决书;刘洪伟与刘广印、刘淑成借用合同纠纷案,山西省太原市小店区人民法院(2019)晋 0105 民初 7670 号民事判决书。

〔3〕 王成永与农彩莲、梁凤琴土地租赁合同纠纷案,广西壮族自治区柳州市柳江区人民法院(原广西壮族自治区柳江县人民法院)(2021)桂 0206 民初 510 号民事判决书。

〔4〕 王月荣、陈晓静等与雷双建等合同纠纷案,河南省郑州市管城回族区人民法院(2020)豫 0104 民初 8392 号民事判决书;师凤月、雷双建不当得利纠纷案,河南省郑州市中级人民法院(2020)豫 01 民再 401 号民事判决书等。

断要素来认定是否构成重复起诉问题大大增加了重复起诉认定实践的复杂性与混沌感。由此可知，重复起诉界定标准、请求权竞合时重复起诉界定标准的实务运用，距离统一法律适用的要求还有较大提升空间。

第二，缺乏对竞合重诉的专门识别标准考量的问题。本组样本案例的前案与后案的案由都不同，或为合伙纠纷、借款合同纠纷，债权人撤销权纠纷、民间借贷纠纷，借贷纠纷、委托理财纠纷；或为租赁合同纠纷、借用合同纠纷，不当得利纠纷、债权人撤销权纠纷。〔1〕每一种案由，都意味着不同的法律关系、不同的请求权。在诉因事实基本相同时，原告先后以不同的请求权提起诉讼，即成民事责任竞合现象。对此法律现象，样本案例中未体现出精准应对的法律适用思维，缺乏对竞合重诉的专门识别标准考量。

第三，对重复起诉识别标准的构成要素的界定不尽一致问题。对于诉讼标的，有的样本案例裁判文书理由中将其界定为当事人在实体法上的权利义务，即原告主张的实体权利。〔2〕有的样本案例裁判文书理由中将诉讼标的与诉讼标的物完全等同，还认为诉讼请求包含基础法律关系。〔3〕诉讼请求由基础法律关系、诉讼标的物构成的界定法固然新颖，但与通常认识格格不入。这样的认识歧异既不利于准确识别请求权竞合时的重复起诉，也不利于法律适用的统一。

在本组抽样案例中被认定为重复起诉的案件中没有竞合重诉案件。笔者对诉讼请求权竞合时诉的合并问题的实证研究的研究结论来看，竞合再

〔1〕韩增奎与任辉、谢静民间借贷纠纷案，河南省封丘县人民法院(2020)豫0727民初3880号民事判决书；陈玉群、蔡冬梅等债权人撤销权纠纷案，广东省韶关市浈江区人民法院(2020)粤0204民初307号民事判决书；李杨与杨培培委托理财合同纠纷案，北京市大兴区人民法院(2021)京0115民初17383号民事判决书；刘洪伟与刘广印、刘淑成借用合同纠纷案，山西省太原市小店区人民法院(2019)晋0105民初7670号民事判决书；田晓梅、赖敏等与杨丽平合同纠纷案，云南省武定县人民法院(2020)云2329民初739号民事判决书。

〔2〕田晓梅、赖敏等与杨丽平合同纠纷案，云南省武定县人民法院(2020)云2329民初739号民事判决书。

〔3〕师风月、雷双建不当得利纠纷案，河南省郑州市中级人民法院(2020)豫01民再401号民事裁定书。

诉被认定为重复起诉的情形是客观存在的。[1]

包含民事诉讼行为、诉讼意识、诉讼惯常倾向的实践行动与制度、资源构成的民事诉讼场域中，制度运行既要能满足实践需求，也要能集约化利用资源；制度要能够承载起发挥促进实践行动与资源良性互动的功能。为此，制度要通过引导更合理的意识、更合理的行为来重塑当事人的诉讼惯常倾向。从上述数据来看，比较突出的问题是一次性提尽诉讼请求的诉讼惯常倾向尚未全面形成，怎样在制度上促进当事人尽可能地一次性全面主张诉讼请求，克服轻视诉前论证、设计的诉讼惯常倾向，而又不损害权利救济的现实需求，是今后需要重点关注的问题。

（二）对中级人民法院裁判文书的抽样分析

2022 年 6 月 26 日，以“争议焦点：重复起诉”为检索词，共检索到中级人民法院裁判文书 14511 件，按照 100∶1 的比例抽样，共得抽样案例 148 件。[2] 与前节所述检索精度的原因相似，在这组案例中也有一些案例的裁判文书事实上未将重复起诉问题纳入争议焦点。此节集中分析以重复起诉为争议焦点的 77 例样本。在这 77 例样本中，也集中表现了被认定为重复起诉的案件占比不高、诉讼系属影响型重复起诉案件稀少，新案的诉讼请求与前案诉讼请求不同是未被认定重复起诉的案件中的主要理由等实务运作基本情况。

本部分实证分析继续聚焦于实践中裁定重复起诉的法律依据是什么；对“诉讼标的同一”判断要素的重视程度如何；如何认识诉讼请求与诉的关系；实务中对竞合重诉秉持怎样的判断标准等问题。

1. 中级人民法院诉讼实践中裁定重复起诉的法律依据问题

在样本案例中，2018 年以《民诉解释》第 247 条作为认定重复起诉的依

---

〔1〕 韩波：《论请求权竞合时诉的客观合并之形态》，载《现代法学》2022 年第 1 期。

〔2〕 2022 年 6 月 18—19 日，笔者指导的硕士研究生李婷、陈乐协助笔者进行了这次样本案例抽样。

据的裁判文书略多于未明确裁判依据的裁判文书。[1] 有的样本案例的裁判文书，只以实体法(《保险法》)依据、以争议实体权利义务为标准判断后案是否重复起诉。[2] 有的样本案例，对于竞合再诉的判断，仅依据《民诉解释》第247条。[3] 裁判依据的明确性、充分性尚有不足。

在样本案例中，2019年以《民诉解释》第247条作为认定重复起诉的依据或在裁判理由阐述中采《民诉解释》规定的重复起诉标准的裁判文书远远多于未明确裁判依据的裁判文书。[4] 从该年度未明确重复起诉裁定依据的裁判文书的理由阐述来看，在裁定重复起诉标准的构成要素上存在与同类案件裁定理由中的重复起诉裁定要素不一问题。有的裁判文书中将裁定重复起诉的要素归纳为当事人、案由、事实；[5]有的裁判文书中将诉的理由、诉讼目的纳入裁定重复起诉的要素之中。[6] 尽管审判结果未见不妥，但是这样不表明法律依据的裁判理由论证方式的说服力难以尽如人意。涉及竞合再诉的两个样本案例的裁判文书，或只援引实体法依据，[7]或只依据《民诉解释》规定的重复起诉裁定标准。[8] 在论证周延性上仍有优化空间。

在样本案例中，2020年以《民诉解释》第247条作为认定重复起诉的依据或在裁判理由阐述中采《民诉解释》规定的重复起诉标准的裁判文书也是

[1] 2018年的13例样本案例的裁判文书中7例援引了《民诉解释》第247条。

[2] 苏保与中国太平洋财产保险股份有限公司徐州中心支公司财产保险合同纠纷案，江苏省徐州市中级人民法院(2017)苏03民终8590号民事判决书。

[3] 刘宗军、昌宁县鸿安交通服务有限责任公司物权保护纠纷案，云南省保山市(地区)中级人民法院(2016)云05民终469号民事判决书。

[4] 2019年的21例样本案例的裁判文书中，有14例援引了《民诉解释》第247条，有1例援引了《民诉解释》第248条，有1例援引了实体法依据，有5例未明确法律依据。

[5] 张桂清、靳德胜民间借贷纠纷案，辽宁省沈阳市中级人民法院(2019)辽01民终8789号民事判决书。

[6] 邢朝方、宋爽房屋买卖合同纠纷案，天津市第三中级人民法院(2019)津03民终255号民事判决书。

[7] 汇通信诚租赁有限公司、徐代利融资租赁合同纠纷案，广东省深圳市中级人民法院(2019)粤03民终15812号民事判决书。

[8] 北京市澳海达石化有限责任公司与中石油吉化北京销售公司损害股东利益责任纠纷案，北京市第二中级人民法院(2019)京02民终11585号民事判决书。

远远多于未明确裁判依据的裁判文书。[1] 从该年度未明确重复起诉裁定依据的裁判文书的理由阐述来看,仍然存在个案裁定重复起诉标准的构成要素与同类案件裁定理由中的重复起诉裁定要素不一问题。如以“损失”这一事实要素来判别一个案件是否重复起诉。[2] 无损失则无救济,“损失”这一事实要素对于民事权利的救济、民事责任的确定与分配至关重要。从“损失”出发探寻责任承担者、权利依据是符合纠纷发生与解决过程发展规律的思维路径,但是,在重复起诉规制的场域中,具有事实性的“损失”与具有规范性的诉讼标的、诉讼请求概念结合起来才能避免失范。

在样本案例中,2021 年以《民诉解释》第 247 条作为认定重复起诉的依据或在裁判理由阐述中采《民诉解释》规定的重复起诉标准的裁判文书在数量上明显居多。[3] 从该年度未明确重复起诉裁定依据的裁判文书的理由阐述来看,依然存在个案裁定重复起诉标准的构成要素与同类案件裁定理由中的重复起诉裁定要素不一问题。如以“基础法律关系、事实”这样的要素来判别一个案件是否重复起诉。[4] 在这组案例中,对于驳回起诉后再诉是否重复起诉的程序争议,有的裁判文书援引了《民诉解释》第 93 条,[5]有的裁判文书援引了《民诉解释》第 332 条。[6] 对于撤诉后再起诉是否重复起诉的程序争议,有的裁判文书援引了《民诉解释》第 214 条。[7] 在前几组样本案例和本组样本案例中都有后案法官认可前案裁判中明确作出的对于前案

---

〔1〕 2020 年的 21 例样本案例的裁判文书中,有 17 例援引了《民诉解释》第 247 条,有 4 例未明确法律依据。

〔2〕 成都市大邑县雪羽旅游开发有限公司、四川南洋机电设备有限公司生命权、健康权、身体权纠纷案,四川省成都市中级人民法院(2020)川 01 民终 11780 号民事判决书。

〔3〕 2021 年的 17 例样本案例的裁判文书中,有 10 例援引了《民诉解释》第 247 条。

〔4〕 连云港瀚远国际贸易有限公司与李飞、徐州飞创商贸有限公司买卖合同纠纷案,江苏省徐州市中级人民法院(2021)苏 03 民终 4642 号民事判决书。

〔5〕 毛晓欢、艾德儿童外语学校合伙协议纠纷案,辽宁省盘锦市中级人民法院(2021)辽 11 民终 537 号民事判决书。

〔6〕 马贵平、马燕荣等马洪军土地承包经营权纠纷案,新疆维吾尔自治区博尔塔拉蒙古自治州中级人民法院(2021)新 27 民终 334 号民事裁定书。

〔7〕 周涛、陈健民间借贷纠纷案,安徽省安庆市中级人民法院(2021)皖 08 民终 468 号民事判决书。

部分诉讼请求可以另行起诉的释明并以此为据认定后案非重复起诉的裁判文书。这样的案件处理方式在2022年的样本案例中也有1例。[1] 2022年前半年的抽样案例中的其余4例样本案例都援引的是《民诉解释》第247条。总体上看，在涉及重复起诉争议时，直接援引《民诉解释》第247条并依据该规定中的重复起诉裁定标准识别重复起诉的裁判文书数量居多且越来越"主流化"。因为涉及重复起诉争议的案件类型不一，原告撤诉后再起诉、前案被驳回起诉后再诉、前案对部分请求未予处理而释明另案起诉等情形下，各有其法律依据，涉及重复起诉争议案件的裁判依据也呈现出多样化的特征。在本组样本案例中，鲜有以《民事诉讼法》及《民诉解释》中关于裁判效力的规定作为法律依据认定重复起诉的。在这方面，中级人民法院与基层人民法院尚未形成明显差别。

2. 中级人民法院诉讼实践中识别重复起诉的一般识别标准与要素判断问题

(1)重复起诉的识别标准与裁定重复起诉时援引的法律依据是直接相关的。直接援引《民诉解释》第247条或者第248条，那么，在重复起诉识别时通常会秉持上述司法解释规定确定的"三同一""两同且一否定""新事实"标准。不过，也有裁判文书援引《民诉解释》第247条，同时认为该法律规定了"一事不再理"原则。判断基于同一纠纷而提起的两次起诉是否属于重复起诉，应当结合当事人的具体诉讼请求及其依据，以及行使处分权的具体情况进行综合分析。[2] 有的裁判文书援引《民诉解释》第247条，在理由阐述时却以案由("无因管理""追偿权")、诉讼请求、权利义务关系作为阐

---

〔1〕 东至中旭发房地产开发有限责任公司、安徽省光信建设工程有限公司等建设工程施工合同纠纷案，安徽省池州市(地区)中级人民法院(2022)皖17民终96号民事判决书。

〔2〕 梁太俊、江苏帝都建设工程有限公司劳务合同纠纷案，新疆维吾尔自治区乌鲁木齐市中级人民法院(2019)新01民终823号民事判决书。

释认定标准的要素。[1] 相较而言,未明确裁定重复起诉争议的法律依据时,出现其他裁判标准运用的概率更高一些。这一点在上节分析中已有明确显现。总体上看,近五年来,尽管"三同一""两同且一否定""新事实"标准是多数样本案例中秉持的裁定重复起诉与否争议时的识别标准,但是,在司法实务中对重复起诉识别标准的解释路径还不尽一致。

(2)关于"当事人同一"要素,本组样本案例显示,在这一要素的判断上,裁判见解不尽一致。有的样本案例中,对这一要素的解释采文义解释,只要名义当事人不同即认为不符合"当事人同一"要素的要求;[2] 有的样本案例中,对这一要素的解释则采限缩性的目的解释,事实上给"当事人同一"要素限定了足以使本案实体争议区别于前案实体争议的条件。[3] 在裁定是否重复起诉的争议时,这一要素是首先需要考虑的要素。目前对这一要素的解释路径差异当如何弥合,是个需要认真考虑的问题。

(3)关于"诉讼标的同一"这一要素,本组样本案例显示,在这一要素的判断上,裁判见解亦不尽一致。在前述未明确裁定重复起诉法律依据的个别裁判文书中,对这一重复起诉裁定要素未给予足够重视。因此,在裁判理由中出现实体法依据、损失、基本法律关系与事实等识别要素。这样的情况出现在中级人民法院诉讼实践层面,应当引起足够的重视,因为这直接影响

〔1〕 胜利油田龙玺石油工程服务有限责任公司、中石化胜利油建工程有限公司追偿权纠纷案,山东省东营市中级人民法院(2017)鲁05民终1170号民事判决书。

〔2〕 四川红叶建设有限公司、四川红叶建设有限公司哈密分公司等买卖合同纠纷案,新疆维吾尔自治区哈密市(地区)中级人民法院(2021)新22民再20号民事判决书;汾阳市阳城乡西官村村民委员会与任×1、任×2农村土地承包合同纠纷案,山西省吕梁市(地区)中级人民法院(2020)晋11民终692号民事判决书;文良智、杨淑艳等与吉木萨尔县博疆商贸运输有限责任公司挂靠经营合同纠纷案,新疆维吾尔自治区昌吉回族自治州中级人民法院(2020)新23民终830号民事判决书;袁越与安守国、戴珍辉房屋买卖合同纠纷案,安徽省马鞍山市中级人民法院(2018)皖05民终96号民事判决书;甘肃第三建设集团公司、甘肃远大建设工程有限公司提供劳务者受害责任纠纷案,甘肃省兰州市中级人民法院(2019)甘01民终2179号民事判决书;吴倩婉民间借贷纠纷案,云南省昆明市中级人民法院(2019)云01民终10号民事判决书。

〔3〕 张水混等与北京裕发嘉瑞投资有限公司等占有物返还纠纷案,北京市第三中级人民法院(2021)京03民终19734号民事判决书;梁太俊、江苏帝都建设工程有限公司劳务合同纠纷案,新疆维吾尔自治区乌鲁木齐市中级人民法院(2019)新01民终823号民事判决书。

到重复起诉规制场域的法律适用统一。在对诉讼标的要素的界定上,样本案例裁判文书中存在裁判见解分歧。有的案件,一审法院一方面认为应从实体上的请求权出发界定诉讼标的,另一方面又指出此案与前案"实质的诉讼标的是相同的,即方祥龙向该院先后提起的两次诉讼均是为了解决农行潮安支行于2002年解除与其劳动合同是否违反相关规定所产生的劳动纠纷"。这就不免产生究竟以实体法诉讼标的说还是纠纷事实诉讼标的说判别诉讼标的之疑问。对此,二审法院并未重述二说之一以示认同,而是直接以诉讼标的是法律关系的观点界定诉讼标的。[1] 在样本案例的裁判文书中,既有这样将诉讼标的界定为当事人之间发生争议的法律关系或者实体权利的观点[2],也有其他观点。在样本案例裁判文书中,有的裁判文书将诉讼标的物解读为诉讼标的;[3]有的裁判文书将某种特定利益作为诉讼标的。[4] 有的裁判文书从诉讼请求、请求原因事实与诉讼标的相关性角度论证后案与前案是否一案,提出诉请标的之概念,但论证的清晰性、严谨性与理据仍有欠缺。[5] 有的裁判文书在解读诉讼标的时,综合了事实和法律关系、实体权利义务的承载体(似为诉讼标的物)三方面的因素。[6] 有的裁判文书以案由确定诉讼标的;[7]而有的裁判文书却阐释案由与诉讼标的并

[1] 方祥龙、中国农业银行股份有限公司潮州潮安支行确认劳动关系纠纷案,广东省潮州市中级人民法院(2019)粤51民终230号民事判决书。

[2] 北京市澳海达石化有限责任公司与中石油吉化北京销售公司损害股东利益责任纠纷案,北京市第二中级人民法院(2019)京02民终11585号民事判决书。

[3] 广西昭平昭金矿业有限公司、吴影劳动纠纷案,广西壮族自治区贺州市中级人民法院(2018)桂11民终264号民事判决书。

[4] 张水湜等与北京裕发嘉瑞投资有限公司等占有物返还纠纷案,北京市第三中级人民法院(2021)京03民终19734号民事判决书。

[5] 唐平与匡传早、段秋莲、匡敏妮、匡圣炜、唐忠文、唐几辉、肖世平、廖太秋、陈光智、陈光辉、唐志平等十一人合同纠纷案,湖南省郴州市中级人民法院(2017)湘10民初86号民事判决书。

[6] 梁太俊、江苏帝都建设工程有限公司劳务合同纠纷案,新疆维吾尔自治区乌鲁木齐市中级人民法院(2019)新01民终823号民事判决书。

[7] 胜利油田龙玺石油工程服务有限责任公司、中石化胜利油建工程有限公司追偿权纠纷案,山东省东营市中级人民法院(2017)鲁05民终1170号民事判决书。

非精准对应关系，案由不同并非一定意味着诉讼标的不同。[1] 这样差别化的诉讼标的识别状态明显影响重复起诉界定标准应用同一化目标的实现。

(4)关于“诉讼请求同一或实质否定前诉裁判结果”要素，本组样本案例中未见以诉讼请求涵盖诉讼标的的界定方式。对“诉讼请求同一”这一要素的解释也呈现文义解释与限缩性目的解释两种解释路径。采“诉讼请求同一”文义解释的解释立场，比对、审核前案、后案起诉状中的诉讼请求表述是否不同，只要不同，就认定诉讼请求不同，反之，则认定“诉讼请求同一”；[2] 采“诉讼请求同一”限缩性目的解释的解释立场，则不仅要比对、审核前案、后案起诉状中的诉讼请求的表述是否相同，还要结合诉讼目的进一步分析前案、后案起诉状中的诉讼请求是否实质相同。如果前案与后案诉讼请求的诉讼请求实质相同，就认定“诉讼请求同一”。[3] 何谓实质相同？这是否是一个新的主观裁量性很强的标准呢？相比较而言，以前案未处理的诉讼请求提起后案诉讼不构成重复起诉的裁判见解的一致性更为明显。这种一致性，很大程度上建立在对前案裁判文书中就部分诉讼请求可另案起诉的

[1] 深圳市九洲云联科技有限公司、北京精准沟通国际传媒广告有限公司技术委托开发合同纠纷案，广东省深圳市中级人民法院(2018)粤03民终20740号民事判决书。

[2] 刘宗军、昌宁县鸿安交通服务有限责任公司物权保护纠纷案，云南省保山市(地区)中级人民法院(2016)云05民终469号民事判决书；焦成雨、焦田伦不当得利纠纷案，安徽省淮北市中级人民法院(2020)皖06民终105号民事判决书；魏帮俊、凤台县永幸河灌区管理处劳动纠纷案，安徽省淮南市中级人民法院(2021)皖04民终2249号民事判决书；广东佳乐置业有限公司、广州市民政局纠纷案，广东省广州市中级人民法院(2019)粤01民终23683号民事判决书；文良智、杨淑艳等与吉木萨尔县博疆商贸运输有限责任公司挂靠经营合同纠纷案，新疆维吾尔自治区昌吉回族自治州中级人民法院(2020)新23民终830号民事判决书。

[3] 沧州隆亿特防腐保温工程有限公司、辽河油田建设有限公司与中海石油炼化有限责任公司惠州炼化分公司买卖合同纠纷案，广东省惠州市中级人民法院(2021)粤13民终6236号民事判决书；卢亚伟确认劳动关系纠纷案，广东省肇庆市中级人民法院(2021)粤12民终2550号民事判决书；北票市宝国老镇苏家窑村村民委员会、营口海源建设工程有限公司等合同纠纷案，辽宁省朝阳市中级人民法院(2022)辽13民终669号民事判决书。

释明的认同之上。[1] 不过,正当的诉的分离与遗漏诉讼请求的界限何在?这个问题也需要认真审度。

就对抗型再诉而言,本组样本案例中有三个案例较为典型。这三个案例的后案都是前案的被告提起的,形成对抗型再诉。不当得利纠纷案与合伙协议纠纷案件形成的对抗型再诉案件以及确认房屋买卖合同无效案与合同无效导致的经济损失纠纷案形成的对抗型再诉案件中,二审法院都结合案情(主要是后案诉讼请求中涉及的损失)对两个案件的诉讼标的、诉讼请求二要素进行比对,认定作为后案不构成重复诉讼。[2] 返还原物案与确认物权案形成的对抗型再诉案中,二审法院仅以诉讼请求不同为由,认定作为后案的不当得利纠纷案件不构成重复起诉。[3] 就回应后案诉讼请求是否实质否定前诉裁判结果的质疑而言,抛开诉讼标的要素似难以圆满回应。相较而言,在当事人前后诉讼地位相反的对抗型再诉案件的审理中,如能结合诉讼标的、诉讼请求来判断后案是否构成重复起诉更为妥适。如是行之,如何界定诉讼标的问题就又成为前提性问题。如果将诉讼标的界定为纠纷事实,乃或非特定化的法律关系,与前案牵连密切的后案中的诉讼请求被认定为实质否定前诉裁判结果的诉讼请求将是高概率情形。如果将诉讼标的界定为单元化的救济权,如物权确认救济权、原物返还请求权,诉讼标的及诉讼请求(基于诉讼标的之诉的声明)不同的概率较大。

---

[1] 台州市千鸿家居用品股份有限公司、浙江前程石化股份有限公司买卖合同纠纷案,浙江省宁波市中级人民法院(2019)浙02民终3020号民事判决书;昌图县昌图镇馨慈老年病医院、赵铭国医疗损害责任纠纷案,辽宁省铁岭市中级人民法院(2020)辽12民终610号民事判决书;汪某、汪孟兵等分家析产纠纷案,安徽省安庆市中级人民法院(2021)皖08民终3868号民事判决书;东至中旭发房地产开发有限责任公司、安徽省光信建设工程有限公司等建设工程施工合同纠纷案,安徽省池州市(地区)中级人民法院(2022)皖17民终96号民事判决书。

[2] 余侦铭、邹大国不当得利纠纷案,四川省广安市中级人民法院(2018)川16民再30号民事判决书;陈德燕、廖昌军房屋买卖合同纠纷案,安徽省六安市中级人民法院(2019)皖15民终626号民事判决书。

[3] 刘宗军、昌宁县鸿安交通服务有限责任公司物权保护纠纷案,云南省保山市(地区)中级人民法院(2016)云05民终469号民事判决书。

3. 对竞合重诉的专门识别标准问题

本组样本案例中涉及竞合再诉的案例共有 7 例。在这组样本案例中,后诉未被认定为重复起诉的有 5 例,[1]后案被认定为重复起诉的有 2 例。[2]

(1)认定后案非重复起诉的竞合再诉样本案例的裁判见解分实体法与程序法结合进路与程序法进路两种。持实体法与程序法结合见解的样本案例裁判文书,以损失这个实体法概念来展开说理,以后案(侵权责任纠纷案)中原告主张的损失在前案(房屋租赁合同纠纷案)中并未获得救济,后案与前案发生争议的法律关系不同,并以《民诉解释》第 247 条为依据,认定后案诉讼并非重复起诉。[3] 此则样本案例的裁判理由中,在对程序争议说理展开过程中未运用诉讼标的概念,而以法律关系不同来论证后案情形不符合《民诉解释》第 247 条的规定,论证表达的规范化程度有待提升。原告损失是否在前案中获得补偿救济引致胜诉效果问题而非受理效果问题,将此要素纳入受理要件不如将其纳入胜诉要件更为合理。这则案例裁判文书的说理过程是较为恰当的。在该案的裁判理由中,对竞合重诉的专门判断标准已现雏形。

持程序法进路裁判见解的裁判文书,在样本案例中居多。或以诉讼请求与诉讼标的(或法律关系、实体权利义务关系)不同认定后案不构成重复起诉,如油建公司第一次起诉的案由为“无因管理”,本次起诉的案由为“追

[1] 胜利油田龙玺石油工程服务有限责任公司、中石化胜利油建工程有限公司追偿权纠纷案,山东省东营市中级人民法院(2017)鲁 05 民终 1170 号民事判决书;北京市澳海达石化有限责任公司与中石油吉化北京销售公司损害股东利益责任纠纷案,北京市第二中级人民法院(2019)京 02 民终 11585 号民事判决书;曹玉祥、开平依利安达电子有限公司所有权确认纠纷案,广东省江门市中级人民法院(2021)粤 07 民终 139 号民事判决书;成都市铠越家居有限公司、大邑沙渠机械配件加工厂侵权责任纠纷案,四川省成都市中级人民法院(2020)川 01 民终 4481 号民事判决书。

[2] 上诉人袁万武与被上诉人刘淑云返还原物纠纷案,湖南省常德市中级人民法院(2019)湘 07 民终 1693 号民事判决书;苏祥迎、济南百脉海源膨化机械有限公司买卖合同纠纷案,福建省宁德市中级人民法院(2021)闽 09 民终 438 号民事裁定书。

[3] 成都市铠越家居有限公司、大邑沙渠机械配件加工厂侵权责任纠纷案,四川省成都市中级人民法院(2020)川 01 民终 4481 号民事判决书。

偿权”,两次起诉的诉讼请求指向不同的权利义务关系,故不构成重复起诉,油建公司本次起诉并未违反“一事不再理”的原则。[1] 或以诉讼标的(或法律关系、实体权利义务关系)不同认定后案不构成重复起诉,例如,本案与(2016)粤0783民初2038号[二审案号:(2017)粤07民终1554号]民事案件虽然当事人相同,但诉讼标的、诉讼请求不同。在(2016)粤0783民初2038号案中,曹玉祥主张依利电子公司协助办理案涉房屋过户手续,而本案中曹玉祥主张确认案涉房屋所有权,两者的诉讼标的不同,故本案与(2016)粤0783民初2038号并不构成重复诉讼,应予以审理。[2] 又如,“二者系不同法律关系,后诉与前诉诉讼标的不同。故一审法院认定本案不构成重复诉讼,认定正确”。[3] 这组样本案例的程序法理运用及裁判结果都是较为妥适的。抛开未以既决文书效力为基点展开说理,对诉讼标的界定方式未尽一致等问题,它们在样本库中的“规模化涌现”标志着对于竞合再诉的专门性识别标准雏形的生成。

(2)对被认定构成重复诉讼的两个竞合重诉案例的评析。第一个样本案例中,终审法院认为,“《中华人民共和国合同法》第一百二十二条规定,因当事人一方的违约行为,侵害对方人身、财产权益的,受损害方有权选择依照本法要求其承担违约责任或者依照其他法律要求其承担侵权责任。在违约责任与侵权责任竞合的情况下,受损害方只能任择其一:或者提起违约之诉,追究对方的违约责任,或者提起侵权之诉,追究对方的侵权责任,而不能同时行使两个请求权。崔志刚、刘淑云在前案中以《门面用地租赁合同》为基础,选择了租赁合同违约之诉,该行为表示两人放弃了因土地使用权受到

---

〔1〕胜利油田龙玺石油工程服务有限责任公司、中石化胜利油建工程有限公司追偿权纠纷案,山东省东营市中级人民法院(2017)鲁05民终1170号民事判决书。

〔2〕曹玉祥、开平依利安达电子有限公司所有权确认纠纷案,广东省江门市中级人民法院(2021)粤07民终139号民事判决书。

〔3〕北京市澳海达石化有限责任公司与中石油吉化北京销售公司损害股东利益责任纠纷案,北京市第二中级人民法院(2019)京02民终11585号民事判决书。

侵害的侵权之诉,不能在诉请违约责任之后再行提起侵权之诉。《最高人民法院关于适用〈中华人民共和国民事诉讼法〉的解释》第二百四十七条规定了一事不再理的构成要件。崔志刚、刘淑云在前案中以房屋租赁合同为由提起诉讼,其合同依据为《门面用地租赁合同》,该合同中约定的租赁物为门面用地而非房屋。袁万武占有案涉土地的行为持续存在,而刘淑云认为案涉土地包括在其持有的土地使用权证范围内,其在前案中就违约之诉或侵权之诉作出了选择后,却再次以土地使用权受到侵害为由提起诉讼,本案的诉讼请求、诉讼标的均与刘淑云在前案中所放弃的侵权之诉一致,构成重复诉讼”。[1] 对此案,首先应当肯定的是,终审法院在审理此案时已形成竞合再诉案件与单纯再诉案件的区分意识,在裁判思维上形成待审案件的性质与类型导向;其次应当肯定的是,终审法院采取了实体法与程序法结合的在裁判依据的确定思路,并援引了民事责任竞合规定;最后应当肯定的是,该案终审法院在识别重复起诉时详查了违约之诉与侵权之诉的诉因事实是否同一。唯需审酌之处是,“选择了租赁合同违约之诉,该行为表示两人放弃了因土地使用权受到侵害的侵权之诉,不能在诉请违约责任之后再行提起侵权之诉”这一对民事责任竞合规定的解释是否混淆了胜诉效果与受理效果?依据本书第一章中进行的规范分析,这样的解释逾越了民事责任竞合规定仅规定了胜诉效果的边界,忽略了胜诉权与起诉权的区分。

第二个样本案例中,终审法院认为,“苏祥迎曾于2015年12月向一审法院提起侵权之诉,以海源机械公司生产销售的产品质量不合格侵害其合法权益为由,请求判令海源公司返还货款45360元,并按货款的3倍赔偿损失136080元。一审法院判决驳回其诉讼请求,本院二审维持原判,福建省高级人民法院裁定驳回苏祥迎的再审申请。苏祥迎又于2016年12月向一审法院提起买卖合同之诉,以海源机械公司生产销售的产品质量不合格,违反了

---

〔1〕 上诉人袁万武与被上诉人刘淑云返还原物纠纷案,湖南省常德市中级人民法院(2019)湘07民终1693号民事裁定书。

合同约定为由，请求海源机械公司返还货款45360元。一审法院裁定驳回起诉，本院二审予以维持。就案涉纠纷，苏祥迎已提起侵权之诉和合同之诉，苏祥迎本次提起的诉讼与前诉的当事人相同、诉讼标的相同、诉讼请求基本一致，苏祥迎的起诉已构成重复起诉。苏祥迎主张其于2020年8月向海源机械公司发出解除合同通知系新的事实，但该'新事实'不具有在当事人之间产生权利义务的法律效果，不属于《最高人民法院关于适用〈中华人民共和国民事诉讼法〉的解释》第二百四十八条规定的'新的事实'，苏祥迎的主张，缺乏依据”。〔1〕此案是苏祥迎就一个诉因事实提起的第三个诉讼。根据这个样本案例中的案件信息线索，笔者又检索到这起纠纷的另外五份裁判文书。〔2〕在此系列案件中，此样本案例是原告提起的第三个合同之诉。在此前的两个合同之诉的终审裁定中，先后以“虽然前后两次诉讼的请求权基础不同，但实质上苏祥迎提起诉讼均是为了解决其购买的产品质量不合格而返还货款的同一纠纷，其后诉的诉讼请求实质上否定了前诉裁判结果，构成重复起诉；”〔3〕“该诉与前诉的当事人相同，诉讼标的包含在前诉的诉讼标的范围内，诉讼请求实质上否定了前诉裁判结果，属于《中华人民共和国民事诉讼法》第二百四十七条规定的情形，构成重复起诉。”〔4〕样本案例中给出的裁定理由是，“就案涉纠纷，苏祥迎已提起侵权之诉和合同之诉，苏祥迎本次提起的诉讼与前诉的当事人相同、诉讼标的相同、诉讼请求基本一

---

〔1〕苏祥迎、济南百脉海源膨化机械有限公司买卖合同纠纷案，福建省宁德市中级人民法院(2021)闽09民终438号民事裁定书。

〔2〕苏祥迎与章丘市海源机械有限公司产品生产者责任纠纷案，福建省霞浦县人民法院(2015)霞民初字第2631号民事判决书；苏祥迎、济南百脉海源膨化机械有限公司产品责任纠纷再审审查与审判监督案，福建省高级人民法院(2017)闽民申549号民事裁定书；苏祥迎买卖合同纠纷案，福建省宁德市中级人民法院(2018)闽09民终903号民事裁定书；苏祥迎与济南百脉海源膨化机械有限公司买卖合同纠纷案，福建省霞浦县人民法院(2016)闽0921民初3862号民事裁定书；苏祥迎、济南百脉海源膨化机械有限公司买卖合同纠纷案，福建省宁德市中级人民法院(2018)闽09民终590号民事裁定书。

〔3〕苏祥迎、济南百脉海源膨化机械有限公司买卖合同纠纷案，福建省宁德市中级人民法院(2018)闽09民终590号民事裁定书。

〔4〕苏祥迎买卖合同纠纷案，福建省宁德市中级人民法院(2018)闽09民终903号民事裁定书。

致,苏祥迎的起诉已构成重复起诉”。[1] 法院裁定驳回起诉的案件的法律效果是视同原告未曾起诉,其法律依据可参照适用撤诉后再起诉的规定。在这个系列案件中,后续三次合同之诉是否构成重复起诉都是相对于2015年的侵权之诉而言的。就此,三次合同之诉的终审裁定给出了不同的裁定理由,每个裁定理由都有再行斟酌的空间。就第一次合同之诉的终审裁定理由,需斟酌的是,既然“前后两次诉讼的请求权基础不同”,那么就意味着可适用法律不同、争议法律关系不同,诉讼标的不同,就不符合重复起诉的构成标准,还需要再探究是否存在“后诉的诉讼请求实质上否定了前诉裁判结果”的情形吗?在第二次合同之诉的终审裁定理由中,后诉诉讼标的被认为包含在前诉的诉讼标的范围内,有此前提,“诉讼请求实质上否定了前诉裁判结果”的理由似乎更为合理,不过需斟酌的是,作为诉中定性要素的诉讼标的之间存在包含关系吗?若以我国四级民事诉讼案由作为判断、确定诉讼标的之重要参考依据,第四级案由指向的法律关系或请求权及其他救济权与上一级案由指向的法律关系或请求权是排除性并列关系,即可明确除此法律关系或请求权(或其他救济权)之外的其他的法律关系或请求权归入上一级案由。例如,作为一级案由的合同纠纷常常用于无名合同纠纷案件。我们不能认为无名合同纠纷案件可以包含买卖合同纠纷、借贷合同纠纷案件。就第三次合同之诉的终审裁定理由,需再行斟酌的是,侵权之诉和合同之诉的诉讼标的相同的理据何在?“诉讼请求同一”要素可否被“诉讼请求基本一致”要素替代。总体上对案件类型定性问题未见阐析妥否,亦当斟酌。

第一个案例中,上下级法院对案涉竞合再诉是否重复起诉问题的判断结论不同、所采用的判断标准也不同;第二个案例中,同一法院不同合议庭对案涉竞合再诉是否重复起诉问题的判断结论相同,但是判断理由与标准

---

[1] 苏祥迎、济南百脉海源膨化机械有限公司买卖合同纠纷案,福建省宁德市中级人民法院(2021)闽09民终438号民事裁定书。

不尽一致。如是观之，如何判断竞合再诉是否重复起诉仍是一个理论探讨与实务改进过程中需要多加关注的问题。

（三）对高级人民法院裁判文书的抽样分析

2022年6月26日，以“争议焦点：重复起诉”为检索词，共检索到高级人民法院裁判文书1510件，按照100∶1的比例抽样，共得抽样案例16件。[1]与前面所述检索精度的原因相似，在这组案例中也有一些案例的裁判文书事实上未将重复起诉问题纳入争议焦点。此节集中分析以重复起诉为争议焦点的11例样本。在这11例样本中，也集中表现出被认定为重复起诉的案件占比不高、罕见诉讼系属影响型重复起诉案件，新案的诉讼请求与前案诉讼请求不同是未被认定重复起诉的案件中的主要理由等实务运作基本情况。

本部分实证分析继续聚焦于高级人民法院的诉讼实践中裁定重复起诉的法律依据是什么；判断重复起诉的一般标准是什么；实务中对竞合重诉秉持怎样的判断标准等问题。

1. 高级人民法院诉讼实践中裁定重复起诉的法律依据问题

在将重复起诉问题纳入争议焦点的11例样本案例中，有6例援引了《民诉解释》第247条或肯定了原审法院对此规定的援引；[2]有5例未援引《民诉解释》第247条或以“一事不再理”“基本原则”为据。[3] 在法律制度层

---

〔1〕 2022年6月18—19日，笔者指导的硕士研究生李婷、陈乐协助笔者进行了这次样本案例抽样。

〔2〕 刘跃、东北大学等劳动纠纷案，辽宁省高级人民法院（2021）民申5645号民事裁定书；河南双汇投资发展股份有限公司、山东德州双汇食品有限公司等不正当竞争纠纷案，山东省高级人民法院（2020）民终2034号民事判决书；杨永成房屋买卖合同纠纷案，湖南省高级人民法院（2020）民申1860号民事裁定书；高红明、许宏军海上、通海水域货物运输合同纠纷案，湖北省高级人民法院（2019）民终883号民事判决书；林忠武与宋云山、魏红英买卖合同纠纷案，内蒙古自治区（2018）民终225号民事判决书；山东中翔实业有限公司、烟台富润置业有限公司保证合同纠纷案，山东省高级人民法院（2020）民终2875号民事判决书。

〔3〕 衡阳斯凯威电源有限公司、衡阳市宏利房地产开发有限公司合同纠纷案，湖南省高级人民法院（2018）民终735号民事判决书。

面，我国《民事诉讼法》并未将“一事不再理”纳入基本原则的规范体系，将“一事不再理”理解为基本原理较为妥适。

2. 高级人民法院诉讼实践中裁定重复起诉的一般标准问题

直接将《民诉解释》第247条作为识别重复起诉依据的样本案例中，有的裁判文书依据《民诉解释》第247条规定的“三同一”标准，以当事人不同、诉讼标的不同、诉讼请求不同为由认定后案不构成重复起诉；[1] 有的裁判文书依据《民诉解释》第247条规定的“三同一”标准，并结合原告在前案中撤回后案第一项请求又在后案中提出的具体情况，认定后案无重复起诉情形。[2] 有的裁判文书依据《民诉解释》第247条规定的“两同且一否定”标准，以后案诉讼请求实质否定前诉裁判结果为由认定后案构成重复起诉；[3] 有的裁判文书援引了《民诉解释》第247条，在认定重复起诉的关键理由上也以后案诉讼请求实质否定前诉裁判结果为判断要素，不过，在裁判理由中明确表述的重复起诉认定标准是，“重复起诉是指案件的同一当事人，基于同样的事实理由就同一诉讼标的再次向法院提起诉讼。判断基于同一纠纷而提起的两次起诉是否属于重复起诉，应当结合当事人的具体诉讼请求、事实依据以及其行使处分权的具体情况进行综合分析”。[4] 此标准中涵盖了“三同一”标准中当事人、诉讼标的、诉讼请求三项判断要素。在此之外，还增加了“事实依据”“行使处分权的具体情况”两项判断要素，“行使处分权的具体情况”应该是指原告是否撤诉后再诉等情形。“事实依据”究系纠纷事实、诉因事实还是要件事实尚待明了。另外，从这一标准的阐释路径来

---

〔1〕 河南双汇投资发展股份有限公司、山东德州双汇食品有限公司等不正当竞争纠纷案，山东省高级人民法院（2020）民终2034号民事裁定书；山东中翔实业有限公司、烟台富润置业有限公司保证合同纠纷案，山东省高级人民法院（2020）民终2875号民事判决书；林忠武与宋云山、魏红英买卖合同纠纷案，内蒙古自治区（2018）民终225号民事判决书。

〔2〕 高红明、许宏军海上、通海水域货物运输合同纠纷案，湖北省高级人民法院（2019）民终883号民事判决书。

〔3〕 杨永成房屋买卖合同纠纷案，湖南省高级人民法院（2020）民申1860号民事裁定书。

〔4〕 刘跃、东北大学等劳动纠纷案，辽宁省高级人民法院（2021）民申5645号民事裁定书。

看,当事人、诉讼标的是否同一是基本判断依据,而具体诉讼请求、事实依据以及其行使处分权的具体情况是应当被结合考量的辅助判断依据。

本组案例中部分样本案例虽未直接将《民诉解释》第247条作为识别重复起诉的依据,但是,在裁判理由阐述中或直接或间接运用了《民诉解释》第247条规定的识别要素。有的样本案例,一审法院以前案侵权产品与本案侵权产品是否同一款产品为标准认定后案不构成重复起诉。这是以诉讼标的物作为识别重复起诉的标准。二审法院则以"三同一"标准中的前案与后案的当事人是否相同要素认定后案不构成重复诉讼。[1] 有的样本案例未援引《民诉解释》第247条,亦未援引《民事诉讼法》第127条,以后诉主张的退休金损失已经包含在前诉的档案丢失损失中为而认定后诉构成重复起诉。可见,一些高级人民法院也是认同以损失这个实体法要素来识别重复起诉的。这种裁判见解未能体现民事诉讼中应有的区分胜诉权与起诉权、胜诉效果与起诉效果、胜诉要件与起诉要件的诉讼方法论 。抑或这种裁判见解是将损失理解为了诉讼请求?[2]有的样本案例,一审法院与二审法院都以法律关系性质不同为标准认定后案是否构成重复起诉。[3] 此样本案例裁判文书中的法律关系性质应为诉讼标的之替代语。值得注意的是,本组案例中有2个样本案例以后案中原告诉讼请求已经被前案生效的民事判决所确认(或驳回)为标准认定该项诉讼请求是否构成重复起诉。[4]

在高级人民法院诉讼实践中,对重复起诉识别标准的一致性还不明显。

---

[1] 义乌市级野针织有限公司、广州市塞卢士商贸有限公司侵害外观设计专利权纠纷案,浙江省高级人民法院(2020)民终303号民事判决书。

[2] 赵连锁、天津市公安交通管理局劳动纠纷案,天津市高级人民法院(2017)民申2328号民事裁定书。

[3] 衡阳斯凯威电源有限公司、衡阳市宏利房地产开发有限公司合同纠纷案,湖南省高级人民法院(2018)民终735号民事判决书。

[4] 陈全与夏昌均重庆奥康置业有限公司等损害公司利益责任纠纷案,重庆市高级人民法院(2018)民申1485号民事裁定书;晏逐容公司决议纠纷案,四川省高级人民法院(2018)民申1438号民事裁定书。

在这组样本案例中，仍然存在胜诉要件与受理要件不分，以“一事不再理原则”模糊指代既决文书效力规定，重复起诉判断标准未尽一致，诉讼标的识别要素界定方式多样等问题。

3. 高级人民法院诉讼实践中对竞合重诉的专门判断标准问题

笔者认为，本组案例中的一起劳动争议案例比较接近竞合再诉。因为在此案中，原告就一个诉因事实先提起撤销解除合同决定之诉，后提起停止侵权之诉。[1] 前案涉及劳动合同法律关系，后案涉及侵权法律关系，前案涉及的是形成救济权，后案涉及的是要求停止侵权的行为给付请求权。前案与后案中原告诉讼请求对应的民事责任不同，诉讼目的具有一致性。审理此案的再审法院依据《民诉解释》第247条认为后案请求实质上否定了前诉案件的裁判结果。对此裁判理由，尚需斟酌之处在于，如果前案与后案的诉讼标的不同，是否能够采用“两同且一否定”标准？此时，如果不考虑诉讼标的同一这个判断要素，后案也就很可能被判断为重复起诉。如是，就不得不深入思考民事责任竞合制度的制度目的能否实现的问题与竞合重诉的专门识别标准问题了。

（四）对最高人民法院裁判文书的抽样分析

2022年6月26日，以“争议焦点：重复起诉”为检索词，共检索到最高人民法院裁判文书206件，按照50∶1的比例抽样，共得抽样案例5件。[2] 与前节所述检索精度的原因相似，在这组案例中也有一些案例的裁判文书事实上未将重复起诉问题纳入争议焦点。此部分集中分析以重复起诉为争议焦点的3例样本。在这3例样本中，有1例具有系属影响型案件的特征；有

---

〔1〕 刘跃、东北大学等劳动纠纷案，辽宁省高级人民法院（2021）民申5645号民事裁定书。

〔2〕 2022年6月18—19日，笔者指导的硕士研究生李婷、陈乐协助笔者进行了这次样本案例抽样。

2 例被认定为重复起诉的案件;[1] 未被认定为重复起诉的样本案例的裁定理由是后诉(反诉)的诉讼请求与前诉的诉讼请求不同。[2]

本部分实证分析继续聚焦于最高人民法院的诉讼实践中裁定重复起诉的法律依据是什么;判断重复起诉的一般标准是什么;实务中对竞合重诉秉持怎样的判断标准等问题。

在这 3 个样本案例中,最高人民法院裁定重复起诉的法律依据是一致的,或援引《民诉解释》第 247、248 条作为裁定依据,或确认原一审、二审法院运用上述规定的合法性。在判断重复起诉的一般标准问题上,原告前诉主张解除合同之诉,后诉主张确认合同无效之诉的样本案例中,最高人民法院从"诉讼标的是当事人之间发生争议,并要求人民法院作出裁判的民事法律关系"的界定出发,以此案后诉与前诉的诉讼标的相同,后诉诉讼请求实质否定前诉裁判结果为理由裁定构成重复起诉。[3] 在前诉案由为债权确认纠纷、后诉案由为建设工程价款优先受偿权纠纷的样本案例中,最高人民法院认为,对再审申请人确认优先权的诉讼请求,一、二审法院均未支持。再审申请人又根据前诉判决确认的欠付工程款金额起诉,主张建设工程价款优先受偿权。原审法院据此认定前诉与本诉当事人相同、诉讼标的相同、诉讼请求相同,构成重复起诉,具有事实和法律依据。[4] 在这 2 例后诉被认定为重复起诉的样本案例中,识别与判断重复起诉的关键是诉讼标的应当如何界定、诉讼标的与案由的关系。与前述涉及重复起诉的指导性案例的裁

---

[1] 卢静、靖宇县丹鼎矿业有限公司采矿权转让合同纠纷案,最高人民法(2017)民申 3718 号民事裁定书;中地长泰建设有限公司、甘肃建新实业集团有限公司建设工程价款优先受偿权纠纷案,最高人民法院(2020)民申 7000 号民事裁定书。

[2] 甘肃省交通物资供应有限公司、内蒙古路桥集团有限责任公司买卖合同纠纷案,最高人民法院(2018)民终 1123 号民事裁定书。

[3] 卢静、靖宇县丹鼎矿业有限公司采矿权转让合同纠纷案,最高人民法(2017)民申 3718 号民事裁定书。

[4] 中地长泰建设有限公司、甘肃建新实业集团有限公司建设工程价款优先受偿权纠纷案,最高人民法院(2020)民申 7000 号民事裁定书。

判见解相对照,“诉讼标的是当事人之间发生争议,并要求人民法院作出裁判的民事法律关系”的界定可称为多数说,不过,就如何界定诉讼标的而言,最高人民法院层面尚未尽一致。通常而言,案由是确定诉讼标的之重要依据。案由应当准确体现审判内容与审判对象,在前诉案由为债权确认纠纷、后诉案由为建设工程价款优先受偿权纠纷的样本案例中,如果前诉已经审理了原审原告的建设工程价款优先受偿权请求,案由宜根据合并审理的实际情况概括为债权确认及建设工程价款优先受偿权纠纷。这样可以避免当事人的误解。如果前诉审理中涉及建设工程价款优先受偿权请求,还不能不考虑究竟前诉判决主文还是判决理由部分产生既判力的问题。

在这3个样本案例中,后诉中的反诉是否构成重复起诉成为争议焦点的样本案例属于竞合再诉案件。在这个样本案例中,反诉原告基于合同具备解除要件,反诉被告应该返还货物的诉因事实,存在实现两个请求权(返还货物或者折价赔偿)的可能。反诉原告将返还货物请求作为主位请求,将折价赔偿请求作为备位请求,提起了客观预备合并之诉。这个样本案例在重复起诉识别方面具有复合性,还具有诉讼系属影响型案件特征。就最高人民法院对本案被告反诉中竞合性诉讼主张的识别与处理而言,认可以诉的客观合并方式提起的竞合之诉的裁判见解具有积极的裁判标准建构意义。

四、规制重复起诉的法律适用与实务逻辑

如前章所述,涉竞合再诉的民事诉讼场域,对既判力影响型再诉,当用法律规定为《民事诉讼法》第127条第5项。不过,这是可应用于所有案件的一般规定。责任竞合时,蕴含前诉所涉救济权已经实现的禁止后诉要件的《民法典》第186条应为《民事诉讼法》第127条第5项适用的例外情形(责任竞合情形)规定。只要前诉所涉救济权并未实现,后诉就不应当被前

诉既判力遮断。《民事诉讼法》第127条第5项所规定的能发挥既判力消极作用的是"判决书、裁定书、调解书已经发生法律效力的案件"。如果对"案件"作当然解释,其可被解释至案涉纠纷的广阔范围,这必然排斥《民法典》第186条的适用并形成法律抵触。在此法律适用情境中,不可忽视《民诉解释》第247条的适用意义。《民诉解释》第247条不仅为识别单纯再诉中重复起诉提供了依据,而且为以诉的构成划定案件范围、化案为诉提供了依据。责任竞合时,天然存在两个诉讼标的,《民诉解释》第247条不能发挥识别重复起诉的功能。但是,《民诉解释》第247条可发挥将"案件"解析为诉的解释功能,进而纾解对"案件"作当然解释可能带来的不合理情形。对于诉讼系属影响型再诉,《民事诉讼法》第36条可产生抑制作用,但因为该规定的管辖规则属性所限,法效果难以预期。我国《民事诉讼法》第143条规定,原告增加诉讼请求,被告提出反诉,第三人提出与本案有关的诉讼请求,可以合并审理。就原告增加诉讼请求而言,包含导致诉讼标的增加的情形,对于合并提起的竞合之诉有可以适用的空间。对于直接主张两个诉讼标的上的诉讼请求的案件,法律上并无明确规定,需要借助法律解释技术方能应对此等情形。而法律解释的主观性可能影响到法律适用的统一化进程。

通过本章对涉重复起诉的指导性案例裁判文书和抽样收集的我国四级人民法院以重复起诉为争议焦点的样本案例的裁判文书的实证分析,可以发现在识别与判断重复起诉的裁定依据一致性上从基层人民法院到最高人民法院呈现增强趋势。不过,目前实务中尚缺乏对既判文书效力规定的清晰认知与适用自觉性。裁判文书中漏引识别与判断法律依据现象在样本案例中的基层人民法院、中级人民法院较为明显。这或多或少展现了实务中采用重复起诉识别与判断标准时的裁判见解分歧。总体上看,识别与判断重复起诉的一般标准的裁判见解分歧从基层人民法院到最高人民法院呈现递减趋势。概言之,一般情形下,以争议的民事权利义务关系做为诉讼标的进行诉的区分与诉讼标的识别是各层级人民法院的共识性做法且较为妥适；在一些特殊情形下（常常是因为出现一些特殊的程序行为），何以界定诉讼标的出现分歧；既判力影响型再诉争议远远多于诉讼系属中再诉争议。在实证分析过程中，笔者还发现既判力原理在重复起诉裁定说理中主要表现为对“一事不再理原则”的阐释。特殊情形下的实务见解分歧有待进一步消减。在上述实证分析涉及的案例中，对竞合重诉判断标准主要还是依据《民诉解释》第 247 条规定的“三同一”或者“两同且一否定”标准，在具体适用的准确性上尚存可再行斟酌之处，特别是在“诉讼标的同一”要素的分析上裁判见解分歧较大。总体来看，实务中较稳妥地应对着竞合重诉现象，但是各级人民法院就识别竞合再诉专门标准的认知一致性尚待大力提升。对于竞合重诉的识别与判断的专门标准尚付阙如。

立案登记制改革实施后，“有案必立、有诉必理”的司法理念深入人心。这背后的诉权保障逻辑在诉讼实践中正在发挥作用，同时，避免重复给付的实体公平逻辑也在发挥作用。就这两种逻辑对诉讼实践影响的权重而言，前者的权重要更重一些。

第三章　民事责任竞合时的诉讼标的、请求权与事实

民事诉讼制度的价值系统、目的系统以及制度整体运行的协调性和法律职业共同体的惯常行动倾向共同塑造着识别诉讼标的之方法。

——题记

2021 年 1 月 1 日,我国《民法典》正式实施。《民法典》既是民事主体的行为规范,也是法院审判民事案件的裁判规范。《民法典》确立的制度与民事诉讼原理、制度能否协调运作,是社会公众、实务界、理论界普遍关注的问题。长期以来,在诸多民事诉讼法与民法衔接的问题中,诉讼标的理论与民法中的请求权竞合理论的相互关系及相应制度之间的相互影响,是引发"猜想"最多的问题。自 2015 年 2 月 4 日起施行的《民诉解释》第 247、248 条对重复起诉标准的规定,从诉的构成角度对诉讼标的做出新的界定。《民法典》第 186 条对责任竞合问题作出规定。2015 年我国实施立案登记制改革后民商事案件收案与

结案数量的增长现象是我们展开民事诉讼法学理论思考的实践前提。2021年,最高人民法院受理案件33602件,审结28720件;地方各级人民法院和专门人民法院受理案件3351.6万件,审结、执结3010.4万件,结案标的额为8.3万亿元。各级法院审结一审民商事案件1574.6万件,同比上升18.3%。[1] 上述两个不同层级的法律条文在此案件数量剧增的民事诉讼实践场域中“相遇”会产生怎样的实施效应,我们又当如何认识与应对?基于这样的问题意识,本章拟以《民诉解释》第247、248条与《民法典》第186条间的关系为起点对这一“猜想级”问题进行探讨。

一、诉讼标的之法律界定、实务界定与学理界定

诉讼标的这个法律应用概念的界定一致性直接影响到重复起诉识别与判断的标准设定、要素解释的法律适用统一性,也影响着诉的分离与合并等程序技术运用的法律适用统一性。诉讼标的不仅是一个民事诉讼法学中的重要学术概念,也是一个法律概念,同时,还是一个法律应用概念。2002年至2017年的“国家司法考试”与2018年开启的“国家统一法律职业资格考试”辅导用书中的民事诉讼法知识体系以及历年真题的解答标准具有体现实务应然通说的意义,对于法律实务人才的概念形成的作用是不言而喻的。诉讼标的是当事人之间发生争议并要求法院作出裁判的民事权利义务关系的界定可谓诉讼标的之实务应然通说。[2] 该说赓续了1991年《民事诉讼法》颁行前后重要教材中的观点,也形塑了诉讼标的作为法律应用概念的内涵。应该说,实务应然通说中对于诉讼标的概念的界定对诉讼法律的统一

[1] 最高人民法院院长周强:《最高人民法院工作报告》(2022年3月8日在第十三届全国人民代表大会第五次会议上),http://gongbao.court.gov.cn/Details/2c16327a4bc6cc0a26a9caa5450d2a.html,2022年9月10日访问。

[2] 国家统一法律职业资格考试辅导用书编辑委员会组编、潘剑锋主编:《民事诉讼法与仲裁制度》,法律出版社2022年版,第14页。

适用起到了稳根本、定方向的“压舱石”作用。第二章实证分析展现了我国民事诉讼实务中对于如何界定诉讼标的仍存在多方面分歧。在倡导推行精准司法、高精度统一法律适用的深化诉讼制度改革的新时代背景下,亟须重温诉讼标之法律界定、实务应然通说,重新审视它们与民事诉讼实务中的裁判见解、学理界定之间的歧见和间隙。

(一)诉讼标的之法律界定

我国《民事诉讼法》在 7 处使用诉讼标的这一概念,2 处使用诉讼标的物的概念。使用诉讼标的概念的法律规范集中在共同诉讼制度、第三人参加诉讼制度,作为确定必要共同诉讼人、有独立请求权第三人、无独立请求权第三人的基本依据。[1] 此外,在涉外管辖规范中诉讼标的物的概念被 2 次使用。[2] 诉讼标的物是诉讼请求所指向的特定财物,对这一概念的界定各界争议较小。

诉讼标的是一个与当事人适格联系最为密切的概念。《民事诉讼法》第 122 条规定的原告应与本案有直接利害关系的起诉条件也是当事人适格标准。在对此规定的释义中,全国人大法工委民法室依原告起诉目的是要求

〔1〕《民事诉讼法》第 55 条规定,当事人一方或者双方为二人以上,其诉讼标的是共同的,或者诉讼标的是同一种类、人民法院认为可以合并审理并经当事人同意的,为共同诉讼。共同诉讼的一方当事人对诉讼标的有共同权利义务的,其中一人的诉讼行为经其他共同诉讼人承认,对其他共同诉讼人发生效力;对诉讼标的没有共同权利义务的,其中一人的诉讼行为对其他共同诉讼人不发生效力。第 57 条规定,诉讼标的是同一种类、当事人一方人数众多在起诉时人数尚未确定的,人民法院可以发出公告,说明案件情况和诉讼请求,通知权利人在一定期间向人民法院登记。向人民法院登记的权利人可以推选代表人进行诉讼;推选不出代表人的,人民法院可以与参加登记的权利人商定代表人。第 59 条第 1、2 款规定,对当事人双方的诉讼标的,第三人认为有独立请求权的,有权提起诉讼。对当事人双方的诉讼标的,第三人虽然没有独立请求权,但案件处理结果同他有法律上的利害关系的,可以申请参加诉讼,或者由人民法院通知他参加诉讼。人民法院判决承担民事责任的第三人,有当事人的诉讼权利义务。

〔2〕《民事诉讼法》第 272 条规定,因合同纠纷或者其他财产权益纠纷,对在中华人民共和国领域内没有住所的被告提起的诉讼,如果合同在中华人民共和国领域内签订或者履行,或者诉讼标的物在中华人民共和国领域内,或者被告在中华人民共和国领域内有可供扣押的财产,或者被告在中华人民共和国领域内设有代表机构,可以由合同签订地、合同履行地、诉讼标的物所在地、可供扣押财产所在地、侵权行为地或者代表机构住所地人民法院管辖。

法院依法裁决纠纷双方的民事法律关系,原告应与本案有直接利害关系的阐释路径解析了这一起诉条件。[1] 鉴于诉讼目的对诉讼内容的直接影响,上述阐释也体现了对诉讼标的与民事法律关系内在一致性的认同。我国《民事诉讼法》第 55 条将诉讼标的作为区分共同诉讼的关键要素,多数当事人形成共同诉讼标的为必要共同诉讼,多数当事人之间的诉讼标的是同一种类则为普通共同诉讼。在规定不同种类共同诉讼人诉讼行为发生效力机制的第 2 款中,“对诉讼标的有共同权利义务”“对诉讼标的没有共同权利义务”的表述表明诉讼标的应该就是民事权利义务关系。此外,在《民事诉讼法》第 59 条的规定使用请求权的概念来界定、区分第三人,意在以是否形成有别于本诉的独立的诉作为第三人的首要程序要件。请求权被作为可以区分单纯之诉的客体要素并与诉讼标的同时出现在界定第三人的论域中,客观上产生了二者互为同义界定的概念意义。独立的请求权是有别于原告的请求权、被告的抗辩权的请求权。此规定表明,诉讼标的中存在请求权要素。概言之,从上述规定的文义来看,民事诉讼中的诉讼标的指的是当事人之间发生争议的民事权利义务关系或请求权。

《民诉解释》中 3 次使用诉讼标的概念。各规定分别将诉讼标的作为确定反诉的客体要件、重复起诉、简易程序适用范围的依据。[2] 依语法逻辑,

---

[1] 全国人大常委会法制工作委员会民法室编著:《〈中华人民共和国民事诉讼法〉释解与适用》,人民法院出版社 2012 年版,第 64、79、196、197 页。

[2] 《民诉解释》第 233 条规定,反诉的当事人应当限于本诉的当事人的范围。反诉与本诉的诉讼请求基于相同法律关系、诉讼请求之间具有因果关系,或者反诉与本诉的诉讼请求基于相同事实的,人民法院应当合并审理。反诉应由其他人民法院专属管辖,或者与本诉的诉讼标的及诉讼请求所依据的事实、理由无关联的,裁定不予受理,告知另行起诉。第 247 条规定,当事人就已经提起诉讼的事项在诉讼过程中或者裁判生效后再次起诉,同时符合下列条件的,构成重复起诉:(1)后诉与前诉的当事人相同;(2)后诉与前诉的诉讼标的相同;(3)后诉与前诉的诉讼请求相同,或者后诉的诉讼请求实质上否定前诉裁判结果。当事人重复起诉的,裁定不予受理;已经受理的,裁定驳回起诉,但法律、司法解释另有规定的除外。第 256 条规定,《民事诉讼法》第 160 条规定的简单民事案件中的事实清楚,是指当事人对争议的事实陈述基本一致,并能提供相应的证据,无须人民法院调查收集证据即可查明事实;权利义务关系明确是指能明确区分谁是责任的承担者,谁是权利的享有者;争议不大是指当事人对案件的是非、责任承担以及诉讼标的争执无原则分歧。

界定反诉客体要件的《民诉解释》第233条的第2款中的法律关系与第3款中的诉讼标的应为同义；规定简易程序适用范围的《民诉解释》第256条界定“争议不大”时所述对诉讼标的争执无原则分歧中的诉讼标的与权利义务关系明确条件中的权利义务关系应为同义。否则，这两个条文的表意结构会陷入混乱。由是，这两个条文潜在地对诉讼标的作出了系指争议法律关系民事权利义务关系的界定。《民诉解释》第247条将诉讼标的、诉讼请求作为并列事项，否定了诉讼标的与诉讼请求的同一性；否则，此条文的表意结构也会陷入混乱。依语义分析的逻辑，《民诉解释》事实上对诉讼标的作出了系指争议法律关系民事法律关系内容或民事权利义务关系的界定。同时也需注意，《民诉解释》中使用了2处诉讼标的额、3处诉讼标的物、2处诉讼标的金额这三个概念。[1] 这三个概念中牵涉的诉讼标的实际上指的是诉讼请求。概言之，尽管在《民诉解释》中对于诉讼标的与诉讼标的物（额、金额）的概念使用上存在语义错位的问题，但是，在整体上可以明确的是最高人民法院在《民诉解释》中对独立表述的诉讼标的作出了系指争议法律关系的界定。总体上看，《民诉解释》对诉讼标的概念的运用没有偏离《民事诉讼法》中对诉讼标的之法律界定。需要进一步思考的是，《民诉解释》的个别规定（如《民诉解释》第247条）的解释路径是否与诉讼标的之法律界定存在抵牾之处。从《民事诉讼法》第55、59条关于共同诉讼形式的诉的合并以及第

〔1〕《民诉解释》第193条规定，人民法院对个人或者单位采取罚款措施时，应当根据其实施妨害民事诉讼行为的性质、情节、后果，当地的经济发展水平，以及诉讼标的额等因素，在《民事诉讼法》第118条第1款规定的限额内确定相应的罚款金额。第194条规定，依照《民事诉讼法》第54条审理的案件不预交案件受理费，结案后按照诉讼标的额由败诉方交纳。第197条规定，诉讼标的物是证券的，按照证券交易规则并根据当事人起诉之日前最后一个交易日的收盘价、当日的市场价或者其载明的金额计算诉讼标的金额。第198条规定，诉讼标的物是房屋、土地、林木、车辆、船舶、文物等特定物或者知识产权，起诉时价值难以确定的，人民法院应当向原告释明主张过高或者过低的诉讼风险，以原告主张的价值确定诉讼标的金额。第252条规定，再审裁定撤销原判决、裁定发回重审的案件，当事人申请变更、增加诉讼请求或者提出反诉，符合下列情形之一的，人民法院应当准许：(1)原审未合法传唤缺席判决，影响当事人行使诉讼权利的；(2)追加新的诉讼当事人的；(3)诉讼标的物灭失或者发生变化致使原诉讼请求无法实现的；(4)当事人申请变更、增加的诉讼请求或者提出的反诉，无法通过另诉解决的。

三人参加形式的诉的合并规定中的诉讼标的概念及这两条规定的整体文义,可延伸解析出诉的判断标准,即当事人多数与诉讼标的同一,只有符合这个标准才能构成一个不可分割的诉。诉讼标的属于同一种类等其他情形只能形成可分离、可合并的多个诉。申言之,在区分一诉与多诉的诉讼场域中,我国《民事诉讼法》是将诉讼标的作为唯一的可用以判断的客体要素,并未将诉讼请求作为独立的可用以判断的客体要素。重复起诉的识别与判断在本质上也是区分后诉与前诉是一诉还是两诉。《民诉解释》第 247 条在重复起诉或新诉识别要素中加入诉讼请求要素并设定两种情形。在前述对《民事诉讼法》第 55、59 条文义解释成立的前提下,《民诉解释》第 247 条对诉的识别的要素的增添与我国《民事诉讼法》关于诉讼标的概念及其功能的规定存在错位之处的。

区分诉是诉讼标的概念的显著功能。处于对立地位的同一组当事人之间的一个诉讼标的形成一个诉。诉有动态与静态双重含义。动态意义上的诉,是指原告向法院提起诉讼的行为;静态意义上的诉,应该是指诉讼中需要获得单独审判的系统性的诉讼单元。静态意义的诉方有区分的可能。诉讼标的概念之法律界定在区分诉的时候会有何问题呢?实体法律关系本身有一般与具体层面的不同体现,救济权亦然如是。前者如,甲医院与乙之间的医疗损害责任关系,可具体化为侵害患者知情同意权责任关系、医疗产品责任关系;甲与乙的一般性的占有保护法律关系之下还可细分具体的占有物返还法律关系、占有排除妨害法律关系、占有消除危险法律关系。后者如,在甲与乙公司的公司决议纠纷中,一般层面的救济权是不服公司决议救济权,具体层面救济权可细分为公司决议效力确认救济权、公司决议撤销救济权。将诉讼标的界定为当事人之间发生争议的民事权利义务关系或可否行使救济权的法律界定,并没有解决诉讼标的内涵的分层问题。这就不免产生如下问题:在抽象法律关系层面,后诉与前诉是一个争议法律关系,如都是医疗损害责任关系,是一个诉讼标的,属于一个诉,后诉是重复起诉。

如果前诉中甲基于乙医院侵害患者知情同意权的诉因而起诉，后诉是基于乙医院医疗产品不合格造成损害的诉因而起诉，那么将这两起诉讼认定为一个诉显然是不合理的。这样的问题在救济权可分解时，也同样会出现。

（二）诉讼标的之实务界定

据第二章的实证分析，争议焦点中涉及重复起诉的最高人民法院指导性案例的裁判理由中存在以法律关系替代诉讼标的，模糊诉讼请求与诉讼标的界限等说理混沌之处。[1] 在抽样案例中，最高人民法院在有的裁判文书中明确"诉讼标的是当事人之间发生争议，并要求人民法院作出裁判的民事法律关系"的界定。[2] 综合涉及重复起诉的指导性案例的裁判见解与抽样案例的裁判见解，诉讼标的之法律界定说可称为多数说。依此界定，实体法律关系或特定实体权利就是识别诉讼标的之依据。不过，就如何界定、识别诉讼标的，最高人民法院相关裁判见解尚未尽一致。如有的裁判文书中以法律事实识别诉讼标的，[3] 有的裁判文书以合同纠纷为诉讼标的，[4] 有的裁判文书以诉讼请求为诉讼标的。[5]

本书第二章的实证分析对地方各级人民法院诉讼实践中应用诉讼标的概念的情况也进行了梳理与分析。对基层人民法院裁判文书的抽样分析显示，对于诉讼标的，有的样本案例裁判文书理由中将其界定为当事人在实体

[1] 加多宝（中国）饮料有限公司、广州王老吉大健康产业有限公司虚假宣传纠纷案，最高人民法院（2017）最高法民再151号民事判决书；广州王老吉大健康产业有限公司与加多宝（中国）饮料有限公司虚假宣传纠纷案，重庆市第五中级人民法院（2014）渝高法民终字第00318号民事判决书；礼来公司与常州华生制药有限公司侵害发明专利权纠纷案，最高人民法院（2015）民三终字第1号民事判决书。

[2] 中地长泰建设有限公司、甘肃建新实业集团有限公司建设工程价款优先受偿权纠纷案，最高人民法院（2020）民申7000号民事裁定书。

[3] 美国EOS工程公司诉新绛发电公司等侵权纠纷案，最高人民法院（2003）民四终字第2号民事裁定书。

[4] 林敦凤、林敦华等合同纠纷案，最高人民法院（2021）最高法民申7100号民事裁定书。

[5] 安徽省新世纪建筑工程有限公司、宣城市大唐万安置业有限公司建设工程施工合同纠纷案，最高人民法院（2020）最高法民申2901号民事裁定书。

法上的权利义务,即原告主张的实体权利;[1]有的样本案例的关联裁判文书的裁判理由中不仅未区分诉讼标的与诉讼标的物,还认为诉讼请求包含基础法律关系。[2]

对中级人民法院裁判文书的抽样分析显示,在对诉讼标的要素的界定上,样本案例裁判文书中存在裁判见解分歧。有的案件,一审法院一方面认为应从实体上的请求权出发界定诉讼标的,另一方面又指出此案与前案“实质的诉讼标的是相同的,即……劳动纠纷”。这就不免产生究竟以请求诉讼标的说还是以纠纷事实诉讼标的说判别诉讼标的之疑问。对此,二审法院并未重述二说之一以示认同,而是直接以诉讼标的是法律关系的观点界定诉讼标的。[3] 在样本案例的裁判文书中,既有将诉讼标的界定为当事人之间发生争议的法律关系或者实体权利的观点[4],也有其他观点。在样本案例裁判文书中,有的裁判文书中将诉讼标的物解读为诉讼标的;[5]有的裁判文书将某种特定利益作为诉讼标的。[6] 有的裁判文书从诉讼请求、请求原因事实与诉讼标的相关性角度论证后案与前案是否一案,提出诉请标的的概念。[7] 有的裁判文书在解读诉讼标的时,综合了事实和法律关系、实体权

〔1〕 田晓梅、赖敏等与杨丽平合同纠纷案,云南省武定县人民法院(2020)云2329民初739号民事判决书。

〔2〕 师风月、雷双建不当得利纠纷案,河南省郑州市中级人民法院(2020)豫01民再401号民事裁定书;王月荣、陈晓静等与雷双建等合同纠纷案,河南省郑州市管城回族区人民法院(2020)豫0104民初8392号民事判决书。

〔3〕 方祥龙、中国农业银行股份有限公司潮州潮安支行确认劳动关系纠纷案,广东省潮州市中级人民法院(2019)粤51民终230号民事判决书。

〔4〕 北京市澳海达石化有限责任公司与中石油吉化北京销售公司损害股东利益责任纠纷案,北京市第二中级人民法院(2019)京02民终11585号民事判决书。

〔5〕 广西昭平昭金矿业有限公司、吴影劳动纠纷案,广西壮族自治区贺州市中级人民法院(2018)桂11民终264号民事判决书(工资、基本生活费)。

〔6〕 张水混等与北京裕发嘉瑞投资有限公司等占有物返还纠纷案,北京市第三中级人民法院(2021)京03民终19734号民事判决书。

〔7〕 唐平与匡传早、段秋莲、匡敏妮、匡圣炜、唐忠文、唐几辉、肖世平、廖太秋、陈光智、陈光辉、唐志平等十一人合同纠纷案,湖南省郴州市中级人民法院(2017)湘10民初86号民事判决书。

利义务的承载体(似为诉讼标的物)三方面的因素。[1] 有的裁判文书以案由确定诉讼标的,[2]而有的裁判文书却阐释案由与诉讼标的并非精准对应关系,案由不同并非一定意味着诉讼标的不同。[3] 对高级人民法院裁判文书的抽样分析显示,界定诉讼标的之差异在高级人民法院层面开始减少。有的样本案例,一审法院与二审法院都以法律关系性质不同为标准认定后案是否构成重复起诉。[4] 此样本案例裁判文书中的法律关系性质应为诉讼标的之替代语。这也是诉讼标的之法律界定的一种实践应用方式。有的案件采取了综合诉讼请求,事实依据处分情况的三要素识别法。[5]

总体上看,在实务中界定诉讼标的概念稳中有变、同中现异,诉讼标的之法律界定是稳固的轴心,不过,在一部分案件中界定诉讼标的偏离了这个轴心。在涉及竞合再诉的案件中,诉讼标的实务界定分歧主要是层次定位差异,有的在一般性的法律关系、权利、救济权层面界定诉讼标的,有的在具体化的法律关系、权利、救济权层面界定诉讼标的。这样的实务状况使得如何优化诉讼标的概念界定的课题具有明显的现实意义。

(三)诉讼标的之学理界定

改革开放后,我国民事诉讼法学界对诉讼标的理论的研究集中于对德国、日本民事诉讼标的理论的研析与介评。近年来,新锐学者试图建构诉讼标的理论的"新范式"。在此"新范式"探索的过程中,对美国民事诉讼中的

---

〔1〕 梁太俊、江苏帝都建设工程有限公司劳务合同纠纷案,新疆维吾尔自治区乌鲁木齐市中级人民法院(2019)新01民终823号民事判决书。

〔2〕 胜利油田龙玺石油工程服务有限责任公司、中石化胜利油建工程有限公司追偿权纠纷案,山东省东营市中级人民法院(2017)鲁05民终1170号民事判决书。

〔3〕 深圳市九洲云联科技有限公司、北京精准沟通国际传媒广告有限公司技术委托开发合同纠纷案,广东省深圳市中级人民法院(2018)粤03民终20740号民事判决书。

〔4〕 衡阳斯凯威电源有限公司、衡阳市宏利房地产开发有限公司合同纠纷案,湖南省高级人民法院(2018)民终735号民事判决书。

〔5〕 刘跃、东北大学等劳动纠纷案,辽宁省高级人民法院(2021)民申5645号民事裁定书。

审判对象从大陆法系诉讼标的概念的角度进行了解析，对法国民事诉讼中诉讼标的概念的源流也进行了梳理与分析。[1]

自20世纪90年代以来，经民事诉讼法专业学者的介评，德国民事诉讼法学中的诉讼标的理论逐步为我们所了解、熟悉。据20余年来诸位学者的介评，德国的诉讼标的学说分为实体法诉讼标的说与诉讼法诉讼标的说两类。实体法诉讼标的核心观点是应以实体请求权作为诉讼标的，有一个实体请求权就应该有一个诉讼标的，就应该有一个诉，原告就可以提起一次诉讼。实体请求权既是识别诉讼标的之标准，也是指引诉的合并、分离、变更的标准，还是确定既判力客观范围的标准。以实体请求权界定、区分诉讼标的之实体法说，具有促使法律适用准确、有序并且充分保护原告权利的功能优势。不过，在面对请求权竞合现象时诉讼标的实体法说会导致原告反复诉讼、被告重复给付的不公平现象。这使得该说的理论解释正当性受到冲击。民法领域的请求权竞合理论（认为同事实上产生不同性质请求权可以并存，当事人可以择一主张、接续主张或者可以转让其请求权）与旧实体法说（即诉讼标的诉讼法说产生前的诉讼标的学说）难以并存。在德国，民法上的请求权竞合理论渐成通说，而诉讼标的实体法说被诉讼标的诉讼法说取代。最初的诉讼标的诉讼法说的核心观点是诉讼标的是诉讼法上的请求权，其识别依据是生活事实与诉的声明。故此，这种诉讼标的学说被称为"二分肢说"（代表人物是罗森贝克）。"二分肢说"被提出后逐步受到司法实务界的认同。"二分肢说"之所以获得认同，很大意义上是因为它从诉讼法角度、导入事实要素解决了实体法诉讼标的说难以克服的请求权竞合问题。民法学者一直努力从民法理论角度解决请求权竞合问题。20世纪60

---

〔1〕 陈杭平：《"纠纷事件"：美国民事诉讼标的理论探析》，载《法学论坛》2017年第6期；卢佩：《困境与突破：德国诉讼标的理论重述》，载《法学论坛》2017年第6期；巢志雄：《诉讼标的理论的知识史考察——从罗马法到现代法国法》，载《法学论坛》2017年第6期；史明洲：《日本诉讼标的理论再认识——一种诉讼法哲学观的转向》，载《法学论坛》2017年第6期。

年代，著名民法学者拉伦茨(Larenz)提出请求权规范竞合说。他以此为理论基点主张仍应以实体请求权作为诉讼标的。此说被称为诉讼标的新实体法说。直到现在，请求权规范竞合论并未获得立法机构及实务部门的认同，以其为基础的诉讼标的新实体法说也还未获得较广范围的认同。“二分肢说”成功解决了请求权竞合权的问题，但是，也存在对请求权聚合问题(即多事实一请求问题，如既可以基于买卖合同事实，又可以基于开具票据事实提出同一给付目的的请求权；对于离婚的请求，既有家庭暴力的事实，又有感情破裂的事实)的学理解释困惑。在实务中，以整体、连续的生活事实标准确定事实要素，很大程度上化解了这一困惑。在延续诉讼标的“二分肢说”经由诉讼声明确定标的的思路的基础上，学者又提出仅以诉的声明确定诉讼标的的“一分肢说”(代表人物是施瓦布)。目前，诉讼标的“二分肢说”与“一分肢说”都有支持者，在实务上的通说是诉讼标的“二分肢说”。〔1〕德国民事诉讼中的诉的声明与我国民事诉讼法中的诉讼请求都有特定裁判依据下的具体诉讼主张的本质内涵。在德国民事诉讼实务中，诉讼标的就是指诉讼请求。在诉的客观合并、诉的变更时，诉的识别标准是诉讼标的概念二分法(“二分肢说”)。〔2〕请求权概念，被期待具有比法律关系概念更精细、准确地给争议事实进行法律定性的功能。请求权的内涵层次性使得这个概念的能指与所指在不同诉讼场景中会产生较大差异。具有微观系统性的单元化的请求权是处在法律关系与具体权利主张之间的“中位概念”，可以分解出一系列个别事项性的请求权，进一步外化为多个具体的诉讼请求；仅具

---

〔1〕参见张卫平：《程序公正实现中的冲突与衡平——外国民事诉讼研究引论》，成都出版社1993年版，第83—85、99—100页；张卫平：《论诉讼标的及识别标准》，载《法学研究》1997年第4期；徐美贞：《德奥“诉讼标的理论”发展之现况》，载《东海法学研究》1998年第13期；吴杰：《德国诉讼标的理论的演绎及其启示》，载《学海》2008年第3期；卢佩：《困境与突破：德国诉讼标的理论重述》，载《法学论坛》2017年第6期；曹志勋：《德国诉讼标的实体法说的发展——关注对请求权竞合的程序处理》，载《交大法学》2018年第1期。

〔2〕[德]狄特·克罗林庚：《德国民事诉讼法律与实务》，刘汉富译，法律出版社2000年版，第14、17、147、175页。

有个别事项性的单位化的请求权不能再分解出更为具体的请求权,可以直接外化为个别化的诉讼请求。德国式的诉讼法诉讼标的说,直接以诉讼请求或诉的声明这个诉讼法概念与诉讼标的等义互换,仅与具有个别事项性的单位化的请求权对接,而与微观系统性的单元化的请求权无涉。法国民事诉讼中也以当事人的诉讼主张为诉讼标的,其理据也可归入诉讼标的诉讼法说。

我国《民事诉讼法》中的诉讼标的界定理据可理解为实体法进路的诉讼标的实体法说;《民诉解释》将诉讼请求作为可区分诉与诉讼标的并立的客体要素,在学理上就产生了诉讼标的诉讼法说与实体法说的“混响”效果。“混响”不免产生“杂音”,而法律适用的统一性必然要求消除“杂音”。一国民事诉讼制度的价值系统、目的系统以及制度运行的整体协调性、法律职业共同体的惯常行动倾向交互作用一起形塑着识别诉讼标的识别方式。如何识别诉讼标的应综合考量本国民事诉讼中各方面的实际情况。

二、诉讼标的与请求权竞合

自成文民法形成物权规范、债权规范的“区隔”,而债权来源规范又形成侵权法规范、合同法规范、不当得利法规范、无因管理法规范的“区隔”以来,诉讼标的理论与“请求权竞合”现象及其破解此现象的理论、制度就在“共振”中前行,并形成不同的组合。其中比较典型的是法国的“诉讼主张—诉讼标的”识别法与法条竞合论组合,以及德国的“二分肢说”诉讼标的识别法与请求权竞合论组合。

(一)两种破解请求权竞合现象的理论组合

1.“诉讼主张”标的论与法条竞合论

法国民事诉讼法专节规定了诉讼标的(L’objet du litige)。关于“诉讼标的”出现在法国民事诉讼程序中的早期经过，据现有文献和研究，始见于1498年《布卢瓦敕令》（Blois）和1539年《维莱科特雷敕令》（Villers-Cotterêts）。两本敕令均规定在传唤通知书中应当简要说明本案的诉讼标的。1806年《法国民事诉讼法典》保留了上述规定，认为“诉讼标的是指当事人诉讼请求的浓缩，记载于传票上”。[1] 1975年《法国民事诉讼法典》第4条明确规定诉讼标的由各方当事人的诉讼主张（Les prétentions）确定。虽经近年来的修改，但最新《法国民事诉讼法典》（更新至2018年1月）中对诉讼标的之规定并未发生变化。据该法典第4条、第5条的规定，诉讼标的由各方当事人的诉讼主张确定。各方当事人的主张由诉状、防御书状加以固定。但是，当附带诉讼与本诉有充分关联时，诉讼标的可以随之而发生变动。法官应当对全部诉讼请求宣判，且其宣判只能针对诉讼请求（Des demandes）。[2] 与其双向诉权观相应，法国民事诉讼法中界定的诉讼标的是区别于诉讼请求（Des demandes）的“诉讼主张”（Les prétentions）。“诉讼主张”具有双向性，既包括原告的诉讼请求，也包括被告或第三人的防御主张。但就判决对象而言，法国民事诉讼法明确将判决（主文）内容指向诉讼请求。这意味着判决文书主文所回应范围限于诉讼请求。法官对形成诉讼标的之各方当事人诉讼主张的评价与回应，以判决理由形式呈现，在既判力客观范围的确定上必须考虑当事人诉讼主张的事实理由。细究之，法国民事诉讼中事实上将诉讼标的分解为审理标的与判决标的，同时，对于判决效力的积

---

〔1〕［法］艾涅斯特·格拉松：《法国民事诉讼程序的起源》，巢志雄译，北京大学出版社2013年版，第117页；Table alphabétique et raisonnée des matières contenues dans le code de procédure civile, Impr. Impériale, 1806, p. 69. 转引自巢志雄：《诉讼标的理论的知识史考察——从罗马法到现代法国法》，载《法学论坛》2017年第6期。

〔2〕Article 4 L'objet du litige est déterminé par les prétentions respectives des parties; Ces prétentions sont fixées par l'acte introductif d'instance et par les conclusions en défense. Toutefois l'objet du litige peut être modifié par des demandes incidentes lorsque celles-ci se rattachent aux prétentions originaires par un lien suffisant; Article 5 Le juge doit se prononcer sur tout ce qui est demandé et seulement sur ce qui est demandé. https://www. legifrance. gouv. fr/liste/code? etatTexte = VIGUEUR&etatTexte = VIGUEUR_DIFF。最后登录日期：2022年11月6日。

极作用与消极作用进行了区分。仅判决主文产生既判力，是就作出判决的法院不得更改生效判决的确定性而言的，是判决效力的积极作用，是对后诉法院所产生的前提性决定作用（判决理由中非形成主文的事实判断则不能产生这样的作用）；就禁止当事人对已经为生效判决确定的权利与义务重复起诉的确定性而言，是判决效力的消极作用。对此等消极意义上的既判力，《法国民法典》中设定了独立于积极意义的既判力产生条件。这种将审理标的与判决标的相区分、将积极意义的既判力与消极意义上的既判力相区分的“诉—审—判”关系原理是极具启示意义的。

随着法律规范部门化、体系化进程的深入展开，“请求权竞合”现象不断增多。法国民事诉讼中以各方当事人诉讼主张为诉讼标的形成的基准，似乎会深陷原告同时或先后主张不同性质诉讼请求而导致的重复诉讼、重复赔偿的诉讼弊端之中。从笔者所涉猎的参考资料来看，未见学者或实务人士陈说此等诉讼“苦情”。这与法国民法学界较早确立破解“请求权竞合”现象的法条竞合论存在直接关联。

诉权保障是法国民事诉讼立法的首要根基。在民事诉讼法中明确界定诉权，并且以诉权行使、诉权保障为诉讼行为基本线索的立法逻辑，塑造了法国民事诉讼法充分保护当事人权益的 200 余年不变的“法律品性”。不过，需要注意的是，法国民事诉讼法中界定的诉权是双向诉权，既包括原告的诉权，也包括被告及其他当事人的诉权。在平衡争议双方的程序利益的前提下，充分保护应受保护的权利，是法国民事法律中一以贯之的权利实现观。通过诉讼程序获得重复赔偿，显然破坏了双方程序利益的平衡，也导致实体上的不公平。与此理据相应，对于“请求权竞合”现象，法国民法中采取的是法条竞合论。

在法国，有关竞合的问题是法国学者之间争议最大的问题，赞成竞合的人亦有之，反对竞合的人亦有之。原则上讲，法国司法采取契约责任与侵权责任的非竞合原则，但在例外的情况下，则允许侵权责任对契约领域的渗透,允许两种法律责任的竞合。原则体现的是反对竞合者的要求,而例外则反映了赞成竞合者的愿望。[1] 合同法专家的研究结论亦为,法国法不承认合同责任与侵权责任的竞合,其原因在于,法国人认为,承担合同义务的债务人应当对其债务的范围及不履行债务的后果有所预见,但其对于合同关系之外的责任(即侵权责任)却不可能有所预见。法国法中,当事人原则上不得在合同责任和侵权责任之间进行选择,即债权人提起诉讼时,无权选择对债务人所追究的民事责任的范围,即当债权人追究债务人不履行合同义务的责任时,不得引用法律有关侵权责任的规定。但这一原则也存在例外。其中,某些例外是基于法律对第三人的规定;某些例外还可是由债务人的刑事违法行为所引起。[2] 特别法优于普通法的法规范适用规则解决了"请求权竞合"现象带来的诉讼困扰。不过,因其限制侵权赔偿规范的适用,在涉及人身伤亡的案件中也存在不能充分赔付受害人的问题。因此,民法上的法条竞合说就当事人有合同关系情形下如何更公平地赔付人身损害的问题仍有发展空间。这也是近年来《法国民法典》修改过程中深入探讨的问题。通过认可禁止侵权责任与违约责任竞合、侵权损害赔偿请求权与违约损害赔偿请求权竞合的法条竞合理论和充分保障当事人程序利益的"诉讼主张—诉讼标的"识别法的补缺式制衡,在保障当事人诉权的同时又避免诉讼秩序受到重复诉讼的冲击。这就是在处理请求权竞合导致重复诉讼问题时的"法国经验"。

2."二分肢说"诉讼标的论与请求权竞合论

德国诉讼标的理论素有实体法说、诉讼法说之别。实体法说又分为旧实体法说与新实体法说。诉讼法说分为"二分肢说"与"一分肢说"。德国诉讼标的理论的发展与破解"请求权竞合"现象的民法学说亦构成相互促进的

---

〔1〕 张民安:《现代法国侵权责任制度研究》,法律出版社2003年版,第30页。

〔2〕 尹田:《法国现代合同法:契约自由与社会公正的冲突与平衡》,法律出版社2009年版,第346—347页。

发展轨迹。自“请求权竞合”现象引起注意，法条竞合论、请求权竞合论、请求权规范竞合论在德国民法学界都有倡导者。在 19 世纪末叶及 20 世纪初期，德国的法条竞合论倡导者主要有 Endemann、von Tuhr（Endemann. Lehrbuch des Burgerlichen Rechts. Bd. Ⅰ, 9. Aufl. 1903, S, 1260; v. Tuhr, Der Allgemeine Teil des deutschen Burgerliche Rechts, Bd. 3, 1918, S. 464.）以及 Hellwig。Hellwig 主倡法条竞合说最力，亦认为《德国民法典》第 842 条以下规定，对于契约责任亦应适用。（Hellwig, JZ 1906, 1289.）1934 年，德国学者 Dietz 在揭示法条竞合论的缺陷的同时提出请求权竞合论。1965 年，德国学者 Larenz 及其弟子提出请求权规范竞合论，剖析请求权竞合论的缺点并创建新论。[1]

在新诉讼标的论提出前，德国的诉讼标的论是实体请求权说，认为一个实体请求权即一个诉讼标的。每个独立的实体请求权可以形成一个独立的诉。[2] 在“请求权竞合”情形下，最为通常的困扰是：一事实既牵涉合同法律关系，又牵涉侵权法律关系。基于合同法律关系能产生违约损害赔偿侵权请求权，基于侵权法律关系能产生侵权损害赔偿请求权。这两项请求权是独立、并存的。原告可以分别乃至同时主张两项诉讼请求，法官又无从拒绝其中任一请求权。这就难以避免重复诉讼的诉累、责任人重复赔偿的有违平等保护争议双方当事人的现代法治理念的不公平现象。这就触发以当事人陈述事实与诉的声明为诉讼标的的新诉讼标的理论的提出。新诉讼标的理论提出后，民法学者开始主张请求权竞合论。请求权竞合论，以不同法律关系上请求权并立为前提，提供了择一主张、接续主张、任意转让三种请求权行使路径。后两种请求权行使路径仍无从避免重复诉讼、责任人重复赔偿的弊端。在拉伦茨时代，新诉讼标的理论已经成为德国的有力说，以至于他从民法角度分析“请求权竞合”现象的破解之道时要将民法理论与新诉

---

〔1〕 王泽鉴：《民法学说与判例研究》（重排合订本），北京大学出版社 2015 年版，第 594、599 页。

〔2〕 张卫平：《论诉讼标的及识别标准》，载《法学研究》1997 年第 4 期。

讼标的论的协调性作为论证的前提。拉伦茨认为，依请求权竞合说，被害人将基于契约而生之债权让与他人，而自己保留基于侵权行为而生内容相同之债权，如此势必认为被害人与受让人为连带债权人，均得自己起诉，此对债务人言，实所不堪，就法律系属及既判力而言，亦难接受。依新诉讼标的之理论，法院应对基于陈述之事实所导出诉之请求（即所请求之给付）为判决，至原告基于何种法律规范基础请求，在所不问；依请求权竞合说，原告基于债务不履行主张之赔偿之诉经驳回确定后，尚得根据侵权行为主张赔偿同一损害，此与新诉讼标的理论，尚有不合。〔1〕拉伦茨及其后继者所主张、阐释的请求权规范竞合论虽以统一请求权、一请求两性质的逻辑化解了请求权竞合论的难题，在赔偿范围最大化、抵销便捷化、时效最长化方面为破解"请求权竞合"现象提供了宝贵的思路，但是，一个事实生发的侵权损害赔偿请求权、违约损害赔偿请求权，在成立要件、举证证明责任方面确实存在差异，原告欲行权益最大化的主张，不仅需透彻了解两类请求权的成立要件，还需为可由不同成立要件涵摄的要件事实收集并提供证据。如原告无法克服在此过程中的困难，就只能由法官依职权收集不同要件事实所需要的证据。这又与辩论主义的基本约束相矛盾。请求权竞合的对象是实体请求权。据留德学者的评介，新诉讼标的说仍为德国诉讼标的学说的通说；〔2〕请求权规范竞合说尚未成为民法领域的通说。〔3〕这一方面表明，请求权规范竞合说的操作性困难在诉讼实践中难以克服，另一方面表明诉讼标的既与实体法、实体权利、实体请求权存在关联，又有其独立功能。这种独立功能源于事实问题是一个诉讼程序问题而非实体法问题的基本原理。"请求权竞合"现象需要实体法、程序法两个向度上的共同作业才有望得到较理想

〔1〕王泽鉴：《民法学说与判例研究》（重排合订本），北京大学出版社2015年版，第595页。

〔2〕沈冠玲：《诉讼标的之阐明与纷争一次解决——从阐明制度论法院之协力及当事人之处分（上）》，载《月旦法学杂志》2017年第2期。

〔3〕曹志勋：《德国诉讼标的的实体法说的发展——关注对请求权竞合的程序处理》，载《交大法学》2018年第1期。

的解决。

请求权概念源自德国，亦为德国法学界的一大贡献。在德国法律中，存在实体请求权与诉讼法上的请求权两个请求权概念。诉讼法上的请求权规定在《德国民事诉讼法》第 253 条第 2 款第 2 项。该条规定的是诉状的内容。[1] 实体请求权概念规定在《德国民法典》第 194 条“时效的客体”中对请求权作出界定。请求权是请求他人作为或者不作为的权利。请求权可以指向特定的一个人，或者指向特定的数个人。其基础可以表现为债法上的、物权法上的、亲属法上的和继承法上的法律关系。[2] 德国学者梅迪库斯论及，在多项给付请求权累积（Anspruchskumulation，如买受人有权要求交付标的物和移转所有权）情形下，如果债权人只能够获得一次给付（如损害赔偿），则还要考察下一个问题，即存在许多项请求权，还是仅存在唯一的一项请求权。前者就是所谓的请求权竞合（Anwruchskonkurrenz），后者即所谓的请求权规范竞合（Anspruchsnormenkonkurrenz）。在认为存在请求权竞合的情况下，还会出现一个充满更多疑虑的问题，即一项请求权是否影响到另一项请求权？如果有影响，又是如何影响的？如一项请求权能否以及如何改变另一项请求权的构成要件？能否以及如何缩短另一项请求权的消灭时效？如果认为存在请求权规范竞合，这个问题就具体化为该项统一的请求权具有哪些性质。[3] 尽管，学理上不乏争议，民法上的请求权竞合论与兼顾事实要素与诉的声明要素的新诉讼标的论相互结合，以诉讼标的识别中的事实要素识别排除基于同一事实的重复诉讼，创造了破解“请求权竞合”现象的“德国经验”。这是一种诉讼法进路的有益经验。

---

〔1〕《德国民事诉讼法》，丁启明译，厦门大学出版社 2016 年版，第 58 页。

〔2〕杜景林、卢谌：《德国民法典评注（总则 · 债法 · 物权）》，法律出版社 2011 年版，第 72 页。

〔3〕[德]迪特尔 · 梅迪库斯：《德国民法总论》，邵建东译，法律出版社 2000 年版，第 69—70 页。

(二)请求权自由竞合论的本土困境

就“请求权竞合”现象的破解,我国《民法典》第186条规定,因当事人一方的违约行为,损害对方人身权益、财产权益的,受损害方有权选择请求其承担违约责任或者侵权责任。《民法典》这一规定与原《民法总则》第186条的规定以及原《合同法》第113条、第122条的规定是一脉相承的。[1]《合同法》颁布前,最高人民法院在《全国沿海地区涉外、涉港澳经济审判工作座谈会纪要》中就两个诉因并存的案件的受理问题,指出一个法律事实或法律行为有时可以同时产生两个法律关系,最常见的是债权关系与物权关系并存,或者被告的行为同时构成破坏合同和民事侵害。原告可以选择两者之中有利于自己的一种诉因提起诉讼,有管辖权的受诉法院不应以存在其他诉因为由拒绝受理。但当事人不得就同一法律事实或法律行为,分别以不同的诉因提起两个诉讼。

1. 民事责任竞合论与诉讼标的“诉讼请求化”实务动向的“碰撞”

从目前法律规定看,就解决同一事实上可能存在数个请求权问题的数种方案中,我国法承认侵权责任的竞合并且允许当事人选择,即采取的是请求权自由竞合说。[2] 对于这一选择的合理性,我国民法学者认为,在责任竞合的情况下,不法行为人的违法行为的多重性必然导致双重请求权的存在,即受害人既可以基于侵权行为提起侵权之诉,也可以基于违约行为提起违约之诉。不承认双重请求权的存在,则无所谓竞合问题。而承认双重请求

---

〔1〕《合同法》第113条规定,当事人一方不履行合同义务或者履行合同义务不符合约定,给对方造成损失的,损失赔偿额应当相当于因违约所造成的损失,包括合同履行后可以获得的利益,但不得超过违反合同一方订立合同时预见到或者应当预见到的因违反合同可能造成的损失。经营者对消费者提供商品或者服务有欺诈行为的,依照《中华人民共和国消费者权益保护法》的规定承担损害赔偿责任。第122条规定,因当事人一方的违约行为,侵害对方人身、财产权益的,受损害方有权选择依照本法要求其承担违约责任或者依照其他法律要求其承担侵权责任。

〔2〕程啸:《侵权责任法》(第2版),法律出版社2015年版,第69页。

权的存在，就必须承认受害人可以在两项请求权中作出选择，一项请求权因行使受到障碍时，可以行使另一项请求权。如果受害人只能依法行使一项请求权而不能自由选择行使请求权，则意味着禁止竞合而不是承认竞合。当然，受害人虽能选择请求权，却不能在法律上同时实现两项请求权，因为实现两项请求权意味着受害人将获得双重赔偿，这对于不法行为人来说，将使其负有双重赔偿责任，显然有失公平。只要这些行为本身具有多重性质并能够产生责任竞合，特别是在违法行为发生以后，允许受害人选择适用的法律和请求权，更有利于保护受害人和制裁不法行为人。因此应该允许受害人选择，这样更符合我国民法保护民事主体的合法权益的宗旨。[1] 实务专家也认为，禁止竞合的做法无疑会剥夺受害人选择诉讼权利的可能。允许竞合不加限制的做法虽然赋予当事人选择权，但会给予当事人投机的机会，增加讼累。限制竞合的做法能够很好地平衡当事人利益和节约司法资源。因此，权利人享有选择权。如果当事人选择以侵权责任纠纷为案由进行起诉，则应当适用侵权责任的规定。如果当事人选择按照违约责任主张权利，则应当按照合同法的规则进行裁判，不能适用侵权责任的规则。[2]

值得注意的是，德国学者 Dietz 所倡导的请求权竞合论在处理竞合请求权时的三路径中，德国学者 Larenz 对请求权竞合论的批评主要集中在竞合请求权的接续性、可转让性。我国民法中接受了竞合请求权的可选择性，而并未明文接受竞合请求权的接续性、可转让性。据我国立法机构专家对《民法总则》第 186 条的解释，根据公平原则，本条规定，受损方可以在两种请求权中选择行使一种请求权。这意味着受害方只能行使一种请求权，如果受害方选择行使一种请求权并得到实现，那么另一种请求权即告消灭。但是，如果受损害方行使一种请求权未果，而另一种请求权并未因时效而消灭，则受损害方仍可行使另一种请求权……对违约方来说，这两种责任无论对方

〔1〕 王利明、杨立新编著：《侵权行为法》，法律出版社 1996 年版，第 124 页。
〔2〕 杜万华主编：《中华人民共和国民法总则实务指南》，中国法制出版社 2017 年版，第 716 页。

要求其承担哪一种,都是合理的。[1] 经过如是限缩式的继受,是否就可以避免请求权竞合论的可预见弊端?笔者认为,尚很难做乐观估测。因为竞合请求权的"三性"是相通的,即共同基于一事实产生多数请求权独立存在的基本观点,仅接纳竞合请求权的可选择性、接续性,并不意味着对竞合请求权可转让性的禁止。诉讼标的理论优化过程中要结合实际充分考量如何理性应对多属性的竞合请求权。请求权竞合问题是诉的区分理论的检验器,也是诉讼标的理论更新的发轫之地。目前司法实务中识别重复起诉的主要法律依据就是《民诉解释》第 247 条。就《民诉解释》第 247 条规定的文义而言,在否定后诉属于重复起诉时,诉讼请求是与当事人、诉讼标的并立的独立的判断要素,只要后诉诉讼请求与前诉诉讼请求不同则不问后诉诉讼请求是否源自前诉诉讼标的即可认定后诉为新诉。加之诉讼请求异同很容易从起诉状中识别,在实务中诉讼请求"跃居"诉的识别要素中的首要要素是自然而然之事。如是,诉讼标的要素事实上就被"虚化"了。正因为如此,实务中多见以诉讼请求不同认定后诉不构成重复起诉的案件,实务中还出现了"诉讼请求标的"概念以及诉讼请求包含基础法律关系等裁判见解。《民诉解释》247 条对诉讼请求这一诉的识别要素的增加,使得审判实务中对单元化审判对象的确定过程向诉讼请求"聚焦"。笔者倾向于将这种诉讼实践中的实务动向称之为诉讼标的"诉讼请求化"。诉讼标的"诉讼请求化"会产生充分保障实体权利的巨大优势。不过,虑及民事责任竞合案件中接续诉讼与分割诉讼请求的交叠行为可能带来的裂变式诉讼细碎化后果以及区分竞合案件与非竞合案件的现实困难,这种新动向的合理性是值得省思的。

实体请求权是一个存在层次性的概念。就无法分解的个别化的请求权而言,请求权与诉讼请求是一一对应关系;就包含可分解的具有微观系统性的请求权而言,诉讼请求与其关系可以这样理解:基于一个请求权,原告可

---

[1] 石宏主编:《中华人民共和国〈民法总则〉条文说明、立法理由及相关规定》,北京大学出版社 2017 年版,第 440—441 页。

以提出多个诉讼请求。比如,基于人身损害赔偿请求权,原告可以提出要求给付医药费、营养费、护理费、残疾损害赔偿金、被抚养人生活费、精神损害抚慰金等多项诉讼请求。这些具体的诉讼请求分别对应无法再分解的请求权,如医药费给付请求权、精神损害抚慰金给付请求权。在德国民事诉讼实务中,诉讼标的就是指诉讼请求。当诉的客观合并、诉的变更时,诉的识别标准是诉讼标的概念二分法("二分肢说")。[1] 笔者认为,作为诉讼标的诉讼法说主干理论的"二分肢说"之所以成为德国民事诉讼中的实务通说,在很大程度上是出于对民事责任竞合案件中接续诉讼与分割诉讼请求的交叠行为可能带来的裂变式诉讼细碎化后果的高度警惕。另一方面,"二分肢说"诉讼标的论对于请求权自由竞合制度的制衡是强力消减式的制衡。这种只给受损方一次选择机会的制衡方式存在受损方因诉讼策略失误而同时丧失实体权利与程序权利的风险。止步于此等风险,对审判对象的实务理解又向个别事项性诉讼请求、实体请求权"聚焦"的新动向与请求权竞合论的结合,很难称不是后果难期的"碰撞"。

2. 选择无法化解的"碰撞"难题

请求权竞合论将选择权赋予了当事人。从理论上来看,只要当事人做出了选择,就会终结"请求权竞合"的困扰。在不同请求权中进行选择,从法律适用技术层面看并非易事。这需要当事人非常熟悉民事法律规范,需要从自己的陈述事实中解析出可以援用的法条、可能形成的法律关系、可能成立的各种请求权、各种请求权成立要件、满足各成立要件的要件事实、证明各要件事实的证据准备情况及达到证明标准的可能性。除此之外,当事人为使其选择更接近司法实践,还需要检索当地法官对不同请求权主张的裁判倾向。完成这些准备事项之后的选择方可称理性的选择。

案涉"请求权竞合"情形,而原告起诉时未做选择的,法院应当如何处

---

[1] [德]狄特·克罗林庚:《德国民事诉讼法律与实务》,刘汉富译,法律出版社2000年版,第14、17、147、175页。

理？学界与实务界对此形成两种截然不同的思路。

有学者述及，如果原告起诉时没有选择，那么我国司法实践有几种做法。一是由法院依据最有利于权利人的原则，主动为当事人确定请求权，亦即法院依职权为受害当事人选择最有利的请求权；二是法院不主动为当事人确定请求权，但是会逐一审查各个请求权是否成立；三是法院行使释明权，由当事人选择，如果当事人固执己见，不按照规定选择，则不予支持其诉讼请求权。例如，最高人民法院民事审判第一庭认为，“当事人以违约之诉，主张精神损害赔偿时，法官应行使释明权。对于当事人仍坚持提起违约之诉，主张精神损害赔偿的，人民法院不予支持”。该学者赞同第二种做法，因为该方法既确保了法官中立的立场，又能有效地保护那些法律知识不足的受害人。〔1〕

有实务专家述及，在实务中经常会出现原告方对侵权责任之诉与违约责任之诉未做出明确选择的情形，人民法院应当向其释明并要求予以明确。释明后权利人仍未明确选择的，一种意见认为，人民法院应根据最有利于纠纷解决的原则依职权确定其请求权基础；另一种意见认为，这时因当事人不明确请求权基础而导致案件无法处理的，可裁定驳回起诉。该实务专家认为，人民法院依照职权确定其请求权基础，似与当事人主义的要求不符，而且何谓对当事人有利欠缺具体的判断标准，这时仍坚持通过释明其不予选择的不利后果的情况下由当事人作出选择，其仍不选择导致案件无法继续审理的，可以裁定驳回起诉。〔2〕

对于“不选”难题，学者寄望于强化职权“供给”，由法官详查全部可能援引的法规范，逐一审查可能成立的请求权。然而，此种设想与民事诉讼处分原则、当事人自己责任原理形成冲突，也僭越了当事人的程序主体权；法官苦于无力担当逐一审查请求权要件是否成立的“艰巨”任务，或倾向于驳回

---

〔1〕 程啸：《侵权责任法》（第2版），法律出版社2015年版，第70页。
〔2〕 杜万华主编：《中华人民共和国民法总则实务指南》，中国法制出版社2017年版，第716页。

原告脱离请求权基础的诉讼请求,或倾向于对拒绝选择的当事人施以程序上的不利后果,驳回其起诉。我国《民事诉讼法》第 122 条规定的审判对象方面的受理要件是"有具体的诉讼请求和事实、理由"。如果在个别事项性的诉讼请求或个别事项性的实体请求权维度来界定诉讼标的,那就等同于默许起诉人以争议法律属性不明的纠纷事实来具体化其起诉的审判对象。在原告对诉讼请求的法律依据或请求权基础未作出明确选择时,法院裁定驳回起诉的理由是欠缺的;于此之际,针对纷争、随机的个别事项性诉讼请求,法院依职权逐一审查请求权的条理性、系统性与原告的认知偏差可能比较大,释明负担重,司法中立性难以保障。这种方式与当事人处分权的冲突也不易缓解。故此,如果在个别事项性的诉讼请求或个别事项性的实体请求权维度来界定诉讼标的,通过原告的选择很难化解"碰撞难题"。

2021 年在律师办理的 811.6 万多件诉讼案件中,民事诉讼代理 660.1 万多件,占诉讼案件的 81.35%。[1] 2021 年各级法院审结一审民商事案件 1574.6 万件。[2] 这样算来,2021 年民商事案件的律师代理率为 42%。综合考虑民商事案件的繁简程度以及基层法律服务工作者对律师资源分布不平衡状况的补充作用,目前的民商事案件的律师代理率彰显了近些年来法治建设事业的快速进步。这一进步增强了当事人在起诉之初发现自己与对方争议的法律属性的可能性。尽管如此,由于案件事实最终证明状况以及审判人员裁判见解的不确定性与采取"单选"或者"多选"的诉的方式的不确定后果,消除民事责任竞合案件的选择困难的仍难以一蹴而就。

(三)请求标的论与法条竞合论的结合设想

我国学者也指出对责任竞合现象应做如下限制。第一,因不法行为造

---

〔1〕 http://www.moj.gov.cn/pub/sfbgw/zwxxgk/fdzdgknr/fdzdgknrtjxx/202208/t20220815_461680.html。最后登录日期:2023 年 3 月 1 日

〔2〕 https://www.court.gov.cn/zixun-xiangqing-349351.html。最后登录日期:2023 年 3 月 1 日

成受害人的人身伤亡和精神损害的，当事人之间虽然存在合同关系，但应按侵权责任而不能按合同责任处理。第二，当事人之间事先存在某种合同关系，而不法行为人仅造成受害人的财产损失，则一般应按合同纠纷处理，这样对受害人也更为有利。第三，当事人之间事先并不存在合同关系，虽然不法行为人并未给受害人造成人身伤亡和精神损害，但也不能按违约责任而只能按侵权责任处理。第四，在责任竞合的情况下，如果当事人事先通过合同特别约定，双方仅承担合同责任而不承担侵权责任，则原则上应依照当事人的约定处理一方不得行使侵权行为的请求权，但是如果在合同关系形成以后，一方基于故意和重大过失使另一方遭受人身伤害或死亡的，则应承担侵权责任。[1] 上述限制“选择”的合理构想，在另一层面也意味着，从学理上分析，完全由当事人选择在“请求权竞合”情形下不一定能获得原告利益最大化的实体结果。

梁慧星先生主持的中国民法典立法研究课题组的《民法典建议稿》第1630条建议规定为：“加害行为既构成侵权责任又违反当事人之间的合同的，受害人应依据违约责任提出诉讼请求。但损害涉及受害人的生命、身体、健康或者其他人格权的，受害人或者死者的近亲属可以选择根据侵权责任或者根据违约责任提出诉讼请求。”[2] 这是原则上限制违约责任与侵权责任竞合、违约损害赔偿请求权与侵权损害赔偿请求权竞合的立法建议。我国也有学者提出新法条竞合论，并认为合同法与侵权法的双向扩张使违约责任与侵权责任的竞合渐成常态。既有的各种竞合理论不仅未充分满足民法学的体系要求，而且在实践中造成了实体与程序的双重法律适用困境。竞合理论应区分构成论与效果论两个层面。竞合分为违反给付义务与违反保护义务两种基本类型。竞合时的法律适用应采新法条竞合说，即不再依法律规范之间的逻辑关系而依规范目的为标准，决定是适用合同法还是侵

---

〔1〕 王利明、杨立新编著：《侵权行为法》，法律出版社1996年版，第125—126页。

〔2〕 梁慧星等：《中国民法典草案建议稿附理由（侵权行为编）》，法律出版社2013年版，第52页。

权法；同时依循《民法通则》中的统一民事责任制度，解决损害赔偿以外的其他责任方式的竞合问题。在立法上，减少竞合是值得追求的，然而只有全面剥夺合同法的保护功能才能实现这一目的。《合同法》第122条及相关司法解释赋予当事人选择权，不仅不能实现充分保障债权人的立法目的，还会架空法律对某些类型侵权责任的利益配置，因此在解释论上应予限缩，在立法论上应予废除。[1]

我国立法机关专家对《民法总则》第186条的立法理由的阐述，侧重于解释违约方的同一行为违反了两种法律义务时，违约责任与侵权责任一并产生且应由受损害方选择行使请求权的公平性。[2] 对于在此情形下，为何不采取法条竞合论，未见详尽论述。在法治国家，立法机关的选择体现的是人民群众的选择，也应获得各方的尊重与遵行。当下，请求标的论与法条竞合论的结合，作为破解"请求权竞合"现象的一种思路已经没有实践空间。务实之举是在民事诉讼中改善法律适用方法、解释方法并展开民事诉讼法相应规则的优化，以减少诉讼标的"诉讼请求化"实务动向与请求权竞合论结合可能带来的消极效应。

（四）诉讼标的概念的理论功能及其合理运用

1. 诉讼标的概念的诉的区分功能与其他基础功能

诉讼标的概念最受关注的理论功能与实务效用就是诉的区分。重复起诉识别，诉的变更、追加，诉的合并与分离实质上都是诉的区分问题。需要注意的是，诉讼标的异同是区分诉的基础要素但并非唯一要素，比如，当事人异同也是区分诉的关键要素。一个国家的民事诉讼中选择怎样的标准、确定哪些要素可以纳入标准用来区分诉，是诉讼实践经验总结与民事诉讼

---

〔1〕 谢鸿飞：《违约责任与侵权责任竞合理论的再构成》，载《环球法律评论》2014年第6期。

〔2〕 石宏主编：《中华人民共和国〈民法总则〉条文说明、立法理由及相关规定》，北京大学出版社2017年版，第441页。

学理探究互动的结果。从第二章实证分析所展现的状况来看，诉的识别需要从程序、主体、客体三个维度展开。在程序维度主要审核前诉是不是被准予撤诉或者被裁定不予受理、驳回起诉；在主体维度主要审核后诉当事人与前诉当事人的同一性。在这个维度，比较复杂的是诉讼承继与诉讼担当情形下的当事人识别；客体维度最为复杂。从我国《民事诉讼法》关于共同诉讼制度的规定可以解析出我国民事诉讼中诉的识别标准是一元客体（诉讼标的）标准。《民诉解释》第 247 条的法律适用解释中实际上确定了二元客体（诉讼标的、诉讼请求）标准。究竟是坚持诉的识别的一元客体标准还是以二元客体标准替换它，这是法适用、法制定维度都无法回避的问题。这个问题的核心是如何认识诉讼标的与诉讼请求的关系问题。在诉讼标的诉讼法说的理论路径下，诉讼标的与诉讼请求是同一关系；在诉讼标的实体法说的理论路径下，诉讼标的与诉讼请求是前提与结果、实质与表象、诉讼单元与构成诉讼单元的要素的关系。

如果说诉讼标的的深层功能在于确定诉的实体法律争议性质。这种定性功能又使之生发了对诉进行单元化区分的表层功能。相形之下，诉讼请求是诉讼标的涵盖的诉的定量要素。提起诉讼请求的原因事实或者诉因事实则是诉讼标的之定向要素。通过第二章的实证分析以及笔者对诉的区分制度的目的考量，对民事诉讼各种制度、法律应用方法对诉讼标的概念的内在需求、不同的诉的识别机制预期实施效果的考量，笔者对诉讼标的之诉讼请求界定法暂时持保留态度。

诉的区分的目的在于系统化地应对当事人之间的争议。法院要回应当事人的诉求，但是，一方面难以承受当事人不问与前诉重叠与否、随机的、事无巨细的诉讼请求，另一方面不能作出矛盾裁判，系统化解纷是诉讼制度运行的内在需求。为此，在诉讼制度初具形态之时就依据“一事不再理”原理否定反复进行的诉讼。“事”就是最初的具有区分诉讼功能的系统。诉与“事”都是民事诉讼中结构完整的微观系统。“事”这个系统概念内涵高度抽象,外延广阔,宽窄难一,不易形成一致见解。相对而言,通过客体要素解析,诉更符合系统化解纷的需求。在现代民事诉讼中,可以对如何区分诉采取不同的程序技术,不过,如果严重偏离终局性、一次性解纷的制度目的,就不能不审慎考量了。特定民事权利义务关系与包含可分解的请求权的具有微观系统性的请求权对于诉讼请求有统合作用,以此等特定民事权利义务关系、实体请求权为基础的全部诉讼请求应当一次提尽是实现现代民事诉讼效率价值的内在要求。即便如此,在一起案件事实可以提出两个乃至多个请求权的情形下,重复诉讼、重复给付问题仍会挑战以实体请求权为诉讼标的之学说的公平性。如果以个别事项性诉讼请求为诉讼标的,诉讼标的则丧失了微观系统性的"统合器",诉讼可能会陷入"碎片化""试错化"状态。在"碎片化"状态下,原告可能分若干次对基于一个实体请求权的诉讼请求先后提出。在我国诉讼中,这种状态是很可能出现的,一方面原因是法律知识尤其是诉讼知识的缺失,对可提诉讼请求的获知是阶段性的;另一方面原因是证据准备耗时较长(如需要回户籍所在地开具本人及被抚养人身份信息证明)。单纯为了令对方困扰、苦恼而多次提起侵扰型诉讼的概率尽管不是很高,但是,只要单个的诉讼请求被作为诉讼标的,那么,这种情形就难以避免。在"试错化"状态下,原告可以陆续就基于不同请求权的诉讼请求提出诉讼,屡次试错,直至获得满足。在"碎片化"状态下,诉讼会陷入一起争议多次诉讼的事实上的重复诉讼的困扰中;在"试错化"状态下,则面临"请求权竞合"现象的"诉累"效应。从第二章实证分析过程中的一些样本案例的情况来看,如果以个别事项性的请求权还是诉讼请求为诉讼标的,诉讼标的与诉讼请求完全同一,后诉诉讼请求实质否定前诉裁判结果重诉判断要素会广泛适用使得民事责任竞合制度的制度目的无从实现。诉的区分标准太窄,诉的合并分离程序技术就难以运用;诉的区分标准太宽,既判力影响范围过广,就难以确保不损害应当维护的权利诉求,中等幅度的诉的区分标准较为适宜。

我们也不能忽视,在当事人适格、证明责任分配、既判力客观范围判断、审判管理等制度中诉讼标的概念的定性、定向、定界功能并不弱于其诉的区分功能。就应用范围的广度、与诉讼日常运行过程的关联深度而言,诉讼标的概念在当事人适格、证明责任分配、既判力客观范围判断、审判管理等制度中的应用具有更强的基础意义。如果抛开法律关系、请求权这样的实体范畴,仅以诉讼请求或诉讼主张等程序范畴界定诉讼标的,这些制度是难以运行的。比如,仅以原告的诉讼请求为依据,只能确定程序当事人,而无法确定当事人适格与否;仅凭原告的诉讼请求,亦难以确定权利成立要件、权利消灭要件、权利障碍要件。从民事诉讼运行的整体状况来看,我国实体法说进路的诉讼标的概念正常地发挥着其一般功能。我国民事诉讼实务中,绝大多数法官、律师已经习惯了用作为诉讼标的的实体法律关系或者实体权利确定适格当事人、确定管辖、确定既判力客观范围;依据《民诉解释》第91条的规定,以实体法律关系为基准探寻客观证明责任之所在。我国民事诉讼中普遍适用的法律关系分析法、争点归纳技术以及新近兴起的要件事实分析法等法律技术方法都对诉讼标的实体法说下的诉讼标的概念有着较强的路径依赖。近年来案件量快速增长形成较大审判压力,一次性解纷的社会需求越来越迫切。在这种情况下,只有保持稳定的诉讼运行整体状况,才能找准真正的症结,才能找到最恰当的革新之道。对于诉讼标的这类应用性强的基石性概念不宜轻言废弃传统、改弦易辙。[1] 诉的类型制度如何运行也需纳入考量范围,诉讼请求与诉的类型之间不完全是包含关系。诉的类型变化不仅是诉讼请求的变化,同时也是法律争议性质变化。如果诉讼标的与个别事项性诉讼请求相同,基于诉的类型顺位关系的诸种合理安排考量可能难以施展。我们不能为了提升诉的区分功能的合理程度而损害诉讼标的概念的其他基础功能。

---

〔1〕 韩波:《论请求权竞合时诉的客观合并之形态》,载《现代法学》2022年第1期。

2. 诉讼标的概念的优化重构及其运用

纵观改革开放后我国学者研究诉讼标的的成果，学者们所采诉讼标的认知方法论，可分为实体性诉讼标的认识论与程序性诉讼标的认识论。在实体性诉讼标的认识论下，诉讼标的被从审判对象的实体法律属性视角界定、识别。程序性诉讼标的认识论下，诉讼请求、事实等程序要素被用以界定、识别诉讼标的。对这两种认识论支配下的实体性诉讼标的说与程序性诉讼标的说展开辩证分析，会发现这两种基调诉讼标的学说各有利弊。正是由于这两种基调诉讼标的说都不完美，促使学者们持续探究着诉讼标的学说的修正之道。

（1）两种基调学说的优劣分析。实体性诉讼标的说的优势在于：第一，它使民事诉讼程序运行系统和民事裁判依据系统保持较高的耦合度，能总体上维持民事法律应用系统这个上层级系统协调运转的稳定状态；第二，它将原告权益置于显著位置，有利于周延保护原告权益；第三，它与回应性审判原理相一致，对于审判人员无过多释明要求，有利于维护审判者的程序中立性。其劣势在于：第一，在诉的区分的诉讼实践中尚难避免诉讼标的范围宽窄不一、不尽一致的现象。这主要是因为对作为诉讼标的的实体审判对象究系民事法律关系、民事权利义务关系还是请求权的问题以及在何种维度界定这三个范畴还缺乏共识。民事权利义务关系与请求权有一般、具体的层级之分。在实体审判对象层级层面的认识差异不免引起诉的区分实践中诉讼标的范围宽窄不一的状况；第二，直接以概括性的法律关系、次级请求权作为诉讼标的本身也存在一些不容忽视的问题。在实务中直接以概括性的法律关系作为诉讼标的的做法较为常见。这种做法确实合理吗？通常而言，法律关系会被系统性地从法律关系主体、客体、内容以及引起法律关系发生、变化、消灭的事实诸方面来理解。这就会产生争议法律关系这个抽象界定的外延究竟有多大的问题。如果其被理解为可以涵盖引起法律关系发生、变化、消灭的事实，而该事实又被理解为纠纷事实，那么这种诉讼标的界定下的诉讼标的范围就非常宽泛,重复起诉认定范围与既判力客观范围也因之而非常宽泛,不利于保障当事人的起诉权。如果不将引起法律关系发生、变化、消灭的事实纳入法律关系的范畴,还会产生究竟以法律关系客体还是法律关系内容界定诉讼标的之疑问。直接以次级请求权或者具体请求权(如本金给付请求权、利息给付请求权、医疗费给付请求权、营养费给付请求权等)为诉讼标的也存在一些比较明显的问题。如没有具体的法律关系或者初级请求权(如人身侵权损害赔偿请求权)统驭,直接以次级请求权为诉讼标的,在诉讼目的实现的整体规划上不易形成系统化的合法性预判。这一点在多方主体介入的复杂纠纷中尤显突出。这主要是因为直接以个别事项性的次级请求权为诉讼标的易使当事人方受限于感知损害、表象关联的思维模块,钝化系统检索可用法律依据的动机,诉讼规划时难以在诉讼目的、法律理由、具体请求主张之间形成整体性的稳定关联。再则,直接以次级请求权(如本金给付请求权、利息给付请求权、医疗费给付请求权、营养费给付请求权等)为诉讼标的不易与当事人、管辖制度衔接,因为在我国民事诉讼中当事人与管辖确定的实体依据是具体权利义务关系或者初级请求权。最后,直接以次级请求权(如本金给付请求权、利息给付请求权、医疗费给付请求权、营养费给付请求权等)为诉讼标的,诉讼标的范围狭窄,可能会增加被告诉累、过度消耗审判资源。理论意义上的实体法诉讼标的说中的诉讼标的是最小的实体争议对象,如医疗费给付请求权。以此为据,重复起诉认定范围、既判力客观范围紧缩在请求权主张的范围之内,可能会产生增加被告诉累、过度消耗审判资源的弊端。相对而言,以具体法律关系(如甲与乙的交通事故人身侵权法律关系)或初级请求权(如人身侵权损害赔偿请求权)限定争议的实体法律属性较为妥适。就此,还需凝聚共识;第三,权利先在的学说预设条件,会产生对消极确认之诉等特殊类型诉讼的解释困难。实体性诉讼标的说以原告有某种可以主张的权利为学说运用的前提条件,而于消极确认之诉等特殊类型诉讼的原告而言,往往以消除不安、卸除责任为诉讼目的,其并无先在的权利可以主张。实体性诉讼标的说在这类诉讼的运用中难以作出合理解释。总而言之,实体性诉讼标的学说的吸引力在于它能为全面、充分保护当事人权利的诉讼公正价值实现提供理论依据。它有两方面理论风险,一方面在于如何以实体法范畴限定争议的实体法律属性的共识欠缺影响诉讼法律适用的统一性;另一方面在于以次级请求权界定诉讼标的会产生诉讼成本增加问题。当这两方面的弊端突破各方的可容忍阈值,会引发争议与抵制。

程序性诉讼标的说的优势在于:第一,它增强了构成民事诉讼程序运行系统诸要素之间的内聚性,提升了民事诉讼程序运行系统的闭合度与独立性,对于探索和运用民事诉讼运行的内在规律具有积极意义;第二,它便于平衡原告权利、被告利益和审判资源,对于民事诉讼可持续地良性发展具有积极意义;第三,它支持法官的能动性作为,有利于弥合法律效果与社会效果的缝隙。其劣势在于:第一,依经典的"二分肢说",在请求权竞合情形下诉讼标的范围较为宽广,原告可能因为诉讼策略失误而承受实体权益与程序利益尽失的不利后果,形式正义与实质正义偏离度较大。这种程序性诉讼标的说下的经典的诉讼标的识别过程,也是一个颇为"精密"的系统。这个系统的第一层级是一般情形下以诉讼请求为识别标准来识别诉讼标的;第二层级是请求权竞合情形下结合诉讼请求与生活事实(或纠纷事实、社会事实)来识别诉讼标的。即便诉讼请求不同,只要它们源自同一生活事实,亦认定为同一诉讼标的。生活事实范围宽广,在请求权竞合情形下以之划定诉讼标的范围,会使重复起诉认定范围、既判力客观范围都较为宽广,原告可能因为诉讼策略失误而陷入无从救济的困境。不过,连接前述诉讼标的识别二层级的诉讼前或者诉讼过程中采用的法庭报告技术(含请求权竞合情形审查)或关联分析技术能够抑制这种弊端;第二,对原告方的诉讼实际能力要求高。如果不委托律师,原告本人很可能难以全面实现其权益,还有失权风险;第三,如果倚重释明权的行使或者释明义务法定化,则增加法官的释明负担。规制怠于释明、过度释明、释明失误行为，需要法律制度进行大幅度调整。在何以妥适处理审判者释明的能动性与审判者中立性之间关系以及相应审判模式转型必要性的争议难成定论时，该说的可行性存在较大问题；第四，对不同的诉的类型，难以做出一致性的学理解释。程序性诉讼标的说亦多以给付之诉为学说运用的基本的诉的类型场景。从给付之诉实践中归纳而来的诉讼标的概念及识别标准难以贯通适用于确认之诉、形成之诉之中。总而言之，程序性诉讼标的学说的吸引力在于它能较妥适地平衡原告权利、被告利益与审判资源供给状况并为促进诉讼秩序价值的实现提供具体的理论依据。它的理论风险在于可能会出现以原告权利为代价赢得诉讼效率与程序安定的问题。当原告权利丧失的正当性不能得到有效且充分的证立时，该说会受到击穿底线正义的质疑与抵制。

(2)修正学说的积极拓进。学界对于既有诉讼标的学说的修正或坚持在一种诉讼标的学说的体系性概念基调上的修正；或探索放弃诉讼标的体系性概念基调上的"新范式"。在前一种修正路径上，学者们先后提出"新二分肢法说"、"新一分肢说"、"诉的类型区分诉讼标的说"等学术观点。"新诉讼法说"的要旨是，二分肢说以诉的声明结合原因事实作为诉讼标的.避免了旧实体说和一分肢说的重大缺陷，因此更为合理。不过，必须对二分肢说判别诉讼标的多少的标准重新评判。诉的声明与原因事实只要某一项为单一时，诉讼标的即为单一；只有二者均为多数时，诉讼标的也才是多数。[1]"新一分肢说"的要旨是，诉讼标的应当是当事人在诉讼中主张的特定利益。因为当事人在诉讼中关于特定利益的主张表现为诉的声明，所以诉讼标的应当是原告的诉的声明。虽然诉讼标的是原告诉的声明，但作为诉讼标的识别要素的除诉的声明本身外，必要时还包括自然事实。该说与德国学者主张的"一分肢说"的区别之处在于，该说是从实体请求权的本质出发进行

---

〔1〕 江伟、韩英波.《论诉讼标的》,《法学家》1997 年第 2 期。

逻辑推演所得出的结论；该说的推理结果包含复数的请求权在诉讼中是当事人攻击防御的手段的阐释；该说不把事实作为诉讼标的本身，而是将事实作为必要时诉讼标的识别标准的构成要素之一。[1] “诉的类型区分诉讼标的说”的要旨是，对诉讼标的问题的认识应当从诉的不同类型来考虑，对不同诉的类型，其诉讼标的的识别标准就有所不同。给付之诉的诉讼标的应当是当事人关于对方履行给付义务的诉讼请求。至于是基于何种法律关系仅仅是请求的法律依据，即诉讼请求的理由。识别标准应当是发生给付请求的具体事件或行为。确认之诉和变更之诉的诉讼标的应当是当事人要求法院确认和变更实体法律关系的诉讼请求。识别确认之诉和变更之诉的标准是有争议的实体法律关系。[2] 十年前，有学者认为，当下本土的若干现实因素———法院尚未理解和接受竞合合并，也不太能接受预备合并，现行法对诉的变更较为严苛，准备程序不能使当事人充分挖掘案件事实，法官的素质相对较低，多数案件是当事人本人诉讼———决定了本土尚不具备采事件说、新说或诉讼标的相对论的条件。最高人民法院的两条新路径也不可采。所以，当下只能回到传统路径（旧说）。但我们不能满足于这种无奈的选择，应当通过释明等措施尽可能减少再诉，同时要朝着采新说（甚至事件说）的方向努力。[3] 从突显诉讼效率价值、诉讼秩序的刚性规制的视角看，程序性诉讼标的说有明显优势。上述观点也体现了学者们在此路径上对国外学理本土化的智慧。十年来，我国法院进行了员额制改革，执业律师的人数也大大增加，不过，在诉的合并、变更方面并无制度上的进展，准备程序的案件事实“挖掘”功能也未受到普遍关注。特别值得关注的是，与程序性诉讼标的说相伴而行的法官释明尚无制度化的迹象。除配套制度欠缺之外，从“让人民群众在每个司法案件中感受到公平正义”的感知正义高度的诉讼

---

〔1〕 江伟、段厚省：《请求权竞合与诉讼标的理论之关系重述》，《法学家》2003 年第 4 期。

〔2〕 张卫平：《民事诉讼法》（第五版），法律出版社 2019 年版，第 200、201 页。

〔3〕 严仁群：《诉讼标的之本土路径》，《法学研究》2013 年第 3 期。

公正价值视角观之，程序性诉讼标的说对于权利受损者无法获得程序救济的风险预防与控制尚缺乏可行方案。在这方面，有些学说的合理性缺陷比较明显，比如，按照“新二分肢说”，一个诉讼请求、多个事实，仍为一个诉讼标的。一个给付诉讼请求与票据原因事实、票据签发事实只能被认为一个诉讼标的，只能基于票据签发事实提起票据诉讼。如果基于一些复杂原因，债权人在票据诉讼中败诉或者胜诉后却无法实现票据权利（如在可能发生的付款人丧失支付能力或丧失主体资格情形下），债权人不但实体权利未能获得保障，起诉权也一并湮灭。就诉讼标的诉讼法说的法实施效果而言，如果依“二分肢说”的识别方法，源于一个生活事实（纠纷事实）的诉讼请求不论它们被提出的顺序以及它们之间关系（是法律依据性质相同的并列关系还是因法律依据性质不同而形成竞合关系、是承续关系还是基于原告的请求数额认识变化的变更关系）都被纳入一个诉中，诉的范围过宽，合理新诉难以成立。此等机制难以全面回应多面性的案件事实中受损害方的救济需求的差异；如果依“一分肢说”的识别方法，亦即不以生活事实（纠纷事实）统合、辖制诉讼请求，一诉讼请求为一诉，诉的范围过窄，不仅大多数案件呈现诉的合并形态，而且给对方当事人造成诉累，给法院形成审判压力。这样理解诉讼标的，这样归置诉的识别的客体要素，在获得更有力地保障原告起诉权的益处之外，是否会助长原告随性诉讼的行动偏好（就其自身而言，这种行动偏好也是高成本、低收益的），亦需考量。

在后一种修正路径上，有学者主张建构诉讼标的学说的“新范式”。这种“新范式”无意“再造”一个体系性的诉讼标的概念，其要义是在相对化的前提下通过对诉讼标的在不同诉讼领域、程序场景中发挥的指示功能的归纳与整合建构一套用以限定法官裁量权行使空间的解释框架体系。[1] 范式一词源自库恩的《科学革命的结构》一书。在该书中范式概念有多种用法。

---

〔1〕 陈杭平等著：《新范式下的民事诉讼标的理论》，中国法制出版社2020年版，第37—38页。

为了说明得更明确些,库恩专门写了《再论范式》。他还用“专业母体”这一概念来表示范式。“专业”是指一个专门学科的实际工作者所共同掌握的东西;“母体”则是由专业的各种条理化的因素所组成的,它包括大部分或全部的集团规定。在这些规定中,他举出了三种对集团认识活动是根本的东西,这就是符号概括、模型、范例。符号概括就是科学中以符号形式出现的理论概括,其中蕴涵着一门科学的基调理论、概念、定律。总括库恩对科学范式的种种论述,那就是:范式,是指特定的科学共同体从事某一类科学活动所必须遵循的公认的“模型”,它包括共有的世界观、基本理论、范例、方法等等,它实际上是共同体从事科学活动的共有信念和价值标准。〔1〕 也有学者指出新范式与旧范式之间一定具有不可通约性。〔2〕 尽管目前学界对于范式概念仍有不小的争议,就笔者所见论著中对范式一词的使用情况看,上述对范式概念的概括是比较符合人们对范式的通常认识的。民事诉讼标的理论的“新范式”似可理解为在关键诉讼场景中对实体性诉讼标的学说与程序性诉讼标的学说的应用性选择与场景化重构,或理解为对两种基调学说的综合性、应用性修正。这种针对性、精细化研究对于提升诉讼标的概念功能实用性是颇有益处的,对如何归纳各种特殊场景中需要关注的程序要素有较强的启示意义。不过,因为每种程序场景下的诉讼标的都可进行程序内的审判人员自定义甚至同一程序场景中不同情形下的诉讼标的都可在具体问题语境中由审判人员自定义。这就不能不考虑以下风险:第一,诉讼标的体系概念被解构后的(审判人员之间、审判人员与律师之间、律师之间、律师与当事人之间)话语共识的丧失,程序争议会增多;第二,场景性、问题化的诉讼标的自定义方案与法律隐含的诉讼标的内涵的多频抵触难以避免;第三,

〔1〕 江涛:《科学共同体“范式”概念的文化价值蕴涵》,《自然辩证法研究》1997年第9期;朱爱军:《论库恩的范式概念及其借用》,《学习与探索》2007年第5期。

〔2〕 金吾伦:《范式概念及其在马克思主义哲学研究中的应用》,《中国特色社会主义研究》2009年第6期。

场景性、问题化的诉讼标的自定义方案引起价值共识的解构的风险；第四，引起审判人员裁量权行使失控的风险。

(3)贯通实体与程序的统合式诉讼标的概念之可能性。实体性诉讼标的认识论与程序性诉讼标的认识论的根本分歧在于是否将民事诉讼争议对象的法律属性纳入诉讼标的本质特征之中，是否赋予其界定诉讼标的之效用。在诉讼价值维度，这种分歧是形式正义与实质正义间隙以及形式正义层面上程序正义与实体正义间隙的折射；在诉讼功能维度，这种分歧是权利维护、纠纷解决、诉讼秩序维持等诉讼社会功能实现过程中位序冲突的缩影，是发现真实、确定法益的诉讼内在功能实现过程中当事人法律认识、事实变化带来的问题；在部门法关系维度，这种分歧是对民法与民事诉讼法之间关联性、独特性的认知差异的衍射。依据法治原理，形式正义优先于实质正义、程序正义优先于实体正义，不过，在法律实施过程中，忠实于法律规定的前提下，仍有通过法律解释等方法弥合形式正义与实质正义间隙以及程序正义与实体正义间隙实现整体正义的能动空间；在民事诉讼法律制定(立、改、废、释、纂)过程中，力求形式正义与实质正义间隙最小化、程序正义与实体正义间隙最小化，力求权利维护、纠纷解决、诉讼秩序维持等诉讼社会功能实现过程中位序冲突的最小化，力求法益确定与事实发现的一致性是法律制定过程正当性、理性要旨所在；就实体审判结果形成而言，民事诉讼是民法的适用过程，民法规定是形成实体裁判结果的法律推理过程的大前提。尽管在调整对象、调整方法上民法与民事诉讼法各具独特性，不过，二者关联性的重要程度亦与日俱增。基于以上理论分析，笔者认为可以尝试确立贯通实体性诉讼标的说与程序性诉讼标的说的统合式诉讼标的概念，即可将诉讼标的理解为民事诉讼当事人依据其民事纠纷争议对象的法律属性向法院提出的概括性、单元化的诉讼主张。在程序层面，依据处分权原理、辩论权原理，当事人有权也应该将待审诉讼客体对象予以特定化。唯其如此，有“不告不理”之谓的处分权方得实质行使；唯其如此，辩论对象方得以明确，辩论权方可有序、有效地行使。在此意义上，作为诉讼法概念的诉讼标的在本质上是一种诉讼主张。这也是对其程序内涵的恰切表达。鉴于实体与程序、民法与民事诉讼法在民事诉讼的实体判决形成过程中的逻辑关联以及诉讼主张的多样性，有必要从实体层面以民事纠纷争议对象的法律属性来限定这种诉讼主张。同时，这种诉讼主张是为民事诉讼中的法律应用提供定向、定位指引，便于划定审判对象范围，故其应有概括性、单元化的限定。在这一层面，概括性、单元化的限定可以将通常被认为是当事人就个别要求事项内容向法院提出之诉讼主张的诉讼请求区分开来。

诉讼标的概念与其识别是既有联系又相互独立的两个范畴。依据一般与特殊、普遍与个别、常规与异常的辩证原理以及制度稳定运行之基本考虑，诉讼标的概念是对事物本质特征的揭示，是具有一般性、普遍性、常规性、稳定性的诉讼标的识别标准，自然应当作为首要依据用以在各个诉讼阶段、各种诉讼场景识别诉讼标的，不过，这并不意味着在各个诉讼阶段、各种诉讼场景，尤其是在特殊诉讼场景中，只能以诉讼标的概念揭示的其本质特征以及内涵要素作为识别诉讼标的、识别诉的唯一依据、唯一标准。实体审理对象变化（如实体审理内容变化、诉的形态跃出一案一诉的案件原型形态）、实体审理对象重叠（重复起诉、判决确定后再诉）等特殊诉讼场景中民法与民事诉讼法发生高紧密度关联。仅从实体法或诉讼法视角去界定诉讼标的，都无法避免首尾难以兼顾的局面，不免有碍贯通运用实体法与程序法原理。诉讼主张的程序端界定与实体争议性质的实体端限定以及概括性、单元化的形式与范围限定可收弥补以前学说不足之功效。诉讼主张的本体界定为识别诉讼标的时程序要素考量提供了正当性依据，当事人要求审判的争议对象的性质的限定为诉讼标的识别标准提供了直接依据，单元化的形式与范围限定为诉讼标的识别标准提供了可行依据。如果先行依据当事人在诉讼主张中要求审判的争议对象的性质（特定权利义务关系、概括性的请求权），出现较为显著的正义价值间隙扩大、诉讼功能失调（如不能同时实现个体权利保障与一次性解纷)情形,可通过程序端的实定法解释优化、法律应用方法优化乃至规范优化等方式合理配置程序性要素。诉讼系属中,先诉与后诉的实体审判对象源自同一不法行为,可能形成竞合之诉,增配合一确定必要性这一程序要素和后诉审判对象与前诉实体审判对象法律属性是否同一综合考量,可化解究竟移送后诉与前诉合并还是驳回后诉的困惑。具体而言,后诉审判对象与前诉实体审判对象法律属性同一,属于单纯反复的诉讼行为,应予裁定驳回;后诉审判对象与前诉实体审判对象法律属性不同属于竞合之诉,应当裁定将后诉移送前诉法院合并审理。如果先诉与后诉发生在同一法院,应当裁定前后两案合并审理。如果两案请求金额悬殊,乃至于致使两案适用程序不同,为程序保障计,两案宜向采普通程序的案件合并。同理,前诉诉讼请求是否通过前判实现这一程序要素的配置,可纳入民事责任竞合时的判决确定后再诉应对问题的程序调控要素之中。综上所述,统合式诉讼标的概念可开启层级化诉讼标的识别系统,即由常规层级与调控层级以及衔接二者的中介层级构成的动态识别系统。常规层级以实体审判对象法律属性为识别依据;调控层级又可分为扩展调控与限缩调控两个子层级。可纳入扩展调控层级的审酌要素主要有合一审理或纠纷一次性解决的必要性、民事责任竞合时前诉诉讼请求未实现状况、后诉的诉讼请求及要件事实争议是否纳入辩论争点等;可纳入限缩调控层级的审酌要素主要有民事责任竞合时前诉诉讼请求已获满足状况、恶意诉讼可能性等。衔接常规层级与调控层级的中介层级是审判人员对诉讼标的识别异常状态的内心确信。这种内心确信的理念依据来自避免多维度正义间隙显著扩大的整体正义理念,其实在依据来自对诉辩状况的省察。这种内心确信的程序保障需立基于充分的理由阐述及证据支撑之上。

(4)统合式诉讼标的概念的应用可行性。统合式诉讼标的概念以诉讼主张为概念谓项主体,突出了当事人在民事诉讼中的主体地位。就此概念的应用可行性,可预知的争议是当事人是否具备主张争议对象法律属性的实际能力。当事人大体上直接或间接地具备理解争议对象法律属性并提出诉讼主张的实际能力是统合式诉讼标的概念的预设前提。这一预设前提成立与否,需要从以下三个方面展开分析。

第一,制度系统内的契合性。我国《民事诉讼法》第122条规定的受理条件对法律理由的要求是合理的而且与统合式诉讼标的概念是契合的。对此,可以从以下几个方面来理解:首先,统合式诉讼标的概念与受理制度是契合的。保障起诉权既是我国《民事诉讼法》第126条的明确规定,也是民事诉讼制度目的与价值最直接的体现。不过,对于起诉权保障也不宜绝对化理解。保障起诉权并不意味着宽纵盲目、轻率的起诉行为。确定法益是民事诉讼的内在功能中的核心功能。原告不明确争议对象的法律属性,民事诉讼难以围绕确定法益的根本目的有效运行。不明确争议对象法律属性的盲目、轻率的起诉不仅有损对方安宁,也不利于原告有效维权,还会无端增加审判资源的消耗。因此,我国《民事诉讼法》第122条规定的受理条件对法律理由的要求是合理的。统合式诉讼标的概念以民事争议的实体法律属性来限定作为诉讼主张的诉讼标的,这使得这种概念界定方式在诉讼起点上能与起诉制度相互契合。其次,统合式诉讼标的概念与当事人义务制度是契合的。在我国民事诉讼中,当事人不仅拥有辩论权与处分权等基础权利;还拥有委托代理人,提出回避申请,收集、提供证据等一般权利以及起诉权等具体权利。当事人享有的这些权利都具有相对性。这种相对性,一是相对于其义务的相对性;二是相对于法院的职权保障程度的相对性;三是相对于权利行使条件的相对性。正如我国《民事诉讼法》第52条所规定的,当事人行使权利的同时也要履行相应的义务,不仅必须依法行使诉讼权利,还要遵守诉讼秩序。从权利义务对立统一的维度观之,争议当事人在起诉时明确争议的实体法律属性既是履行依法行使其起诉权的义务,也是维持正常诉讼秩序的潜在要求。最后,统合式诉讼标的概念与管辖制度是契合的。在地域管辖制度层面,我国民事诉讼管辖制度依循按照纠纷的实体法律属性确定管辖联结地点的管辖确定机制。统合式诉讼标的概念以民事争议的实体法律属性来限定作为诉讼主张的诉讼标的。这就大大便利了当事人据此寻觅最正确的可起诉法院。

第二,诉讼实践中的可行性。首先,统合式诉讼标的概念的运用可推动层级式动态识别系统的应用,促进诉讼法律适用的统一。前章实证分析显示,在诉讼实践中,特别是识别重复起诉的诉讼实践中,我国法院大都以争议的民事权利义务关系或请求权来界定诉讼标的并以此应对民事诉讼中的常规争点。目前的问题主要是不同法院对特殊情形下程序调控节点与调控要素的把握不尽一致。统合式诉讼标的概念的运用为程序变量与争议的实体法律属性的对接创造了平和、自然的空间,进而可推动与此概念相联结的层级化动态识别系统的应用,有助于解决对特殊情形下识别诉讼标的时程序调控节点与调控要素分歧问题并促进诉讼法律适用的统一。其次,统合式诉讼标的概念的运用可与目前法院通常采用的"案由—争议焦点"审判方法良性互动,在维持当下审判方法相对稳定的前提下推动审判方法的优化。在进行第二章实证分析过程中笔者阅读到的大量裁判文书以及多年以来从不同渠道阅读到的裁判文书都显示案由与争议焦点是我国民事审判方法的两个关键点,前者指引案件审理的法律适用方向,后者构成本案审理的实质内容。从目前的上诉率、再审申请率看,这种本土审判方法的实际效果是值得肯定的。这种审判方法也是绝大多数律师熟练掌握的诉讼应用方法。不过,这并不意味着这种审判方法已无进一步优化空间。比如,在如何归纳争议焦点?如何安排争议焦点中程序性争点与实体性争点的位序等方面,还缺乏实践共识。"案由—争议焦点"审判方法是一种框架性的审判方法,促进民事审判中形成结构性共识是其最显著的优势。这也隐含着其在精细地实现公正、效率价值方面的优化空间。近年来,实务界与学术界不断在探索改进民事审判方法的新路径。诸种新路径、新方法与"案由—争议焦点"审判方法这种框架性的审判方法并不存在本质性的对立。它们从不同侧面为优化争议焦点的分类、归纳、分析、论证提供了建设性的理论支撑与知识供给。从案涉纠纷的实体争议法律属性出发检索可用法律规定，以当事人诉辩主张为基础归纳争议焦点（实体性争点与程序性争点）并展开审判，是“案由—争议焦点”审判方法的基本运用路径。统合式诉讼标的概念与这种交融实体性争点与程序性争点的审判方法总体上是契合的，与统合式诉讼标的概念相配套的层级式动态识别系统的应用有助于厘清并合理归置实体性争点与程序性争点，促进本土审判方法的优化。最后，在民事诉讼法确立释明制度之前，统合式诉讼标的概念的运用可降低法官的释明必要性。程序诉讼标的概念或者相对的诉讼标的范式对法官的释明都有很强的依赖性。在民事诉讼法确立释明制度之前，过度依赖释明的诉讼标的概念或者范式既可能损害法官中立性，还可能因为释明节点、释明方式、释明责任等方面的分歧削弱程序法律的同质化适用。

第三，制度发展的前瞻性。从制度发展的前瞻性视角看，统合式诉讼标的概念更符合制度发展前瞻性的意旨。理想的民事诉讼制度中的当事人行为应该是理性的，而不是盲目的；应该是审慎的，而不是轻率的。这既是正确确定法益，实现民事诉讼根本目的之当事人行为基础，也是实现民事法律制度立法目的之不竭动力。相较而言，统合式诉讼标的概念更有助于培塑当事人自行确定实体争议法律属性并合理提出诉讼主张并据此提出相应事实主张并举证证明的合理的诉讼行为模式，更有助于推动民事诉讼制度进入理想状态。

将单元化、微观系统性的法律关系、请求权作为诉讼标的之限定条件，确立中等幅度的诉讼标的范围能够在程序保障、权利保障、秩序维持等民事诉讼制度社会目的之间获得较恰切的平衡。如是，因为融入了对诉讼请求法律关系性质以及诉讼请求间不同关系状态的考量，诉讼标的概念可以发挥统合诉讼请求功能。在诉的识别机制上，可以避免诉的范围宽窄失当的弊端。通过诉的受理效果与胜诉效果的区分，可以较为妥当地应对民事责任竞合问题。当然,因为目前当事人的法律知识水平、经济能力还存在较大差异,法律服务供给还不够充分、均衡,不能忽视运用统合式诉讼标的概念的可预期风险。这种风险主要表现在一些无力聘请律师、法律服务工作者而自身法律知识水平较低的当事人可能在运用诉讼标的概念依法起诉、进行诉讼乃至理解诉讼进程方面存在明显障碍。结合改革开放以来我国经济社会文化发生飞跃式发展的总体状况与笔者多年来对各地法院诉讼运行状况的参与观察,上述情形应属特殊情形。我国民事诉讼法对这种特殊情形已经有较为妥适的制度安排,如允许口头起诉。各地法院诉讼服务中心在联系法律援助律师、法律志愿服务平台对接等方面可给当事人提供的帮助渠道越来越丰富。故此,因当事人诉讼实际能力弱而产生应用障碍的可预期风险是在可控制的范围之内的。

三、民事责任竞合时的事实要素

在诉的识别要素中要不要事实要素?如果诉的识别要素中不能缺少事实要素,又当如何界定?这是在明确诉讼标的概念功能及其合理运用方式之后,应当解决的问题。

诉,是一个立体概念。原告的诉求不仅应该有法律依据,还应该有事实基础。在实定法维度,我国《民事诉讼法》第124条明确规定,在诉的客体方面,起诉状应当记明诉讼请求和所根据的事实与理由。"具体的诉讼请求和事实、理由"亦为《民事诉讼法》第122条规定的受理要件。据全国人大法工委民法室的释义,起诉时,原告提供的事实主要是纠纷发生的事实经过,即客观情况。原告起诉时要提出理由是根据法律规定说明提出诉讼请求的理由。[1] 综合《民事诉讼法》第122条与第124、155条的规定,诉讼请求、事实

〔1〕 全国人大常委会法制工作委员会民法室编著:《〈中华人民共和国民事诉讼法〉释解与适用》,人民法院出版社2012年版,第197页。

经过(即社会事实或生活事实)、法律理由同为诉的客体要素。依据逻辑学常识,如我们不能将书的封面、插图、部分书页作为书的整体一样,我们也不能将诉的客体三要素中的任何一个要素单独用以作为识别诉的依据。诉讼实务中出现的一些仅以案件事实作为诉讼标的识别依据的裁判文书存在对诉讼标的概念理解的逻辑缺陷。[1] 在法律适用的维度,事实要素、规范要素、连接(或涵摄)及论证要素、程序要素是民事诉讼审判过程不可或缺的四个要素。从审判中的诉这个法律适用的维度来看,在诉的识别中也不能缺少事实要素。诉的界定要素中应包含事实要素,以此方能弥补诉讼标的"诉讼请求化"与请求权竞合论相互结合形成的程序"漏洞"。那么,在前诉与后诉的关系框架内,怎么来运用事实要素呢?

从事实的内容来看,事实可分为纠纷事实、诉因事实、实体要件事实。纠纷事实是反映纠纷发生前因后果、完整过程的客观情况的事实。它具有情景事实与法律事实的融合性;反映纠纷发生过程的完整性;具有法律、道德、情感的混同性。纠纷事实可作为找法的初始线索,在实体审理流程中可用于析出并确定请求原因事实的边界或调解。诉因事实,即请求原因事实,它是用以特定诉讼请求的事实,即起诉状记载事实。它可作为原告明确法律依据的前提。实体要件事实是救济权根据事实或否定救济权事实。它是当事人各自主张的有利法律依据能否得以应用到本案判决的必要事实。从事实的发现过程来看,事实可分为诉因事实、诉辩事实、待证要件事实、定案事实。诉因事实就是起诉事实。诉辩事实与纠纷事实相仿,主要来自各方当事人陈述。

我国澳门特别行政区《民事诉讼法》第 417 条规定,诉讼已系属及案件已有确定裁判之要件是:第一,如提起之诉讼,在主体、请求及诉因方面均与另一诉讼相同,则属重复提起诉讼。第二,就当事人之法律身份而言,如当

[1] 韩波:《论请求权竞合时诉的客观合并之形态》,载《现代法学》2022 年第 1 期。

事人属相同者,则为主体相同。第三,如两诉讼中欲取得之法律效果相同,则为请求相同。第四,如两诉讼中所提出之主张基于相同之法律事实,则为诉因相同;在物权方面之诉讼中,产生物权之法律事实视为诉因,而在形成之诉及撤销之诉中,当事人为取得欲产生之效果而援引之具体事实或特定之无效视为诉因。这条规定对于如何将事实要素纳入诉的识别过程很有启示意义。概言之,在我国澳门特别行政区《民事诉讼法》中,不仅将事实要素纳入诉的识别过程中,还明确作为诉的识别依据的事实是诉因事实。虑及纠纷事实的边界模糊性与诉因事实的不确定性,在判定后诉与前诉关系时,可考虑以诉因事实为后诉事实,以定案事实(经过证据质证、证据审核而由法院认定并在裁判文书中明确表明的事实)为前诉事实。

允许竞合但禁止重复赔偿是民事责任竞合制度目的之实质所在。《民法典》第186条是关于民事责任竞合时实体法效果的规定。民事诉讼程序只要能确保对前诉胜诉后又提起竞合再诉的原告做出败诉判决就实现了民事诉讼程序与《民法典》的正确对接。如果原告在前诉中已经胜诉,再提起后诉,明显会导致重复判决。在此情形下,受理后再通过审判程序判决驳回其诉讼请求,表面上看实现了禁止重复赔偿目的,又不妨碍原告主张竞合权利,但是,在实际效果上对于当事人双方以及审判资源的合理利用又都不尽合理。如,原告未获得实际利益还要承担诉讼费用,被告再度全程应诉徒增诉累。这就产生了将禁止立场置于受理效果还是胜诉效果的构成要件之中的问题。如果将其置于受理效果的构成要件之中,不能不考虑是将竞合再诉整体性地作为受理效果的消极要件还是将前诉胜诉的竞合再诉作为受理效果的消极要件的问题。如果以整体性的竞合再诉作为受理效果消极要件,又会产生前诉败诉的当事人权益何以保障的问题。如果原告在前诉中败诉,再提起后诉,其合法权益将本有望在后诉中获得保障。倘若将竞合再诉列为受理效果的消极要件,这部分当事人无从主张竞合权利且其合法权益难以保障,允许竞合之立法目的也难以真正实现。因此,即便要将竞合再诉列入受理效果评价范围，也不能将竞合再诉整体纳入受理效果消极要件，最多只能将前诉胜诉的竞合再诉纳入受理效果消极要件。即便如此，如果在受理要件中增添前诉已经胜诉的竞合后诉不应受理的消极要件则需要实质性的立案审查，显与立案登记制冲突。将受理效果扩张解释至包含立案登记之外的展开实体审判（与作出胜诉或败诉判决不同）效果也与理不合。如果确立由展开实体审判程序法律效果与诉讼要件构成的实体审判展开条件制度。这一问题的解决会更为顺畅。审判人员可以前诉已经胜诉的竞合再诉不具备诉的利益为理由裁定驳回此等诉讼。这是从实体与程序两个方面看都较为合理的制度安排。在确立实体审判展开条件制度之前，将诉讼系前诉胜诉的竞合再诉作为驳回起诉的要件缺乏合法性。顺承上述民事诉讼程序与民法制度对接时的合理性、合法性考量，竞合后诉与前诉究竟应被视为一个诉还是两个诉的问题的答案已经很明朗。无论在当下还是确立实体审判展开条件制度之后，竞合后诉与前诉应该被视为两个诉。唯其如此，才能避免将竞合再诉整体性纳入受理效果评价范围，避免妨碍原告自由行使竞合权利及相应的起诉权。实体性诉讼标的说与上述合理性考量基本一致也无需借助事实要素来区分诉讼标的、诉，但是，其应用效果难以融入程序合理化因素。程序性诉讼标的说以纠纷事实（或生活事实）要素将法律定性不同的诉讼请求纳入一个诉讼标的，使竞合后诉与前诉归于一个诉，产生对请求权自由竞合制度消减式强制衡作用。对前诉败诉原告而言，这种强制衡作用产生的实体利益与程序利益一并丧失的后果过于严苛。若依统合式诉讼标的概念及其识别方法，既可收实体性诉讼标的说之效果，又可促进程序合理化的考量。于此之际，诉辩事实（即纠纷事实）、诉因事实、定案事实在后诉与前诉关系确定过程中各有用处。前后诉讼基于一个诉辩事实（即纠纷事实）是判定竞合再诉的基本要件。一起诉讼是否竞合再诉常常会在诉辩过程中显现出来，因此，诉辩事实（即纠纷事实）的重要作用就是用来发现竞合再诉。当然，审判人员对关联案件的检索也是发现竞合再诉的有效途径。这种发现方式也需要凭借诉辩事实(即纠纷事实)与后诉、前诉的诉讼请求的比对来展开。在区分竞合再诉与他案之诉、竞合再诉与单纯再诉时也需要发挥事实要素的作用。竞合再诉与他案之诉的胜诉效果迥异,竞合再诉与单纯再诉受理效果有别。在可能适用民事责任竞合规定时,需要通过后诉的诉讼请求与前诉的诉讼请求的比对,后诉的诉因事实与前诉的定案事实的比照,来区分竞合再诉与他案之诉、竞合再诉与单纯再诉。

第四章　民事责任竞合时的既判力客观范围

识别既判力客观范围的系统方法要求形式维度与实质维度的双向透视。

——题记

经法定程序确定的裁判文书会产生多个维度的法律效果。在诉讼参与人的维度,这些法律效果既有对法院的效果,也有对当事人的效果,还可能产生对当事人之外的相关民事主体的效果。在形式与实质的维度,这些法律效果既有形式意义上的效果,也有实质意义上的效果;在程序与实体的维度,这些法律效果既有程序意义上的效果,也有实体意义上的效果,还有兼具程序意义与实体意义的效果;有学者在法律效果意义上使用效力一词并从规范意义效力与事实上的效力对判决效力进行了比较法意义上的归类研究。判决的规范意义效力是指判决的既判力、执行力和形成力;事实上的效力主要包括证明效、波及效、裁判程序效等。既判力是一种贯穿所有种类判决的一般性效力,不论这种判决是承认请求的判决还是驳回请求判决,而且,其作用既及于当事人又能够拘束法院。更为重要的是,尽管既判力只是作为判决多种效力中的一种,但它却从根本上最为突出地体现了判决一旦确定即不容许再轻易改变的性质,既判力概念及有关的制度设计因之而成为理解判决终局性的关键。[1] 既判力是应用实体法规范确定法律上权利与责任、实现民事诉讼制度基本目的之必然结果,也是应用程序法规范终结诉讼程序流程进而定分止争的必然结果,故而,在本质上既判力是兼具程序意义与实体意义的法律效果。[2] 综合民事诉讼法规范对确定裁判文书效力的规定以及对于阻却这种法律效果的程序规定(如再审程序、第三人撤销之诉规定)来看,这种法律效果的正当性根据有三个"支撑点":民事诉讼中制度性效力、程序保障及自我责任、实体合法性。这三个"支撑点"中,制度性效力是直接根据,当事人在产生该裁判文书的诉讼流程中获得程序保障并为之承担自我责任、该裁判文书的实体合法性是间接根据。通常而言,确定裁判文书既判力正当性的间接根据是被推定成立的。在法院正常运作的常态下,这种推定是合理的。确定判决既判力是一国法律秩序稳定性和司法权威及司法公信力的表征,同时也是争议法律关系得以重新配置、争议权利得以明确的法律效果的集中显现,因此,通过特殊救济程序推翻这种推定才能阻却确定裁判文书的既判力。在这三个"支撑点"中,唯制度性效力是裁判文书获得实质确定的法律效果的充要条件。既判力在经法定程序消除之前,不容否定。一个案件中如果发生否定前诉确定判决既判力的另案再诉,应当被视为重复起诉而予以禁止。这种既判力的消极作用被称为既判力的遮断效。

---

〔1〕 林剑锋:《民事判决既判力客观范围研究》,厦门大学出版社2006年版,第18—19页。

〔2〕 在日本民事诉讼学说史上,对于既判力的本质有实体法说、诉讼法说和双重本质说等学说。笔者赞同双重本质说。详见[日]高桥宏志:《民事诉讼法——制度与理论的深层分析》,林剑锋译,法律出版社2003年版,第477—482页。

一、我国民事诉讼法中程序意义的既判力

我国《民事诉讼法》关于裁判文书效力的规范体系主要由第158条、第182条等条文组成。我国《民事诉讼法》第158条规定,最高人民法院的判决、裁定,以及依法不准上诉或者超过上诉期没有上诉的判决、裁定,是发生法律效力的判决、裁定。同法第182条规定,第二审人民法院的判决、裁定,是终审的判决、裁定。对于调解书效力,根据该法第100条、第101条的规定,调解书经双方当事人签收后,即具有法律效力。对不需要制作调解书的协议,应当记入笔录,由双方当事人、审判人员、书记员签名或者盖章后,即具有法律效力。《民事诉讼法》第127条第5项规定亦为我国民事诉讼法关于裁判文书效力的规范体系中的重要构成。法国、德国、日本等大陆法系国家大都形成以既判力为核心的判决效力理论与制度。日本学者兼子一、竹下守夫认为,确定判决表示的判断不论对当事人还是法院都有强制性通用力,不得进行违反它的主张或者判断的效果就是既判力。[1] 日本学者三月章则从羁束力与一事不再理的角度理解判决效力。他认为如果允许法院可以随时撤销自己所做的裁判,则公权性、强制性解决纠纷的制度首先从内部崩溃。因此,为了维护和稳定裁判的效力,就必须对作出裁判的机关给予禁止撤销、变更的约束。这种约束力称为裁判羁束力。与之不同的另外一种约束力是指当同一纠纷在裁判上出现问题时,禁止处理后一事件的法院作出与前裁判相矛盾的裁判的约束力。其指导思想是一事不再理。[2] 日本学者新堂幸司更明确地将既判力界定为实体的确定力或实质的确定力,是指

---

〔1〕［日］兼子一、竹下守夫:《民事诉讼法》,白绿铉译,法律出版社1995年版,第156页。

〔2〕［日］三月章:《日本民事诉讼法》,汪一凡译、黄荣坤校订,五南图书出版公司1997年版,第30—31页。

确定判决之判断被赋予的共有性或拘束力。[1] 我国有学者认为,既判力是指生效的民事判决所裁判的诉讼标的对双方当事人和法院具有的强制性的通用力。[2] 另有学者认为,判决实质上的确定力即既判力,是指法院作出的终局判决一旦生效,当事人和法院都应当受该判决内容的拘束,当事人不得在以后的诉讼中主张与该判决相反的内容,法院也不得在以后的诉讼中作出与该判决冲突的判断。[3] 综合国外学者与我国学者对既判力的多方探讨,可以发现,一方面,既判力是确定判决中实体性判断而非程序性判断产生的效力,确切而言是确定判决中针对诉讼对象作出的实体性判断产生的效力;另一方面,这种效力的核心是强制性的确定力。对于既判力的效果或作用,我国学者认为,一方面,判决所确认的权利或法律关系,成为当事人和法院必须遵从的内容,当事人和法院不得提出相异主张或作出矛盾判决,这是既判力的积极效果;另一方面,基于公共利益考虑,为限制当事人滥用诉讼制度,而禁止当事人和法院就既判事项再行起诉和重复审判,这是既判力的消极效果(即一事不再理)。[4] 笔者认为,在一般意义上,在审判结案的民事诉讼场域中,既判力是一个既制约重复行使的审判权又制约重复行使的诉权的汇聚多重价值的复杂范畴。作为国家行使审判权的结果,既判力体现维护法安定性、审判权威性的价值。在此意义上,法院不得通过重复审判再作出与确定判决实体内容相悖的判决;基于诉讼的公正、效率价值,当事人亦不得通过另案再诉提出与确定判决内容相悖的实体主张(含请求主张与抗辩主张)来改变确定判决判定的实体内容。对此复杂范畴,宜于形式与实质、程序与实体视角加以"透视"。既判力是与确定判决在形式上的确定力(即实体判决内容之载体不得未经特殊救济程序而被撤换的法效果)相

[1] [日]新堂幸司:《新民事诉讼法》,弘文堂1998年版,第403页。

[2] 江伟主编:《民事诉讼法》,高等教育出版社、北京大学出版社2000年版,第276页。

[3] 张卫平:《民事诉讼法学》(第5版),法律出版社2019年版,第443页。

[4] 江伟主编:《中国民事诉讼法专论》,中国政法大学出版社1998年版,第165页。

对应的确定判决对实体争议裁判内容的实质确定力。就形式与实质关系而言，羁束力是指确定判决非经法定程序不得被撤销、变更的效力；既判力是指对于作为确定判决对象的具体争议权责关系或权利、救济权主张及责任归属主张，当事人不得再行争讼，法院不得再行审判。从实体与程序关系视角进一步审视，既判力是兼具程序性效力与实体性效力的双重法律效果。既判力的程序性效力，是指对于确定判决已经判定的诉讼实体争议当事人不得再行起诉，法院亦不得再行审判；既判力的实体性效力，是指确定判决对诉讼实体争议的判定内容，应当作为当事人的实定权利根据和法院在审判其他关联案件时的判决前提。既判力的本质特征是其确定性。正是确定判决判定内容划定了其程序效力的确切作用范围，所以，只有确定判决在程序上的稳定性与该判决判定内容的确切性相互耦合，既判力的本质特征才能充分展现。

我国《民事诉讼法》第 127 条、第 158 条、第 182 条都没有明确使用“既判力”的概念。有学者认为，目前我国《民事诉讼法》仅规定了诉讼程序法意义上的判决的法律效力制度，但没有明确规定实质诉讼法意义上的判决的法律效力制度。[1] 另有学者认为，固然没有明示的“既判力”一词，但结合既判力的理论思考，它们无疑是中国民事判决的既判力之法律依据。因为，所谓“发生法律效力的判决”或“终审的判决”从立法精神来看，具有一个显著的特点，即其确定性。[2] 细致审度，“发生法律效力的判决”或“终审的判决”内含的确定性，更贴近于程序意义上的确定力。尽管《民事诉讼法》第 127 条第 5 项规定，当事人对于裁判文书(或调解书)已经生效的既决案件不得再提起诉讼(只能申请再审)。不过，该条文并没有明确、直接地规定对于关涉既决案件的何等事项、既决文书中的何等内容(主文内容抑或判决理由内容)、既决文书的何种维度(客观、主观、时间)产生维持确定判决实体审判

〔1〕 陈刚：《民事实质诉讼法论》，载《法学研究》2018 年第 6 期。
〔2〕 常怡主编：《比较民事诉讼法》，中国政法大学出版社 2002 年版，第 239 页。

结论的效力。确定内容不确切的“确定性”难称完整的“确定性”。据此，我国《民事诉讼法》有关既决案件遮断效的规定还不能完整、充分地体现出既判力概念的确定性本质特征，只是局部显现了既判力概念的程序性效力特征。

作为对第158条、第182条判决效力规定的强化与应用方式，《民事诉讼法》第127条第5项规定从受理消极要件的维度规定了既决文书既判力的程序效，即既决文书一旦生效或确定，当事人不得再起诉。对于既决文书已经生效的案件，这条规定能起到阻却起诉人的重复起诉的作用。不过，对于如何精确识别重复起诉，该规定并未明确范围与标准。《民事诉讼法》第127条第5项规定中产生重复起诉遮断作用的对象范围是“案件”。“案件”是一个涵盖面丰富的集合概念。它的概括力强，但是，如果将其范围理解得过宽或者不考虑其结果确定的时间，也容易产生遮断效扩散面过大的弊端，把一些本应当获得另案救济的另案新诉排除在诉讼大门之外。另外，如果把“案件”的范围理解得过窄，也难以发挥其遮断重复起诉的作用。从民事诉讼学理层面审视，这样的制度缺憾可以通过系统地规定裁判文书的既判力及其范围（主观范围、客观范围、时间范围）加以弥补。质言之，在我国《民事诉讼法》裁判文书效力的规范体系中，《民事诉讼法》第127条第5项在规制既决文书生效后的重复起诉方面可以发挥一定作用，但是，因为缺乏准确识别重复起诉的规范要件，其能够发挥的作用是有限的且容易引发识别重复起诉争议。

《民诉解释》第247、248条能否视为既判力客观范围、时间范围的规定？这是值得认真审度的问题。毋庸置疑，这两条规定意义重大，能产生相当于既判力客观范围、时间范围规定的部分实践效应。不过，作为司法解释中的条文，上述规定无从明确、直接地规定对于既决案件的何等事项（程序事项抑或实体事项）产生确定判决实体审判结论维持效力。限于司法解释的规定权限，对此等关涉当事人起诉权保障的重大问题，上述规定不能完全等同于应在基本法律层面明确的既判力及其范围规定。

综上所述，我国民事诉讼法中的民事裁判文书的效力规定具有程序意义上既判力的内容，欠缺实体意义上既判力的内容。这需要进一步从既判力作用维度加以补全和细化。

二、民事责任竞合时既判力客观范围识别之实践样态

禁止重复起诉的根由或为后诉将导致判决悖论或者将形成诉讼系属冲突。第二章实证分析中显现了既判力影响型再诉显著多于诉讼系属影响型再诉的实务状况。为此，当下需要着力破解既判力影响型再诉中的重复起诉识别难题。鉴于《民事诉讼法》第127条第5项的规定是我国民事诉讼中禁止对裁判文书及调解书已经生效的案件重复起诉的基本法律规定，而《民诉解释》第247、248条规定主要是对《民事诉讼法》第127条第5项规定的具体适用解释。在依据《民诉解释》第247、248条规定从诉的构成角度进行诉的识别时，还需要结合《民事诉讼法》第127条第5项对既判力遮断效的规定加以审断。这就需要运用既判力范围（主观范围、客观范围、时间范围）的理论，特别是既判力客观范围的理论。我国《民事诉讼法》对于裁判文书及调解书的既判力客观范围没有明确规定。加之，《民诉解释》第247条将诉讼标的与诉讼请求并列为诉的客观要素且没有明确将事实要素纳入诉的客体的构成体系中。在民事诉讼实务中，对于究竟是一并以诉讼标的与诉讼请求来识别既判力的客观范围还是选择二者之一来识别既判力的客观范围？在识别前诉裁判文书或调解书的既判力客观范围时是否要审酌事实要素等问题，认知与解释路径不尽一致。

(一)采行宽幅既判力客观范围观的典型案例

案例1 南昌高新区高能小额贷款股份有限公司、江西润清源实业有限公司保证合同纠纷案

2015年9月,上诉人高能公司以江西润清源实业有限公司、周运宏、魏青、永德公司为被告,向南昌高新技术产业开发区人民法院起诉,请求:(1)江西润清源实业有限公司返还借款计260万元及支付利息计47万元;(2)周运宏、魏青对上述借款及利息承担连带清偿责任;(3)对永德公司提供的抵押物折价、拍卖或变卖的价款优先受偿;(4)对周运宏提供的抵押物折价、拍卖或变卖的价款优先受偿……南昌高新技术产业开发区人民法院立案受理后,缺席审判,于2016年5月3日作出(2015)高新民初字第880号民事判决。2016年11月30日,上诉人高能公司又以江西润清源实业有限公司、周运宏、魏青、永德公司为被告,向南昌高新技术产业开发区人民法院起诉,请求:(1)永德公司在提供抵押担保的土地及房产价值范围内,对江西润清源实业有限公司的借款本金260万元及相应利息承担连带清偿责任……南昌高新技术产业开发区人民法院立案受理后,于2017年6月26日移送一审法院管辖。本案一审法院经审查认为,原告的诉讼请求在南昌高新技术产业开发区人民法院作出的(2015)高新民初字第880号民事判决书中已作出判决依法不予支持,予以驳回。现原告以相同诉讼请求、相同当事人、相同诉讼标的再次起诉,构成重复起诉,裁定驳回起诉。二审法院认为,诉讼标的是判断是否构成重复起诉的关键。既判力只能及于经法院裁判的事项,未经法院裁判的事项,不具有既判力。因此,既判力的客观范围与诉讼标的是保持一致的。诉讼标的与诉讼请求这一概念紧密相关。由于法院只能就本案诉讼标的进行裁判。给付之诉的诉讼标的,应当是当事人关于对方履行给付义务的诉讼请求,识别标准应当是发生给付请求的具体事件或行为。本案中,首先,上诉人前后向南昌高新技术产业开发区人民法院和本

案一审法院起诉,所列被告相同。其次,在上诉人向一审法院提出的诉讼请求中,被上诉人永德公司应对上诉人承担过错赔偿责任(连带清偿责任),抑或保证责任,并不明晰。上诉人请求被上诉人永德公司履行金钱给付义务,与上诉人声明的事实与理由的法律逻辑关系不能对应,甚至混乱。以上两点,导致人民法院无法识别前诉和后诉是否构成重复起诉。由是,二审法院裁定驳回上诉,维持原裁定。[1]

根据我国《民事诉讼法》第122条的规定,原告有具体诉讼请求、事实与理由就符合案件获得受理的诉的客体要件。此外,如果法院无法识别前诉和后诉之间是否构成重复起诉,本着保障当事人诉讼权利的民事诉讼制度目的,后诉应该被视为非重复起诉更为恰当。此案二审法院的裁定理由中运用了既判力客观范围应与诉讼标的保持一致的既判力理论进行裁判说理。其对识别重复起诉的法律规范的体系认知的正确性及裁判理由论证的深度与角度是值得称许的。不过,此案的二审裁判说理过程中的理论依据和论证结果缺乏连贯性。如果以“既判力的客观范围与诉讼标的是保持一致的。诉讼标的与诉讼请求这一概念紧密相关。由于法院只能就本案诉讼标的进行裁判。给付之诉的诉讼标的,应当是当事人关于对方履行给付义务的诉讼请求,识别标准应当是发生给付请求的具体事件或行为”为理据,结论应该是尽管上诉人(一审原告)后诉的诉讼请求与前诉的诉讼请求不同,一个是“对永德公司提供的抵押物折价、拍卖或变卖的价款优先受偿”;另一个是“永德公司在提供抵押担保的土地及房产价值范围内,对江西润清源实业有限公司的借款本金260万元及相应利息承担连带清偿责任”,但是,这两个诉讼请求都是基于同一个被上诉人(一审被告)负抵押担保责任的借贷纠纷的具体事件。因此,后诉的诉讼标的与前诉的诉讼标的实为一个诉讼标的,后诉客体应在前诉既判力客观范围之内,后诉为重复起诉。如

---

〔1〕 南昌高新区高能小额贷款股份有限公司、江西润清源实业有限公司保证合同纠纷案,江西省九江市中级人民法院(2017)赣04民终2119号民事裁定书。

是论证,在论证逻辑上更显恰切。不过,暂不论最终实体审判结果如何,此案中上诉人(一审原告)基于一个抵押担保行为,有两种请求权实现路径:一是抵押物折价、拍卖或变卖的价款优先受偿请求权;二是担保人承担连带清偿责任的请求权。从相对方视角看,这是个民事责任竞合案件。在德国民事诉讼中,具体的诉讼请求等同于诉讼标的,因此,需要生活事实或具体事件来统摄诉的客观范围而不是以有别于诉讼请求的诉讼标的(通常理解为发生争议的法律关系的内容)来划定诉的客观范围。在我国民事诉讼中,是否也要以生活事实或具体事件来框定诉的客观范围呢?本案二审法院的裁判说理过程展现的是这种理论探索的尝试。从裁定理由文本内容看,这次尝试以既判力分析理论开始,最终却以"无法识别"的模糊结论结束。这是否意味着以具体事件识别既判力客观范围存在难以克服的阻力呢?笔者认为,如果这种阻力存在,那么,它就是权利保护的充分性以及民事责任竞合案件的法定处理机制。以具体事件识别给付之诉中的诉讼标的,进而确定既判力的客观范围,可以在一定程度上避免责任方双重给付问题,但是,在前诉诉讼请求未实现的情形下,存在明显的对受损方权利救济不足的弊端。

案例2 高碑店市胜达皮塑制品有限责任公司与被告河北俱进塑胶制品有限公司不当得利纠纷案

原告高碑店市胜达皮塑制品有限责任公司先以买卖合同纠纷为由起诉被告河北俱进塑胶制品有限公司,被判决驳回诉讼请求后又以不当得利纠纷为由再次起诉被告。从被告在不当得利纠纷案中的答辩内容及提交的诉讼资料来看,被告的答辩理由是原告基于同一事实又提起诉讼,后诉与前诉诉讼标的相同,后诉诉讼请求实际上否定了前诉民事判决书。不当得利纠纷一案的受诉法院审查后认为,原告高碑店市胜达皮塑制品有限责任公司的起诉不符法定条件。本案与雄县人民法院2017年11月9日受理并作出判决的(2017)冀0638民初2141号案件,当事人相同、诉讼标的相同、诉讼请求实质上亦相同,构成重复起诉。据此,受诉法院裁定驳回高碑店市胜达皮塑制品有限责任公司的起诉。[1] 本案中的受诉法院在裁判理由中没有详细解析后诉与前诉的诉讼标的何以相同、后诉的诉讼请求与前诉的诉讼请求何以实质相同,只有在以同一具体事件作为既判力客观范围识别标准的前提下,这个理由方可称言之成理。

(二)采行窄幅既判力客观范围观的典型案例

案例3　王某1、王某2等法定继承纠纷案

这是一起二审改判案件。王某1、王某2可共同继承王某1、王某2母亲留下的房产一处。因王某2、王某3、王某4父子三人将此房产全部拆建,王某1认为自己权益受损,于是先提起侵权纠纷诉讼,败诉;后又提起法定继承纠纷诉讼,一审法院作出(2017)黔0321民初673号民事裁定驳回起诉。王某1上诉。二审法院认为,根据《民诉解释》第247条之规定,本案属于当事人就已经提起诉讼的事项在裁判生效后再次起诉的情形,即本案需要评价前次判决是否产生既判力遮断效,从而阻断并拘束本次诉讼。若前诉裁判主文未作出肯定性判决,只是驳回诉讼请求,并无拘束后诉的效力,那么在当事人变更请求权基础从而变动诉讼标的时不能遮断后诉。经查,本案中,前诉作出的(2010)遵县法民一初字第59号民事判决因王某1没有提起上诉而发生法律效力,在该判决中,王某1系针对王某2、王某3、王某4父子三人提起诉讼,其诉讼请求的核心是遗产房屋灭失系三人行为所致,故应按照房屋市值赔偿其损失4000元,该次诉讼立案案由为财产侵权纠纷,判决主文系以王某1没有证据证明其应享有的份额而驳回其诉讼请求。本次诉讼中,王某1依然针对王某2父子三人兴讼,结合其一审提交的诉状、庭审中的意

---

[1] 高碑店市胜达皮塑制品有限责任公司与被告河北俱进塑胶制品有限公司不当得利纠纷案,河北省雄县人民法院(2018)冀0638民初1024号民事裁定书。

见及上诉请求，其诉讼请求的核心应是分割遗产，由王某 2 等按照遗产继承份额赔偿其损失 63000 元，立案案由已变更为法定继承纠纷。因此，本案前后两诉当事人相同，因前诉未作出肯定性判决，故后诉并不存在否定前诉裁判结果的情况，而是通过变更请求权基础以期望实现前诉未竟目的，而且，两案诉讼请求亦有所差别，前诉为侵权赔偿，后诉为遗产分割。是故，两案诉讼主体相同，但诉讼标的、诉讼请求不同，并不构成重复诉讼。由是，二审法院裁定，撤销贵州省遵义市播州区人民法院(2017)黔 0321 民初 673 号民事裁定；本案指令贵州省遵义市播州区人民法院审理。[1]

在本案中，就王某 2 等三人对王某 1 有继承权的房屋的拆建行为。王某 1 既可以通过侵权之诉主张侵权损害赔偿请求权，也可以通过法定继承之诉主张应继承份额的请求权，由是，此案为请求权竞合案件。在此案中，一审法院与二审法院都没有明确将此案作为竞合型再诉案件，而是作为普通的既判力影响型再诉案件展开审判。一审法院驳回起诉的理由是，王某 1 再次起诉以相同当事人、相同标的并以新的赔偿数额否认生效裁判结果。对此，二审法院作出不同判断。二审法院就前诉判决书是否对后诉产生既判力先行论述，然后再从诉的构成维度展开分析。这种在重复起诉的判断顺序上的思维路径，既符合现行法的规定，又符合民事诉讼原理。二审法院认为，就实体结果而言，前诉判决主文部分能够拘束后诉，当事人不得对已决事项再行争议，法院也不得另作判断，这是既判力的客观范围所在，而已决事项是建立在对争议事项作出肯定性结论的基础之上……，前诉裁判主文若未作出肯定性判决，只是驳回诉讼请求，实际上并未对当事人之间争议的实体权利义务关系作出判断、分配或变动，那么并无拘束后诉的效力，在当事人

[1] 王某 1、王某 2 法定继承纠纷案，贵州省遵义市中级人民法院(2017)黔 03 民终 3888 号民事裁定书。

变更请求权基础从而变动诉讼标的时不能遮断后诉。[1] 在诉的构成维度上，就后诉是否存在重复起诉的诉讼标的、诉讼请求要件的争点上，二审法院与一审法院的判断不同。在二审法院看来，应依请求权基础判断诉讼标的，加之，前诉判决并非肯定性判决，所以，后诉并不存在否定前诉裁判结果的情况。二审法院认为后诉与前诉请求权基础不同（这意味着诉讼标的不同。——引者注）而且诉讼请求不同。是故，二审法院裁定撤销了一审裁定。本案的终审裁判结果，符合民事责任竞合规定的制度目的，也符合重复起诉识别与判断的标准。不过，是否仅当前诉形成肯定性判决时前诉判决才产生既判力，在学理上似有商榷余地。本案一审法院的裁判理由显示，如果缺乏重复起诉的类型区分意识，一个竞合案件的后诉在诉讼实践中会很容易被以后诉诉讼请求实质否定前诉裁判结果而被确定为重复起诉。本案例被纳入实务中持窄幅既判力客观范围观的典型案例的典型性是由这则案例的一审法院裁判观点体现出来的。在该一审法院的裁判思维中，个别事项性的诉讼请求就是审判对象及既判力客观范围所在。从此案一审裁判过程看，这种"诉讼请求标的化"或者"诉讼标的请求化"可以较为"正当地"由诉讼请求"架空"具有微观系统性、体现争议法律属性、请求统驭性的诉讼标的，可以任由"后诉讼请求实质否定前诉裁判结果"的重复起诉诉讼请求要件吞并诉讼标的相同的重复起诉要件。在本案中，二审法院纠正了这种错误理解《民诉解释》第 247 条语义的窄幅既判力客观范围界定方式。不过，这种裁判观点以及相应的对既判力客观范围的理解方式的"实践韧性"不可低估。这则案例中的一审法院裁判观点显现了窄幅既判力客观范围界定方式在抑制起诉权方面的明显不当之处。如果本案中的原告在本案判决生效之后，又认为自己因为王二一家毁弃祖屋受到了精神损害，单独提起精神损害抚慰金给付之诉，依据窄幅既判力客观范围界定方式，受理这起诉讼的正

---

[1] 王某 1、王某 2 法定继承纠纷案，贵州省遵义市中级人民法院（2017）黔 03 民终 3888 号民事裁定书。

当性是充分的。可是,在这样的向度上发展的窄幅既判力客观范围界定方式又会产生过多的细碎化诉讼。在审判资源的紧张度日甚一日的当代诉讼中,这种发展趋势的可持续性是值得担忧的。按照二审裁判理由推理,如果前诉判决为肯定判决则本案后诉可能受前诉既判力遮断、本案后诉实质否定前诉裁判结果,则后诉构成重复起诉。可是,本案中后诉与前诉的请求权基础确实不同,诉讼标的不同,应不符合重复起诉的客体要件。在诉的构成维度仍然应判定后诉不构成重复起诉。此时,被告面临双重给付的风险。可见,就民事责任竞合案件而言,单纯从程序法维度难以作出恰当的重复起诉判断。这个典型案例也显示,在我国司法实践中,有的基层人民法院和中级人民法院对于如何回应竞合型重诉尚未形成一致的裁判见解。

(三)采行中幅既判力客观范围观的典型案例

案例4　王显忠与中国联合网络通信有限公司重庆市万州区分公司养老保险待遇纠纷案

原告王显忠以联通公司万州区分公司为被告,龙腾物业公司为第三人,于2012年7月24日向受诉法院提起诉讼,要求:(1)确认原告与被告从2000年2月至2012年4月30日具有劳动关系;(2)由被告给付原告加班工资158337.90元;由被告为原告办理和缴纳养老保险费;(3)第三人承担连带给付原告从2008年10月至2012年4月30日的加班工资和养老保险费的责任。根据查明的事实,受诉法院作出(2012)万法民初字第06702号民事判决,确认2000年2月至2008年9月30日和2010年10月1日至2011年4月30日之间,原告王显忠与被告中国联合网络通信有限公司重庆市万州区分公司存在劳动关系;驳回原告王显忠其他诉讼请求。该案二审法院判决,驳回王显忠的上诉,维持原判。2014年7月30日,原告王显忠便以个人身份办理了城乡居民基本养老保险关系,补缴金额62249.28元。2014年9月9日,王显忠再次向受诉法院提起诉讼,要求被告联通公司万州区分公司赔偿原告王显忠养老保险费 50003.52 元。受诉法院判决部分支持了王显忠的诉讼请求。[1]

在本案中，被告没有为原告办理和缴纳养老保险费，对此行为，原告既可以提出要求被告办理和缴纳养老保险费，也可以在自己补缴后提出要求原告赔偿损失的请求权。由是，本案也可纳入民事责任竞合的案件范畴中。本案的审判结果较为妥当，不过，受诉法院未体现出区分竞合型再诉的意识，该法院从既判力客观范围维度对本案是否重复起诉进行了分析。该院认为，所谓既判力，是指对已经发生法律效力的判决，同一当事人不得以同一理由和同一诉讼标的重新起诉。由此可见，诉讼标的是解决既判力问题的关键。但是，所谓诉讼标的，是指当事人请求法院调整有争议的法律关系，具体的诉讼请求不是法院裁判所调整的对象，而只是基于某种法律关系所产生的法律后果。因此，法院受理此类案件不是基于当事人之间的请求权，而是基于双方之间争议的实体上的法律关系。结合本案，首先，原告王显忠在(2012)万法民初字第 06702 号案件中，主张的是要求被告办理社会养老保险关系和缴纳费用，在本案中主张的是要求被告予以赔偿，其两次主张属于不同的法律关系……因此，被告联通公司万州区分公司反驳原告王显忠属于重复起诉的理由，法院不予支持。[2] 在本案受诉法院看来，既判力客观范围要从理由与诉讼标的两个方面来判断，而诉讼标的与诉讼请求不同，它是指当事人请求法院调整的有争议的法律关系。从上述分析脉络来看，此处的法律关系是具体的特定化的法律关系，是不能再细分的法律关系，而非抽象的法律关系或者还可以再细分的法律关系。倘若在抽象的法律关系或者还可以再细分的法律关系的维度(比如劳动合同关系)上界定诉

[1] 王显忠与中国联合网络通信有限公司重庆市万州区分公司养老保险待遇纠纷案，重庆市万州区人民法院(2014)万法民初字第 07974 号民事判决书。
[2] 王显忠与中国联合网络通信有限公司重庆市万州区分公司养老保险待遇纠纷案，重庆市万州区人民法院(2014)万法民初字第 07974 号民事判决书。

讼标的，很难毫无争议地将本案后诉与前诉的诉讼标的区分清楚。此外，本案受诉法院认为对既判力客观范围应从诉的理由与诉讼标的两方面判断、诉讼标的是主要因素的裁判见解也很有启发性。从诉的理由系法律根据的界定出发，本案裁判观点实质上是采行当事人依据其民事纠纷争议对象的法律属性向法院提出的概括性、单元化的诉讼主张这一中等幅度的既判力客观范围来展开后诉与前诉关系判断的。从起诉权保障和可持续诉讼秩序维持两个视点看，这都是比较合理的。

案例5　薛兴顺、济南军恒农业科技有限公司（以下简称军恒公司）合同纠纷案

军恒公司先以借贷合同纠纷为由将薛兴顺诉至前诉一审法院，在诉讼请求被判驳回后，又以合同纠纷为由再次诉至法院。薛兴顺提出军恒公司的起诉是重复起诉，应当裁定驳回起诉的答辩意见。从其提交法院的公报案例裁判文书来看，他的理由是后诉与前诉是基于同一事实提出的。经一审法院审查认为，军恒公司在（2020）鲁0105民初4500号民事诉讼中主张的系民间借贷合同的法律关系，天桥区法院认为非民间借贷法律关系，并且向军恒公司释明，但军恒公司仍坚持其诉讼请求及事实理由，故天桥区法院因其以民间借贷纠纷为基础的法律关系，请求判令薛兴顺偿还借款20万元并支付利息的诉讼请求证据不充分、于法无据，判决驳回其诉讼请求。综上所述，前诉与本诉的诉讼标的并不相同，本案诉讼标的并非民间借贷关系，本案并不构成重复起诉。对于本案后诉是否构成重复起诉，薛兴顺并没有列入上诉请求。本院二审法院对一审查明的事实予以确认并判决驳回上诉，维持原判。[1] 本案是因双方当事人合作开展一个文化观光园项目过程中的一笔20万元钱款的性质及归属引发的纠纷。一审原告既可以主张借款

〔1〕 薛兴顺、济南军恒农业科技有限公司合同纠纷案，山东省济南市中级人民法院（2021）鲁01民终11560号民事判决书。

偿还请求权,也可以主张(合作)合同款项返还请求权,本案也可纳入民事责任竞合的案件范畴中。如果像一审被告抗辩那样以具体事件或者发生纠纷的争议事实来识别既判力客观范围,势必难以精准回应当事人之间的法律争议,无法实现民事责任竞合制度的制度目的。本案受诉法院采行中幅既判力客观范围观,以发生争议的具体权利义务关系划定既判力客观范围,合理合法地回应了本案中的重复起诉抗辩,使本案纠纷得到较为妥当的解决。

概言之,随着民事诉讼法学教育与研究的推进,既判力概念近年正在"走进"司法实务,既判力一词在裁判文书中的出现频率逐渐增多。这意味着在我国民事诉讼法文化中,既判力观念正在逐渐增强。从上述五个典型案例裁判文书的裁决理由来看,以既判力范围理论对民事责任竞合案件进行分析、评判的技术范式尚未形成稳定取向。总体上看,采用这种技术范式的案例还非常稀少。笔者经过多方、多轮检索,才"甄选"到上述几个典型案例。诉的重叠、反复触犯的是既判力。也正是为了维护具有可接受性的确定裁判文书的既判力,民事诉讼制度才禁止非法重诉。此外,维护已确定裁判文书既判力,要针对的重复起诉行为的对象是诉,所以,在基础意义上,应从既判力范围视角来审视前诉与后诉是不是一个诉。诉的构成理论与制度是厘清前诉裁判既判力主观范围、客观范围边界的解释工具及应用方式。从既判力范围视角展开分析,有助于直接展开切近争点的分析,有助于及时形成确信。有的案件,后诉与前诉主观范围不同,尽管就一个具体事件兴讼,可直接否定其重复起诉定性。[1] 既判力的范围包括主观范围、客观范围与时间范围,在这三种范围的识别中,最复杂的莫过于既判力客观范围。既判力客观范围何以确定与既判力根据论(或侧重既判力的制度性效力,或侧重既判力效力中的程序保障与当事人自我责任要素,或重视上述两个侧面)密切相关。不同既判力根据论下,对既判力客观范围的限定程度不同。限

〔1〕 蔡佳与北京蓝琼环保科技有限公司等确认合同无效纠纷案,北京市第一中级人民法院(2022)京01民终4061号民事判决书。

定程度低,既判力客观范围大,后诉被认定为重复起诉概率大,诉权获得保障程度低;限定程度高,既判力客观范围小,后诉被认定为重复起诉的概率也小,诉权获得保障程度高。上述五个典型案例中,既有采行宽幅既判力客观范围观者,亦有采行中幅、窄幅既判力客观范围观者,相比较而言,在当下诉讼实践场域中,中幅的既判力客观范围是较为合理的。如果根据统合式诉讼标的概念以及相应的层级式动态识别系统,采行中幅的既判力客观范围实际上就是以争议的民事权利义务关系或初级请求权来界定诉讼标的并以此应对既判力客观范围确定的常规争点。民事责任竞合的特殊场域中,还需要进一步在调控节点与调控要素中纳入前诉胜诉状况等关键程序变量。在案例4、5 中隐含着运用层级式动态识别系统的契机,但是因为受诉法院尚未形成区分既判力影响型竞合重诉案件与既判力影响型单纯重诉案件的裁判意识,所以,未能通过层级式动态识别系统分析展开更透彻、更全面的裁判说理。既判力客观范围通常就是诉的客体范围。它的判断之所以复杂,一方面是因为与之联动的诉的客体理论的多样性与争议性,另一方面是因为在诉的客体的本体要素(诉讼标的、诉讼请求、事实理由)之外,还有必要结合诉讼程序运行中的程序保障程度。

(四)民事责任竞合时分歧明显的既判力客观范围识别实践样态

通过上述典型案例的分析,可以发现,在我国民事诉讼实务中,民事责任竞合时法院展开既判力客观范围识别时分歧明显的实践样态。

这种分歧,一方面体现在是否沿着既判力范围的理论路径来判断后诉是否重复起诉。在这方面,典型案例1、3、4 与典型案例2、5 的裁判理由之间存在明显区别。另一方面体现在对既判力客观范围的判断标准的择取上。在典型案例1、3、4 中,案例1 采宽幅既判力客观范围标准,案例3 中的一审法院采窄幅既判力客观范围标准。案例3 中的二审法院和案例4 中的受诉法院则采中幅既判力客观范围标准。案例1 试图以具体事件框定前诉确定裁判文书的既判力客观范围,案例 3 中的二审法院和案例 4 中的受诉法院则以具体的权利义务关系作为划定既判力客观范围的关键要素。在典型案例 3 与典型案例 4 的裁判文书说理部分对于判断既判力客观范围的要素也持不同裁判见解,前者的既判力客观范围判断标准中不仅包含诉讼标的、诉讼请求,还包含前诉判决的性质(肯定性或否定性);后者的既判力客观范围判断标准中不仅包含诉讼标的,还包含诉的理由。总体来看,民事责任竞合时探索性地通过既判力客观范围来识别重复起诉的技术范式运用才刚刚起步,从既判力客观范围与诉讼标的之对应关系维度观之,宽幅既判力客观范围确定方式多受诉讼标的"纠纷事件说"、诉讼标的诉讼法说中的"二分肢说"影响,其在权利保障周延性方面的欠缺难以契合感知正义观引领的整体正义价值系统;窄幅既判力客观范围确定方式多受诉讼标的诉讼法说中"一分肢说"或者以个别事项性实体请求权为内核的实体性诉讼标的学说的影响,在理论意义上,其可能引发的裂变式诉讼细碎化现象以及整体性诉讼滞涨现象乃至诉讼效率危机,不能不审慎考量。在实践意义上,其可能发挥的周延保护权利诉求的积极功能在"后诉请求实质否定前诉裁判结果"这样裁量空间巨大的重复起诉认定要素的作用下又有可能异化为起诉权限缩功能;中幅既判力客观范围确定方式与本土化的实体性诉讼标的认知观念关联密切。从上述案例以及类似案例看,相较而言,这种既判力客观范围确定方式在应对竞合之诉时弊端显著度不高。因为实体性诉讼标的学说本身固有的缺陷,在更为复杂的竞合案件中,上述案例中显现的中幅既判力客观范围确定方式的观念基础与应用方法缺陷也会暴露出来。如果中幅既判力客观范围确定方式与统合式诉讼标的概念以及相应的层级式动态识别系统结合,既判力影响型竞合再诉的应对机制有望迎来更为理想的诉讼效果。

三、对民事责任竞合时既判力客观范围作用范式的比较观察

法国、德国、日本是大陆法系的代表性国家。这些国家的民事诉讼中都

有较为健全的既判力制度，在既判力理论研究方面也有较为深厚的积淀。这些国家对民事诉讼既判力根据的认识历程有共鸣之处，但也有差异。如法国学界对既判力根据的认识经历了裁判契约说、国家制度说和公共秩序说三个阶段；[1]日本学界对既判力根据的认识存在制度性效力说与程序保障说的交锋。既判力作用的三个维度（主观范围、客观范围、时间范围），是既判力相对性原则具体化、制度化的主要载体。“既判力限于当事人之范围，而不对第三人产生拘束力”“既判力客观范围限于判决主文，而不扩张至判决理由中判断”“既判力只针对辩论终结时，而不及于其后的新事由”等具备很强操作意义的制度化命题为既判力理论的制度化及实践操作提供更为明确的标准。[2] 日本学者新堂幸司认为，就既判力的作用形态而言，包含积极作用和消极作用两个方面。前者是指具有既判力之判断应当成为后诉审判之基础，因而后诉必须以该判断为前提对当事人的主张（包括主张与证据申请）展开审理；后者是指不允许当事人提出旨在对已经产生既判力之判断进行再争议（与既判力相矛盾）的主张与证据申请，法院也不能受理该主张及证据申请（不进入有关其妥当与否之审理）。[3] 既判力客观范围的消极作用体现在禁止当事人就纳入前诉既判力客观范围的诉讼客体再提起后诉。在民事责任竞合时，就既判力客观范围对竞合后诉的作用方式而言，在法国、德国、日本等国家的民事诉讼制度与实务中大体呈现出既判力不遮断竞合后诉、既判力遮断竞合后诉两种方式。

---

〔1〕 张卫平、陈刚编著：《法国民事诉讼法导论》，中国政法大学出版社 1997 年版，第 134—136 页。

〔2〕 林剑锋：《既判力时间范围制度适用的类型化分析》，载《国家检察官学院学报》2016 年第 4 期。

〔3〕 [日]新堂幸司：《新民事诉讼法》，林剑锋译，法律出版社 2008 年版，第 691 页。

(一)既判力不遮断竞合后诉范式

1. 法国的既判力不遮断竞合后诉方式

在比较法上,与我国民事诉讼中识别重复起诉的"三同一"标准关联最密切的当属法国拿破仑时期就确定下来的法国民事诉讼的既判力制度。在法国学者看来,法律安全与社会安宁之目标是既决事由权威效力的依据所在。[1] 此种既判力根据论也可解读为公共秩序维持论。鉴于 19 世纪初,实体法与程序法分离尚不充分。在法国人的理念中,判决书被视为神圣的推定。因此,既判力的条文规定在法律推定部分。《拿破仑法典》第 1351 条规定,"确定裁判的效力只及于已经判决的事件。前后两件诉讼,必须合于下列条件,后诉始因前诉的确定裁判而不得提起:起诉请求之物必须为同一之物;诉讼必须基于同一的原由,当事人须为同一的当事人,而且须由同一的原告向同一的被告以同一资格提起之"。[2] 2016 年《法国民法典》修订过程中,此第 1351 条被"移位"至第 1355 条,文义未变。[3] 目前,法国民事诉讼中确定既判力范围的当用法条除了上述《法国民法典》的规定,还有《法国新民事诉讼法典》第 480 条。《法国新民事诉讼法典》第 480 条规定,在主文中对本诉讼之全部或一部作出裁判的判决,或者对程序上的抗辩,诉讼不受理或其他任何附带事件作出裁判的判决,一经宣告,即相对于其裁判的争议产生既判力。[4] 综合上述法条文义以及适用它们的法国判例,可以发现在法

〔1〕［法］让·文森、塞尔日·金沙尔:《法国民事诉讼法要义》(上、下册),罗结珍译,中国法制出版社 2001 年版,第 256 页。

〔2〕《拿破仑法典》,李浩培、吴传颐、孙鸣岗译,商务印书馆 1979 年版,第 185 页。

〔3〕1355 L'autorité de la chose jugée n'a lieu qu'à l'égard de ce qui a fait l'objet du jugement. Il faut que la chose demandée soit la même ; que la demande soit fondée sur la même cause ; que la demande soit entre les mêmes parties, et formée par elles et contre elles en la même qualité. https://www. legifrance. gouv. fr/liste/code? etatTexte = VIGUEUR&etatTexte = VIGUEUR _ DIFF。最后登录日期:2022 年 11 月 6 日。

〔4〕《法国新民事诉讼法典》,罗结珍译,法律出版社 2008 年版,第 490 页。

国民事诉讼中确定既判力客观范围形成实质要件与形式要件相结合的分析脉络。

诉讼法律关系是法国民事诉讼法学中的基本分析工具。在后诉是否触犯前诉既判力发生争议时,既判力作用范围制度与理论方得适用。在此意义上,后诉与前诉是否为同一个诉讼法律关系就成为一个实质问题。同时,究竟何种裁判文书产生既判力、产生既判力的裁判文书的哪个部分产生既判力、裁判文书产生既判力应当依循怎样的程序准则等形式问题,是合理界定既判力范围必须面对的问题。在实体要件维度,《法国新民事诉讼法典》第480条第2款所规定的“这里的本诉讼意指如本法典第4条之规定确定的系争标的”凸显了诉讼标的要素在诉讼法律关系客体中的统摄性意义。如果说形式要件与实质要件是上述规定呈现的识别既判力客观范围的两个维度,而以诉讼请求及诉因(诉讼请求的法律根据)识别诉讼标的,再以诉讼标的识别既判力客观范围的双阶识别方式的运用则是实务运作之常态。从上述规定和笔者目前看到的相关法国民事诉讼判例的裁判要旨整体探究,法国的既判力规范体系为既判力客观范围的识别与判断提供了一种可称为二维双阶分析法的结构化分析方法。

如果说前诉既判力的客观范围确定以诉讼标的为据是二维双阶结构化分析的核心命题,实质要件是这一命题的肯定要素,而形式要件则更接近于这一命题的否定要素或限定要素。从相关判例来看,《法国新民事诉讼法典》第480条规定中的核心表述“主文对……做出裁判的判决”不仅发挥着指引法院明确甄别无既判力法律文书的作用,更是发挥着指引法院明确识别裁判文书产生既判力的具体部分的作用。与《法国民法典》中的既判力规定相比,《法国新民事诉讼法典》第480条明确规定了裁判文书的主文发生既判力。这一对既判力文书内容要件的规定,对于消解实务中认为裁判文书主文与理由密不可分的观念起到很大作用。在法国,既判力限于裁判文书主文部分的学理制度化应自这一规定始。自此规定生效后,否定裁判文书理由部分产生既判力的判例渐成趋势。[1] 在形式要件维度，蕴含深厚解释空间的“其裁判的争议”这一核心表述经由法国最高司法法院的应用解释，夯实了只有经过辩论的裁判结果才能产生既判力、只有经过辩论的争点才能成为既判力对象的既判力客观范围程序要件。[2]

《法国民法典》中的既判力规定确立了既判力范围实质要件的基本框架。法国的诉讼法律关系构成理论类似于大陆法系其他国家的诉的构成理论，也由诉讼主体、诉讼客体构成。诉讼客体由诉讼请求与诉讼理由构成。正如法国学者洛伊克·卡迪耶所言，为了判定当事人的新诉讼请求是否会因为“既判事实抗辩”而被不予受理时必须参照《法国民法典》第1351条（现为第1355条。——引者注）规定的“三确认”原则，即确认当事人为同一当事人、确认诉讼客体为同一客体、确认诉因为同一诉因。这就意味着，我们在确认当事人的新诉讼请求是否会因为“既判事实抗辩”而被不予受理时，必须对诉讼法律关系的客体性因素和主体性因素进行研究。就客体的同一性而言，只有在新的诉讼请求对同一事物的同一权利进行质疑的情况下，新的诉讼请求才会因为“既判力抗辩”而不被法院受理。[3] 在此“三同一”标准中，诉讼主体要件是当事人相同且他们的诉讼地位相同。诉讼客体要件包含诉讼请求相同与诉因相同两个要件。相对而言，诉讼主体要件较为明确。而诉讼客体要件在法国民事诉讼中不乏争议。何为新诉讼请求？何为新的诉因？《法国民事诉讼法典》第565条规定：“所有与一审诉讼请求目的相同的诉讼请求，都不是新的诉讼请求。即使其法律依据与一审诉讼请求不同，亦然。”这一规定中明确了以请求目的作为识别新诉讼请求的基本依

---

〔1〕《法国新民事诉讼法典》，罗结珍译，法律出版社2008年版，第493—494页。

〔2〕《法国新民事诉讼法典》，罗结珍译，法律出版社2008年版，第490—492页。

〔3〕《法国民法典》第1351条的规定在此书中被译为：“既判事实的既判效力，仅及于作为判决标的事由。请求之物应当为同一物；诉讼请求应当基于同一原因；诉讼应当在相同的当事人之间进行，并且应当由同一原告向一被告以同一身份提起。”［法］洛伊克·卡迪耶：《法国民事司法法》（第3版），杨艺宁译，中国政法大学出版社2010年版，第515—517页。

据。这就将新诉讼请求限定在很狭窄的空间。不过,需要注意的是,这一规定只是限制二审提出新诉讼请求的规定,尽管其为界定诉因提供了解释根据,但是,并非确定一审再诉时诉讼法律关系是否相对于前诉发生变化的直接依据。在法国,诉讼请求新旧与否是诉因是否重复的关联问题。因为诉讼理由(moyen)与诉因(cause)在法语中是差异很大的词汇。《法国民法典》中的既判力规定中的诉因难以被学者们认同为民事诉讼法法律关系中的诉讼理由。[1] 易言之,法国民事诉讼法学中的诉讼理由与诉因是不同的概念。对于如何界定诉因(或直称原因),在法国学界至少有三种观点。第一种是法律依据说,认为诉因就是诉讼请求的法律依据。[2] 第二种是法律要件说。对于诉因,洛伊克·卡迪耶提出可称为法律要件说的观点。他认为,在用来判断某个诉讼是否违反既判力制度方面,诉因这一概念仍有价值。如果要对请求依据下一个一般定义,逻辑的做法是着眼于法律规范的前提(或假设),而不是法律规范的整体。司法的功能就在于适用法律规范裁断纠纷,一旦纠纷事实进入不同法律规范的前提部分,请求(以及相应的判决)就具备了不同依据。[3] 第三种是综合事实说。莫图尔斯基认为,原因可归结为某种“事实的综合”(un complexe de faits),而这一“事实的综合”组成了产生有争议的权利的全部要件,或者说组成了所援引的法律利益的全部要件。[4] 法律要件说可理解为法律依据说的细化观点,它们都将诉因解读为法律理由范畴的概念,而综合事实说则将诉因解读为事实理由范畴的概念。根据《法国新民事诉讼法典》的措辞,(诉因是)对“法律依据”的确认。判例也倾

[1] [法]让·文森、塞尔日·金沙尔:《法国民事诉讼法要义》(上、下册),罗结珍译,中国法制出版社2001年版,第538页。

[2] [法]让·文森、塞尔日·金沙尔:《法国民事诉讼法要义》(上、下册),罗结珍译,中国法制出版社2001年版,第538页。

[3] [法]洛伊克·卡迪耶:《法国民事司法法》(第3版),杨艺宁译,中国政法大学出版社2010年版,第380—381页。

[4] [法]让·文森、塞尔日·金沙尔:《法国民事诉讼法要义》(上、下册),罗结珍译,中国法制出版社2001年版,第539—540页。

向于将《法国民法典》第1351条规定的“诉因”理解为“请求的法律依据”。正因为如此，法国民事诉讼中的当事人完全可先就某项不动产的所有权问题提起诉讼，随后再就该项不动产的用益权问题提起诉讼；法院不得以“既判力抗辩”为由对几项诉讼请求不予受理。同样，当事人可以先就租约的延续问题提起诉讼、再就租约的履行问题提起诉讼；可以先就离婚问题提起诉讼，再就婚姻的无效问题提起诉讼；可以先就合同的无效问题提起诉讼，再就合同责任问题提起诉讼。〔1〕 放弃以欺诈为理由提出无效之诉并不排除受到欺诈行为损害的人提起侵权责任之诉。〔2〕 从适用《法国民法典》既判力规定法国民事诉讼判例来看，诉因界定的法律根据说是实务通说。〔3〕 有法国民事诉讼判例明确宣示了允许竞合诉讼的裁判要旨，如“以侵权责任为依据做出的判决，对以违约责任提起的新的诉讼请求，不具有既判力（最高司法法院第一民事庭，2003年1月21日）”。〔4〕

综上所述，在法国民事诉讼中，就民事责任竞合时既判力客观范围的作用方式可称为既判力不遮断竞合后诉范式。法国如何避免原告权利“膨大”、诉辩双方失衡是特别要关注的问题。首先需要关注的就是，法国诉讼标的论与法条竞合论构成的程序法、实体法互动组合。前者对于原告行使诉讼权利极为便利、极为宽松，作为制衡，后者从实体法规制层面对请求权竞合采取了禁止立场，避免了在程序与实体两个方面形成原告权利一边“独大”的诉讼态势。极宽的诉权保障立场、极窄的既判力范围之后是极严的“请求权竞合”现象的实体法规制。这是“诉讼主张——诉讼标的”界定法与

---

〔1〕《法国民法典》第1351条的规定在此书中被译为：“既判事实的既判效力，仅及于作为判决标的事由。请求之物应当为同一物；诉讼请求应当基于同一原因；诉讼应当在相同的当事人之间进行，并且应当由同一原告向一被告以同一身份提起。”参见［法］洛伊克·卡迪耶：《法国民事司法法》（第3版），杨艺宁译，中国政法大学出版社2010年版，第515—517、380—381页。

〔2〕［法］让·文森、塞尔日·金沙尔：《法国民事诉讼法要义》（上、下册），罗结珍译，中国法制出版社2001年版，第248页。

〔3〕《法国新民事诉讼法典》，罗结珍译，法律出版社2008年版，第495—502页。

〔4〕《法国新民事诉讼法典》，罗结珍译，法律出版社2008年版，第502页。

法条竞合论正当结合的根本理由。对于法条竞合论化解“请求权竞合”现象的优势，在日本也获得兼子一、中野贞一郎等重要学者的认同。[1] 21世纪初，法国展开了对民法典的大规模修法活动。民间与官方的多个修改草案先后被公布。为了顺利完成立法，法国上议院曾专门成立评估工作组针对《卡特拉草案》中的“民事责任”部分进行调研。工作组面向经济界、司法界、行政界、学术界和公众组织了40多场听证会。2009年7月15日，工作组向法国上议院法律委员会提交了《咨询报告(2009)》，并给出了修订法国现有民事责任制度的28点建议，确立了当时法国侵权责任立法的基本发展方向。该报告第6点建议，保有合同责任与侵权责任的传统区分，同时使它们的制度更为接近。有的学者曾提出应对人身伤害的受害人给予完全、简便、高效的赔偿。与之相呼应的立法方案是，建议法国在以下四种人身伤害赔偿案件中取消传统的二元区分主义：交通事故、产品缺陷、旅客运输和劳工安全与健康。在上议院民事责任工作组看来，保有这种传统区分是有意义的，但应注重两种责任制度的接近和良好的衔接。该报告第7点建议，确认合同责任和侵权责任的非竞合原则，在有利于人身伤害的受害人的情况下允许存在例外。长期以来，法国坚持由判例所确立的合同责任与侵权责任不竞合主义。基于合同履行所生的损害不能依据侵权责任主张。《卡特拉草案》坚持了这一观点，其主要理由是为了防止合同当事人选择侵权责任以逃避合同项下的限制，或者逃避举证责任而直接依据《法国民法典》原第1384条第1款(现第1242条第1款)的一般规范主张赔偿，但在人身损害、合同债务不履行损害第三人的情况下允许存例外。法国上议院民事责任工作组也建议：以不竞合为原则，但对于人身伤害的受害者应当赋予其自由选择的权利，不过条件是受害者需要依其所主张的责任类型承担举证责任。某些特殊情况下的合同当事人可以向相对人主张侵权责任赔偿。[2] 民事责任竞合

---

〔1〕 常怡主编：《比较民事诉讼法》，中国政法大学出版社2002年版，第169页。

〔2〕 李世刚：《法国侵权责任法改革：基调与方向》，人民日报出版社2017年版，第59—63页。

的诉讼难题本来源自民法体系的复杂性，因此这个难题的解决应该是一个“双向奔赴”的过程。

2. 日本的既判力不遮断竞合后诉范式

正如日本学者新堂幸司教授所言，决定既判力作用范围的因素可谓多元，其中包括：对于具有正当解决期待的争点穷尽攻防之义务；尽可能地实现终局性、强制性解决纠纷之制度目的；纠纷相对性解决所需之限度；与实体法秩序的协调；对争点效、诚实信用原则等既判力以外其他效力的影响等因素。[1] 他的观点中也包含了从形式要件与实质要件的双重维度决定既判力范围的意识，也比较重视决定既判力范围时的形式要素。与实体法秩序的协调，是决定既判力范围实质要件的宗旨所在。日本学界多年以来一直致力于突破诉讼标的架构的既判力客观范围理论，日本民事诉讼实务中通常是以诉讼上请求观念为前提来构建既判力客观范围的。[2] 所谓诉讼上请求观念就是诉讼标的观念。正如日本学者高桥宏志所言，除抵销的情形（参照《日本民事诉讼法》第 114 条第 2 款）外，既判力仅仅基于包含在判决主文内的法院判断而产生（参照《日本民事诉讼法》第 114 条第 1 款）。而且，所谓的判决主文，是指对应于原告在诉状中提出的请求趣旨，法院以诉讼上的请求（诉讼标的）为内容作出的判决事项。因此，判决既判力基于诉讼上的请求（诉讼标的）而产生。[3] 可见，既判力客观范围与诉讼标的或诉讼对象一致仍然是日本民事诉讼实务中判断既判力客观范围的“基轴”。

从 20 世纪 50 年代中期始，日本学界围绕诉讼标的理论展开了激烈的学术争论。在诉讼标的范围的把握问题上，论争发生之前的通说朴素地将其与诸如“侵权行为”或“债务不履行”等这些实体法所规定的表面性权利直接

---

〔1〕［日］新堂幸司：《新民事诉讼法》，林剑锋译，法律出版社 2008 年版，第 477—478 页。

〔2〕［日］新堂幸司：《新民事诉讼法》，林剑锋译，法律出版社 2008 年版，第 506 页。

〔3〕［日］高桥宏志：《民事诉讼法——制度与理论的深层分析》，林剑锋译，法律出版社 2003 年版，第 505 页。

形成对应。换言之,将“侵权行为”或“债务不履行”直接作为诉讼标的来予以把握,这种通说就是所谓的旧诉讼标的论,以前也被称为旧说,而如今则称为(旧)实体法说。这场关于诉讼标的的论争,主要是在发生所谓的请求权竞合问题之领域展开的,其中的典型例子就是,债务不履行与侵权行为、占有回收之诉与基于所有权收回之诉等情形。为了简便起见,日本学者习惯以请求返还房屋诉讼中的“基于所有权返还请求权”与“基于租赁关系终结返还请求权”为例来予以说明。如果严格遵循旧说的观点,即认为实体法上的任何请求权都是观念上的权利,那么与此相对应就存在着两个诉讼标的,在这一前提下,即便原告分别将这两个请求单独起诉,也不会违反“禁止二重起诉”的原则,针对基于所有权返还请求的判决之既判力不及于基于租赁关系终结的返还请求权。因此,原告即便在基于所有权的返还请求诉讼中败诉,由于不受该判决既判力的制约,仍然可以提起基于租赁关系终结的返还请求诉讼。[1] 在这场学术论争中,既有在诉讼标的与既判力客观范围识别上一体性地分别持旧实体法说与诉讼法新诉讼标的说的兼子一、三月章。[2] 也有在诉讼标的理论上支持旧实体法说,而在既判力客观范围上或言二重起诉的范围上持诉讼法新诉讼标的说的伊藤真。[3] 作为一种折中的选择,为新诉讼标的理论提供理论支撑的争点效理论,认为应当给承认请求判决中未获得判断的请求权之主张就受给权再进行法的评价的机会。[4] 近来,日本学术界中赞成新说(或者新实体法说)的观点占据着压倒性多数的地位。但实务界仍然采用旧说。这一状况反映了,实务界中普遍存在的“只

---

〔1〕[日]高桥宏志:《民事诉讼法——制度与理论的深层分析》,林剑锋译,法律出版社 2003 年版,第 23 页。

〔2〕[日]高桥宏志:《民事诉讼法—制度与理论的深层分析》,林剑锋译,法律出版社 2003 年版,第 24 页;[日]三月章:《日本民事诉讼法》,汪一凡译、黄荣坤校订,五南图书出版公司 1997 年版,第 111—112 页。

〔3〕[日]伊藤真:《民事诉讼法》(第 4 版补订版),曹云吉译,北京大学出版社 2019 年版,第 156 页。

〔4〕[日]新堂幸司:《新民事诉讼法》,林剑锋译,法律出版社 2008 年版,第 498 页。

要对旧说予以再调整就足以应付实务需要”之思维，同时又表明诉讼标的论争只不过是理论上争议的性质。[1] 在对诉讼标的、既判力客观范围的讨论中，日本学者普遍关注到突破通说而基于诚实信用原则扩张既判力遮断效的1976年日本最高裁判所的一则判例。[2] 除此之外，尚未见到其他突破“实体上的权利关系或者请求权—诉讼标的—既判力客观范围”这一双阶判断方式的典型判例。这样的状况与日本的民事诉讼目的观有密切联系。在第二次世界大战后，纠纷解决民事诉讼制度目的观取代了诉讼秩序维持民事诉讼制度目的观，深刻影响了日本民事诉讼目的学说、理论建构方向以及诉讼实务中法律职业者的诉讼理念与意识。与秩序维持说相较，纠纷解决说对私权保障给予了更多关注。既判力制度的法效果既体现出对法院审判权的限定，也表现出对当事人裁判请求权的限制。既然，接受裁判的权利是日本国民的宪法上的权利，民事诉讼制度对此权利的限制就并非轻易之举。

（二）既判力遮断竞合后诉范式

就既判力客观范围对民事责任竞合案件的作用而言，德国民事诉讼中形成既判力遮断竞合后诉范式。诉讼标的“二分肢说”（或诉讼标的概念两分法）是诉讼实务通说。[3] 如罗森贝克等学者的教材中所述，裁判内容对争议标的的依赖性会产生某些后果，它们在下面的例子中可以得到进一步解释。例如，作为出租车乘客而受伤的原告提起诉讼要求损害赔偿，法院因为合同约定将责任限制为重大过失而认为诉讼没有正当理由，从而驳回诉讼的，原告是否可以提起新的诉讼而现在将自己的损害赔偿请求权以侵权和持有人责任并结合《道路交通法》第8a条为依据？还是由于第一个判决的

---

〔1〕［日］高桥宏志：《民事诉讼法——制度与理论的深层分析》，林剑锋译，法律出版社2003年版，第53页。

〔2〕［日］新堂幸司：《新民事诉讼法》，林剑锋译，法律出版社2008年版，第504页。

〔3〕［德］狄特·克罗林庚：《德国民事诉讼法律与实务》，刘汉富译，法律出版社2000年版，第147页。

既判力而不能提起新的诉讼？如果人们根据诉讼法视角（请求和生活案件事实）或者根据新实体法理论来确定诉讼标的以及裁判标的，则会是不同的结论。在这种情形中，虽然裁判是错误的，因为它没有考虑因违约产生的请求权，但该裁判涵盖了整个请求权，因而，如果它已经发生既判力，就阻止提出新的诉讼。[1] 从民事诉讼制度的社会目的维度观之，这种既判力遮断竞合后诉范式更多地体现出诉讼秩序维持层面的制度目的，能够有效减少受损方为同一生活事件反复兴讼的行为，减轻责任方的诉累，缓解法院的审判压力。从民事权利保障与程序保障层面的制度目的观之，这种既判力遮断竞合后诉范式对于受损方的民事权利救济明显不足，剥夺了其就新的法律理由展开诉讼辩论的程序机会，减免了法院对于当事人的新的法律上的争议予以回应的义务。因为生活事件（或社会事实、纠纷事实）本身的边缘模糊性和外延宽广性，与诉讼标的"二分肢说"联动的既判力客观范围也有失之过宽之弊端。

日本法官的编制约为2920名（1998年）。德国除普通的民事、刑事法院外，还有宪法法院、行政法院、租税法院、劳动法院与社会法院等特别法院，法官的总人数大约是21000名（其中1997年普通法院法官数是15649名）。而日本的人口为1.25亿人，德国仅为8000万人左右。[2] 如此对比，德国的法官、居民人口比是比较高的。在德国，法学教育被认为应该为从事法律职业做准备。因此，在教育中所解答的习题多半以职业训练者为导向。在法学教育中，与这一法官职业活动相应的是带有以下问题的习题，例如，问题是关于买卖合同成立与否的争议的描述，A是否可以向B请求100欧元价款？或者所描述的是A和B就支付义务有争议，并接着问道："谁有理？"此

---

〔1〕［德］罗森贝克、施瓦布、戈特瓦尔德：《德国民事诉讼法》（下），李大雪译，中国法制出版社2007年版，第1158页。

〔2〕［日］中村英郎：《新民事诉讼法讲义》，陈刚、林剑锋、郭美松译，法律出版社2001年版，第35—36页。

种习题被称为“法官习题”（或更特别地称为“法官试题”）。为训练律师法律咨询技能的习题被称为“律师习题”或“律师试题”。它们通过诸如“A 可以向 B 请求什么”或“应向 A 提出什么建议”等问题表现出来。在解答律师习题(“A 可以向 B 请求什么”)时，可以考虑多个请求权目标。这些一个以上目标有时可以并列地（叠合地）追求，如第一层面上负担的消费借贷偿还请求权与附带的迟延利息请求权。在请求权目标的任择性的情况下，如果请求人只能辅助性地追求另一个目标且可达到第一个目标，这进一步的审查当然被略去或限制。因此，如果物的返还请求权被证明成立，则只是辅助性地主张的价额补偿请求权就不再予以审查。[1] 德国诉讼制度与其以职业训练为导向的法学教育制度存在深刻的内在关联。法官对生活事件（或社会事实、纠纷事实）展开精细的识别并可以进行耐心的关于诉讼请求的释明；专业律师对当事人的案情进行全面的请求权基础分析以确定最佳诉讼请求提出方式，可以在起到弥补既判力遮断竞合后诉方式弊端的作用。

通过上述比较观察可知，与我国《民法典》中民事责任竞合规定、民事法律制度目的系统相协调的既判力客观范围作用方式是既判力不遮断竞合后诉方式。兼及形式要件与实质要件两个维度，以诉讼请求及诉因（诉讼请求的法律根据）识别诉讼标的，再以诉讼标的识别既判力客观范围的二维双阶结构有可资借鉴之处。我国的法律职业共同体养成与发展状况与既判力遮断竞合后诉方式还难以“对接”。同时，既判力遮断竞合后诉的处置方式与《民法典》第 186 条允许竞合但禁止重复赔偿的民事责任竞合制度目的；民事法律制度以程序保障为基准、优先保护民事权利，顺势解决纠纷、维护法秩序的目的系统以及感知正义诉讼正义观为先导的诉讼价值系统暂时还难以契合。

---

〔1〕［德］迪特尔·梅迪库斯：《请求权基础》（第 8 版），陈卫佐等译，法律出版社 2010 年版，第 1、2、3、14、15 页。

四、既判力规范补全前提下的既判力客观范围确定路径

根据我国《民事诉讼法》第 127 条的规定，我国民事诉讼中的确定判决具有程序意义上的既判力。另据《民事证据规定》第 10 条的规定，确定判决的理由部分具有不同于既判力的预决—免证效。这种在后诉事实确认过程中产生的事实效，对法院而言具有可以初步确定该事实的法律效果，对该事实负有举证证明责任的当事人而言则具有暂时免除其对该事实再提交证据加以证明的行为负担的法律效果。这种预决—免证效具有临时性，其是否最终转化为事实认定效取决于不认可该事实的当事人是否能够举出相反的证据来推翻该事实的预决状态。通过体系分析可以推知，我国民事诉讼中的确定判决所产生的程序意义上的既判力应该是判决主文部分产生的法律效果。这也与既判力是确定判决主文部分产生的法律效果的民事诉讼法学传统命题是一致的。在我国现行既判力规范实务运用中，这种学理可作为一种解释方法。不过，在将来对《民事诉讼法》的进一步修正中，还是明确规定发生既判力的裁判文书的具体构成部分更为妥适。从比较立法例来看，法国、日本等国家的民事诉讼法中主要通过对发生既判力的裁判文书的具体部分的规定来完成既判力的实体意义与程序意义的协同。这主要是因为判决主文部分书写的是法院对本案实体权利义务关系的判定内容。这是补全实体意义既判力规范的一种比较便捷且争议较小的路径。除此路径之外，德国民事诉讼法直接规定发生既判力的对象——请求权，也使既判力具有实体意义。在既判力具有实体意义时，探讨既判力客观范围、主观范围、时间范围并将其方法化才有实效性，既判力客观范围、主观范围、时间范围理论与方法的制度化才有了制度前提。从目前诉讼实践的需求来看，在制度完善、优化层面的努力还不能止步于既判力实体意义的规范补足。在此基础上，还需要对如何确定既判力客观范围等关联规范有合理的制度建

构设想。在这方面,民事责任竞合问题一直是一个制度合理性的"检测点"。

(一)判决标的与诉讼标的

如果确定裁判文书既判力客观范围就等同于诉讼标的,既判力客观范围问题就是在判决终点上的诉讼标的问题。只要解决了诉讼标的何以确定的问题就解决了既判力客观范围的问题。《德国民事诉讼法》第322条对实质既判力作出规定,判决在对本诉或反诉中提出的请求权作出的裁判的范围内,发生既判力。被告主张以反债权进行抵销时,否定抵销的裁判在主张抵销的数额范围内发生既判力。[1] 在确定审理对象时,德国民事诉讼实务中法官通常将诉讼请求(或诉的声明)作为诉讼标的。[2] 将请求权作为诉讼标的似与德国流行的诉讼标的诉讼法说不符。在法条文义维度,在德国民事诉讼中诉讼请求就是诉讼标的,诉讼标的即既判力客观范围的法律适用逻辑还有待其法条文义的厘清。在法条具体运用维度,民事责任竞合时,德国法官不仅仅依据第322条的上述规定确定后诉是否触犯前诉的既判力,而且会运用诉讼标的"二分肢说",突破判决主文范围,越过前诉原告的诉讼请求,通过可能比判决书确定的案件事实范围更广的生活事实(或社会事实)与诉讼请求的结合来确定既判力的客观范围。我国有学者认为,这种既判力客观范围识别方法是将既判力扩张到裁判理由部分。[3] 此时的法律适用逻辑也非诉讼请求就是诉讼标的而诉讼标的即既判力客观范围的适用逻辑。通过上述分析,很难不对判决标的与诉讼标的在德国民事诉讼中的绝对一致性产生疑问。如果说上述情形为判决标的范围大于诉讼标的范围的

---

〔1〕《德国民事诉讼法典》,赵秀举译,法律出版社2021年版,第108页。

〔2〕[德]狄特·克罗林庚:《德国民事诉讼法律与实务》,刘汉富译,法律出版社2000年版,第14、17、147页。

〔3〕常怡、肖瑶:《民事判决既判力的客观范围》,载《甘肃政法学院学报》2006年第3期。

情形,在一部请求之诉中还会出现判决标的范围小于诉讼标的范围之情形。[1]

另外值得注意的是,判决标的与诉讼标的在形式上有差异,在各自范围却能保持实质一致的情形。《法国民法典》第 1355 条中使用的术语"l'objet du jugement"(判决标的)是与《法国民事诉讼法典》第 4 条中使用术语"L'objet du litige"(诉讼标的或审理标的)不同的概念。《法国民事诉讼法典》第 5 条又明确规定,法官的裁判对象为诉讼请求。这些法律术语用语形成的形式差异,并没有实质影响"诉—审—判"一致原理的运用。以"诉讼主张"确定诉讼标的是为了充分保障各方当事人的诉权与辩论权。结合诉讼请求与事由(即法律根据)确定既判力客观范围是为了平衡诉权保障与司法资源的有限性的关系。以判决主文回应诉讼请求是为了保障判决对起诉行为回应的直接性、明确性。同时,也充分保障当事人的辩论权与处分权。在审理过程中法官需要认真听取双方当事人诉讼主张,唯其如此,才能在判决理由中予以回应。根据《法国民事诉讼法典》第 604 条的规定以及相关判例,在法国民事诉讼中,判决没有理由、对当事人的陈述没有回应、判决理由相互矛盾、判决理由与主文矛盾等情形都属于判决不合法的情形,都属于可以向最高司法法院提起上诉的事由。[2] 依法确定的由双方当事人诉讼主张构成的诉讼标的(审理标的)为判决理由的回应内容提供了明确指引,也形成对法官强有力的鞭策。就法国民事诉讼判例中显现的就辩论争点所作裁判内容始可纳入既判力范围的裁判见解,辩论争点成为诉讼标的范围与既

〔1〕 20 世纪 70 年代末,我国台湾地区有学者基于对德国、日本民事诉讼学说史的梳理和对诉讼标的可分的情形下判决内容也可分割现象的观察,针对一部请求诉讼的规制问题表达了应当区分诉讼标的与判决标的之观点。他认为,诉讼标的既为诉讼之客体,也成为法院审理之客体。诉之声明既为判决的之客体,也成为法院为判决时之具体对象。两者之间,不仅在内容方面不同,且在范围方面亦不一致。得成为法院审理之内容及范围者,未必得完全成为判决之客体而变为主文之内容及范围。参见陈荣宗:《民事程序法与诉讼标的理论》,三民书局 1977 年版,第 321—322 页。

〔2〕 《法国新民事诉讼法典》(上册),罗结珍译,法律出版社 2008 年版,第 654—661 页。

判力客观范围保持实质一致性的关键要素。[1] 如此一来,在诉讼请求、原因之外再增加辩论争点要素来识别既判力客观范围似乎在扩大既判力客观范围与诉讼标的范围之间的差异。实则不然,作为1975年《法国民事诉讼法典》新增的条文即第4条规定的是诉讼标的要根据各方当事人的诉讼主张或诉讼请求确定。众所周知,各方当事人的诉讼主张或者诉讼请求的聚焦点就是辩论争点。将法国民事诉讼中的诉讼标的理解为辩论争点亦无不可。在此意义上,将辩论争点要素纳入确定既判力客观范围的考量要素不仅不会损及“诉—审—判”一致原理的运用,还动态地促使既判力客观范围与诉讼标的范围保持实质性一致。就民事责任竞合诉讼而言,前诉中仅就A请求权能否成立展开辩论,当事人之间并未就B请求权展开辩论,判决亦未对基于B请求权的辩论争点予以回应。以B请求权能否成立为辩论争点的后诉自当获得受理。如此安排,既保障了当事人的诉权、辩论权,也保障了应受保障的实体权利,能从根本上定分止争,符合既判力的双重属性本质。如此安排,既决裁判文书的既判力在民事诉讼中制度性效力、程序保障及自我责任、实体合法性这三个“支撑点”上都可获得较充分的正当性根据。

(二)诉讼标的与诉讼请求、辩论争点

1975年《法国民事诉讼法典》新增的第4条、第480条与《法国民法典》中既判力规定的对接实现了既判力实体法效果与程序法效果的有效整合;辩论争点要素的活化运用促进了静态化的既判力客观范围确定过程中纳入了动态的程序保障元素。在我国诉讼实践中,争议焦点归纳几乎已是诉讼流程必经环节,争议焦点几乎已是每份裁判文书的不可或缺的内容。争议焦点中既有事实争点,也有法律争点,还有程序争点。在判断后诉是否触犯前诉的既判力时,有的裁判文书中也会体现争点思维。体现争议实体法属

---

〔1〕《法国新民事诉讼法典》(上册),罗结珍译,法律出版社2008年版,第491页。

性的诉讼标的及案由，也是我国民事诉讼中判断重复起诉的基本要素。考虑到，作为一个案件法律定性的“显示器”、诉讼请求之法律理由的“集成器”的诉讼标的和诉讼请求与辩论争点在真实的诉讼过程中存在偏离一致性的可能。以诉讼标的作为识别、证立既决文书既判力客观范围的基本标准，而以诉讼请求、辩论争点作为证伪要素校验真实案件中诉讼标的与既判力客观范围的对称性，对我国民事诉讼而言是较为妥适的。在此由基本标准和辅助标准构成的既判力客观范围识别系统中，诉讼请求、辩论争点只发生补充甄别作用。依据辩论权、处分权行使原理和审判权行使原理，在民事诉讼的一般情形下，“诉讼标的 = 判决标的 = 既判力客观范围”的既判力客观范围确定“公式”是可以成立的。恰如一些建筑物中的消防系统由常规系统、烟感器等警示系统、喷淋器等应急系统集成运作一样，在民事诉讼运行系统中，统合式诉讼标的概念以及相应的层级式动态识别系统也可以集成式地用于确定既判力客观范围。如果并未发生判决标的乖离诉讼标的情形，按照一般情形下的常规应对方式，以当事人对具体的权利义务关系或初级请求权的诉讼主张确定诉讼标的并据此确定既判力客观范围即可。审判人员发现判决标的偏离诉讼标的之特殊情形的认知性的中介系统类似于警示系统，由此可以启动程序调控系统下的裁断。后诉是否竞合再诉、前诉实体审判结果（肯定或否定诉讼请求）、后诉是否部分诉讼请求之诉、前诉辩论争点范围是否覆盖后诉诉讼请求等程序变量都可以纳入考量范围。既判力影响型竞合再诉是既判力客观范围确定时比较突出的特殊情形。对此等情形展开程序调控式裁断，一要依据现行法规定展开；二要深度体悟民事法律制度的系统性目的、民事诉讼制度的系统性目的、重复起诉规制目的并于现行法规定的文义不及之处果敢裁断；三要全面体悟感知正义观引领的整体正义价值系统并于目的解释力所不逮之处妥当裁断。这是一个共识凝聚的过程，也是个案裁判累积审判经验促生新的指导性案例、新规则的过程。范围识别是既决文书的本案效果，而预决免证效是既决文书理由部分产生的他案效果。这两种法律效果可并行而不悖。因为我国《民事证据规定》第10条已经明确规定了裁判理由部分的事实认定产生预决—免证效,而非既判力,也不必过度担心辩论争点的纳入产生既判力范围向裁判理由扩张的效应。辩论争点要素的纳入只是为了更为具体、明确、直接地印证已经审理、已经审判事项与未经审理、未曾审判事项的界限。

我们不能低估制度运行中的人性基础。从人性的认知维度来看,当事人的诉讼认知理性总是难以达到绝对正确的认知水平,制度要推动当事人及其律师不断提升诉讼认知的精准度,但是,又不能做出要求过于严苛的制度安排。从人性的伦理维度来看,善恶并存是常态,但是善必制恶,既不能忽视恶意诉讼的危害性,也不能无视责任方“全身而退”对受损方的伤害;诉讼是有成本付出的,从人性的经济维度来看,诉讼成本是滥诉、轻率诉讼行为的“制动阀”。相较而言,这个“制动阀”比不予受理、驳回起诉的综合效果要好。既判力的消极效果服膺于当事人诉权与诉的利益相平衡的诉权合理行使的原理,既判力的积极效果遵循审判权的内在制约原理。目前,我国《民事诉讼法》并未规定原告必须在一次诉讼中就一个争议事实提出全部可能的请求及法律依据。将来在《民事诉讼法》中是否规定这样的当事人诉讼促进义务还需要审慎考量。在民事责任竞合时,如果原告在前诉中败诉,再选择别的请求权追究对方责任,请求金额可能相同,请求性质与法律理由不同,对于后诉请求的法律争点未经辩论、未经审判,不应视为触犯前诉判决既判力。此之谓程序法意义上的受理与否的法效果。如果原告在前诉中胜诉,再选择别的请求权追究对方责任,请求金额相同,请求性质与法律理由不同。对于后诉请求的法律争点未经辩论、未经审判,仍不应视为触犯前诉判决既判力。在我国《民事诉讼法》明确规定诉的利益制度之前,这种后诉仍要受理。不过,受理之后的审判,前诉判决内容对后诉的实体审判必然产生作用。后诉法院根据前一竞合之诉已经胜诉的判决结果应当判决驳回后诉诉讼请求,还可以判令后诉原告承担对方当事人在案件受理费之外的其他诉讼支出费用。这种经济“制动阀”可以起到一定的抑制轻率再诉行为的作用。就上述情形，在现行法律规定的制度框架内，在启动动态识别系统中的程序调控系统后，审判人员亦可审度案件具体情势适时释明。前诉胜诉的竞合后诉提起者自愿撤诉，亦不失为相对较优的结案方式。

第五章　法律应用方法与民事责任竞合问题的解决

棘手问题越早解决越好。

——题记

民事责任竞合问题的产生主要是因为民事法律体系日趋复杂、精密的法律发展趋势。在此法律发展趋势下,一个法律行为或者一个法律事件可能对应着法律规范体系的不同部分的法律效果,受损害方有多种救济可能性。受损害方如果获得双重救济则不符合公平原则,亦与诉讼制度要维护的法定秩序冲突。这多种救济可能性的胜诉难度及胜诉利益不同,受损害方的行为选择具有不确定性。这使得民事责任竞合时如何既能公平地使受损方权益获得充分保护,又维护诉讼秩序,还能使一个纠纷能够一次性解决、终局性解决,成为一个诉讼难题。这也使得民事责任竞合时的民事诉讼场域成为一个复杂场域。它牵涉参与主体的意识、行动与制度及诉讼资源的多重互动关联。作为场域核心的制度,当下的关键规制点是判决确定后的重复起诉行为。既判力、诉讼标的、诉的利益等递归逻辑链条上的理论资源为了解决这个复杂问题不断被重组,争议仍未间断。后果主义的判后规制思路不是应对这种复杂场域中的复杂问题的唯一思路。对复杂场域中问题,应该在问题产生、发展的全流程中统合参加主体的意识、促进良性互动行动加以应对。对这种问题,不仅要关注诉讼终点上的规制,还要筹划诉讼起点上、诉讼进程中的妥适安排。民事责任竞合问题产生于法律应用过程。我们不能忽视法律应用方法这把开锁的"密钥"。这里的法律应用方法指的是民事诉讼中将民事实体法与民事诉讼法运用到民事案件解决过程中的各种方法。这些方法既包括实体法与诉讼法交互作用确定规范前提与事实前提进而推理出审判结果的三段论演绎逻辑方法,也包括规制起诉等审前程序行为、规制审判行为的诉讼法规范构造分析方法。依此结果与过程相结合的思路,应对民事责任竞合问题,当前需要关注三组互动关系。

一、起诉模式与竞合问题化解方式的互动关系

民事责任竞合时的诉讼难题可追溯至起诉时,如果受损害方在起诉之时能选择最佳诉讼请求,就不会产生后诉以及法院对后诉的规制。如是观之,民事责任竞合时的诉讼难题既是一个诉讼终点问题,也是一个诉讼起点问题、诉讼进程中的问题。棘手问题越早解决效果越好。因为关乎受损害方切身利益,棘手问题"冷处理"解决的概率不会高。通常是,棘手问题越是被延迟处理,后果会越严重。这就是常常被人提及的"雪球效应"。解决民事责任竞合时的诉讼难题的最佳场域应该是诉前规划场域。依其解决问题的可能性、彻底性、妥当性,诉讼是解决这类问题的次优场域。而从前诉的诉讼终点出发,在前诉与后诉的交界点解决竞合问题的场域则是解决此类问题的二难场域。

笔者之所以认为解决民事责任竞合时的诉讼难题的最佳场域应该是诉前规划场域,是因为如果条件具备在这个场域就能形成一种基于完全分析

的起诉行为模式,而且只有这个场域才具有这种起诉模式运行的时间条件。民事责任竞合问题的复杂性很大程度上来自受损害方信息不对称的决策困境。在诉前规划场域中,如果有律师能基于诉讼信息(含实体规范信息、事实信息、程序信息)展开相对方责任及己方救济权的体系分析并以各种诉讼请求方案的胜诉利益多少、胜诉难度大小为标尺得出比较结论供受损方参考,根据受损害方提出的诉讼请求而形成的裁判结果令其满意的概率相对较高。复杂的民事责任竞合问题在诉前规划场域解决需要具备以下主体条件及主体意识条件:足够数量的愿意且有能力进行诉前规划咨询服务的律师;当事人乐意为诉前规划付费;复杂的民事责任竞合问题在诉前规划场域解决需要具备的关键行动条件是咨询律师的法律运用分析方法的可靠性。复杂的民事责任竞合问题在诉前规划场域解决需要具备的制度、资源条件是重视合并诉讼的诉讼制度以及促进律师诉前咨询的律师制度及相关法律服务、诉讼保险制度等。具备这些条件,起诉决策将很大程度上克服受损方预期不确定性带来的困惑与起诉失当弊端。即便对复数请求权最终的法律效果判断难以确定(如因事实认定结果无法预测),通过诉的合并提起,也可以很大程度上避免围绕前诉终点解决后诉合法性问题的二难性。

(一)可用规范不确定性、"找法"的方法与基于完全分析的起诉模式

如果把基于相对完整的对案涉争议的实体规范信息、事实信息、程序信息分析作为起诉决策基础的行为模式称为基于相对完全分析的起诉模式,那么,现实的诉讼中广泛发生作用的是基于不完全分析的起诉模式。信息分析越全面,信息不对称的负面效应越小,决策正确性越高,可选择空间越大,规制成本越低。如何高效地找到案涉争议的可用法律规定并发现其中的竞合法条是展开对案情的完全分析的基础。司法逻辑三段论的直接目的是要确定规范要件与事实要件的可结合性和联系的密切性。这一过程可以通过多种方法来实现,典型的如法律关系分析方法、请求权基础分析方法和

案例指导方法。[1] 法律关系分析方法与请求权基础分析方法是将司法三段论中的小前提与大前提连接或涵摄的重要方法。不过,连接的逻辑基础之一是确定大前提。法律关系分析方法与请求权基础分析方法这两种法律应用方法同时也具备"找法"功能。在案例分析的过程中,运用形式逻辑的三段论公式,不是首先寻找大前提,而是应先确定小前提,即对事实进行认定,然后再寻找大前提。因为法官必须首先接触和认识案件事实,对事实有了基本的了解后,才能有目的地寻找法律规范。在确定了小前提后,按照形式逻辑的三段论方式推理,将小前提套入大前提,最后得出结论。所谓"以事实为依据,以法律为准绳",就是对三段论的推理过程的高度概括。[2] 法律关系分析过程主要包括如下环节:案件事实→法律关系→法律规范→案件裁判。[3] 以案件事实的定性确定法律关系并找到相应法律规范,再通过法律关系连接案件事实与法律规范,在此过程中,法律关系分析方法的"找法"功能先于其连接功能。有实务专家亦认为,请求权基础分析方法主要的功能是解决司法三段论中的涵摄问题。[4] 如有学者所言,请求权基础的寻找,是处理实例题的核心工作。[5] 请求权基础的运用实为"找法",即寻找该请求权的实体法依据,尤其是现行法律依据。[6] 搜寻大前提的工作通过"请求权基础探寻方法"的训练实现,这是德国大学教育阶段练习课的主要内容,也是两次司法考试的考核目标。[7] 由是观之,不仅不能忽视请求权基础分析方法的"找法"功能,还应认识到"找法"功能是请求权基础分析方法的前

---

〔1〕 王利明:《法学方法论:以民法适用为视角》(第2版),中国人民大学出版社2021年版,第287页。

〔2〕 梁慧星:《裁判的方法》,法律出版社2003年版,第5页。

〔3〕 王利明:《法学方法论:以民法适用为视角》(第2版),中国人民大学出版社2021年版,第289页。

〔4〕 黄湧:《民事审判争点归纳:技术分析与综合运用》,法律出版社2021年版,第31页。

〔5〕 王泽鉴:《法律思维与民法实例》,中国政法大学出版社2001年版,第50页。

〔6〕 张俊浩主编:《民法学原理》,中国政法大学出版社1991年版,第84—85页。

〔7〕 吴香香:《德国法学教育借镜》,载《中国法学教育研究》2014年第2辑。

置性功能。

法律关系分析法依靠当事人陈述的纠纷事实开启搜寻司法逻辑三段论的“大前提”之旅。“实战版”的请求权基础分析方法——法庭报告技术或关联分析法也通过原告陈述、被告陈述形成的纠纷事实进行请求权基础检索。在我国诉讼实务中，法律职业人才基本上是通过法律分析方法来“找法”。[1] 诉辩构造下的法规范分类方法（依据此方法以及相应理论在诉讼攻击防御视域下法规范可以分为请求权基础规范以及与其对立的请求权消灭规范、请求权障碍规范、请求权限制规范）是请求权基础分析方法的前序方法。目前，依据《民诉解释》第 90、91 条的规定，在法律关系分析方法应用过程中，法规范也可分为法律关系产生规范以及与其对立的法律关系变更、消灭、权利受到妨害的规范。这样的规范分类之下亦可依类确定两种规范效果的要件并确定相应的要件事实。只是，法律关系分析方法与请求权基础分析方法分别对应的法规范分类的范围与精度不同。与法律关系分析方法对应的法规范分类的范围广，与请求权基础分析方法对应的法规范分类的精度高。在笔者十几年来接触到的法律职业人才中，多擅长通过法律关系分析方法来“找法”。在此过程中，大家先对争议案件事实进行法律定性，然后再确定案涉争议属于哪种法律关系，最后根据法律关系理论的指引确定可适用于本案的法律规定。在传统的法律关系体系理论中，法律关系比较抽象也没有为法律检索提供恰当的顺序安排，物权法律关系、债权法律关系、合同法律关系、侵权法律关系等法律关系“标签”虽然能起到“找法”方向指引作用，但是，在确定具体的当用法条时就得依靠“找法者”对法律基本概念的掌握程度以及“找法者”对法律体系、具体规定掌握的熟谙程度和大家对法律体系、具体规定认知程度与解释能力了。这就可能会出现针对相同案情“找法者”不同检索结果可能也不同的现象。在精准“找法”方面请求权

---

[1] 吴香香：《请求权基础：方法、体系与实例》，北京大学出版社 2021 年版，第 19 页。

基础方法具有明显优势。在这方面,德国民事诉讼中围绕请求权竞合问题展开的制度、学理、实践互动,颇有启示意义。德国民事诉讼中流行的诉讼标的、既判力客观范围"二分肢说"存在权利保护充分性不足的欠缺,但是,这种学说在诉讼实践中却没有受到侵害听审请求权的强烈声讨,反倒是发挥了其维护诉讼秩序的优势。原因何在?强制律师代理制度、法律职业人才的培养方式、法学教育中对请求权基础分析方法进行的普及性传授与演练是比较明显的因由。依《德国民事诉讼法》第 78 条第 1 项的规定,当事人在邦法院、邦高等法院及联邦最高法院进行起诉,原则上均适用律师强制代理制度。《德国律师法》要求律师对向自己进行法律咨询或委托代理的当事人应以"最安全途径原则"为标准进行解答或提出建议,即在显无胜诉希望的情形下,不应建议当事人起诉或上诉,而是帮其分析利弊,促使当事人正确对待自己手中的诉讼权利,进而使滥诉缠讼现象得到遏制。〔1〕 早在 19 世纪 70 年代德国就实行统一的国家司法考试制。凡法官、检察官、律师、公证人等法律人员必须通过国家司法考试获取从业资格。其中最著名的做法便是第二次国家司法考试。通过大学"重点模式"考试后,申报人就有了参加国家必修课目考试的资格。〔2〕 经过严格的请求权基础分析方法训练与考核的法律职业资格申请者一旦通过德国的国家司法考试就都获得担任法官资格。德国的法学教育一直是大而全的以法官为职业导向的。这样一来,法学院的课上和课后做案例分析的时候都会要求学生用中立的法官的视角来想问题,以公平公正为最高的价值导向。但是在法律职场上大部分的法科毕业生都是选择做律师这一行的。这就有矛盾。所以现在的改革方向是,在法学教育阶段就给学生一个以被代理人(客户)的利益为价值导向的思维

---

〔1〕 陈团结:《德国强制律师代理制度初探——以民事诉讼为视角》,载《海峡法学》2018 年第 4 期。

〔2〕 叶芳:《德国司法考试制度及启示》,载《中国司法》2011 年第 2 期。

和实战训练。[1] 为使法学教育考核机制更科学合理，德国对国家司法考试制度进行了调整。保留第二次国家考试的模式，但强调律师在考试中的参与和律师事务对考试内容的作用。法律规定，应有一定比例的律师参与组织第二次国家考试。考试内容也要求其更多地面向律师实务，部分考试题目也应取自律师实务中有典型意义的真实案件。[2] 德国第二次国家司法考试的考试内容覆盖实体法的主要科目（民法、公法等）以及一个由考生自选的科目。在形式上通常是：一篇论文；四项笔试。值得注意的是，考生须在10分钟内完成一段自由演讲，即就一个真实案例，选择从法官、律师或检察官的角度阐明自己的意见，以证明自己具有在有限时间内以清晰、明确和令人信服的方式阐明具有决定意义的论点、提出契合司法实践的法律措施建议的能力。[3] 由是观之，第四章所叙梅迪库斯讲述的"律师考卷"所体现的请求权基础分析方法的实践应用场景在不断扩展。以法律适用方法为核心的法学方法论不仅对法官至关重要，它是任何法律执业者都必须具备的基本职业技能。[4] 一名德国法官按照梅迪库斯所言对多个请求权目标依序检索再根据检索与审查结果给当事人以请求变更释明，可以在很大程度上避免不必要的后诉。同样经过请求权基础方法训练与考核的律师在诉前咨询阶段就能依据请求权检索的初步结果提出最优诉讼请求方案，需要延至到诉讼中解决的民事责任竞合争议就会大大减少。强制律师代理制度与请求权基础分析方法在律师诉讼实务中的"扎根"使得效率与秩序导向的德国民事诉讼中"二分肢说"诉讼标的及既判力学说以及竞合争议处理方式得以维续。在上述诸种因素中，请求权基础分析方法的"找法"功能当属关键要素。不过，请求权基础分析方法并非绝对完美。请求权基础分析法主要适用于

---

〔1〕 刘毅、张陈果：《德国法学教育改革访谈》，载《社会科学论坛》2007年第3期。

〔2〕 秦天宝、扶怡：《德国法学教育的新发展及对我国的启示》，载《江苏大学学报（社会科学版）》2014年第5期。

〔3〕 叶芳：《德国司法考试制度及启示》，载《中国司法》2011年第2期。

〔4〕 吴香香：《德国法学教育借镜》，载《中国法学教育研究》2014年第2辑。

给付之诉。在大多数案件中,当事人的主张都以请求的方式表现出来,诉讼上的争议多为给付义务的争议,请求权检索的方法也能适合实务的需要。请求权基础分析法中所适用的规范是请求权基础规范,而法律关系分析法中所适用的是所有裁判依据,其范围不限于请求权基础规范。[1] 请求权基础方法在检索整全性上不及法律关系分析方法,法律关系分析方法在检索精确度上略逊请求权分析方法。

特别值得关注的是,自 2008 年 4 月 1 日以来,在我国民事诉讼中已经实行了 14 年的民事案由制度。《民法典》颁布后,我国最高人民法院修改了《民事案件案由规定》(以下简称《案由规定》)。我国民事案由主要依据民事法律关系的性质来确定。据最高人民法院《关于印发修改后的〈民事案件案由规定〉的通知》,修改后的《案由规定》在坚持以法律关系性质作为确定案由的主要标准的同时,对少部分案由也依据请求权、形成权或者确认之诉、形成之诉等其他标准进行确定,对少部分案由的表述也包含了争议焦点、标的物、侵权方式等要素。目前《案由规定》规定了 11 部分、4 个级别总计 929 个案由。我国民事案由已经形成科学的案件性质的定位体系,准确、完善的法律依据检索系统,不仅促进了审判管理、司法统计的科学化,也为民事诉讼运行提供了结构化的规范体系指引。最高人民法院《关于印发修改后的〈民事案件案由规定〉的通知》明确要求,同一诉讼中涉及两个以上的法律关系的,应当根据当事人诉争的法律关系的性质确定个案案由;均为诉争的法律关系的,则按诉争的两个以上法律关系并列确定相应的案由。在请求权竞合的情形下,人民法院应当按照当事人自主选择行使的请求权所涉及的诉争的法律关系的性质,确定相应的案由。如是观之,我国民事案由的确定过程中充分关照到法规范的体系性与多法律关系争议、竞合争议的复杂性。为立案、审判管理、司法统计服务的案由确定法也可以作为民事案

---

[1] 王利明:《法学方法论:以民法适用为视角》(第 2 版),中国人民大学出版社 2021 年版,第 317—318 页。

件中法律应用方法。在“找法”层面,从当事人的诉讼主张、事实陈述出发归纳争议法律关系、请求权性质,明确诉的类型,再寻找对应的案由以及具体的法律依据的案由分析法兼具实用性与科学性,也符合当下我国法学教育、研究中以法律关系为轴心的法学思维与教育范式。审判管理应为诉讼正常运行服务,诉讼运行也应与正当、科学的审判管理保持一致。“找法”是法律运用形式逻辑的关键环节。对于竞合状态的法律规范的发现是“找法”的难点问题。良好的法律应用方法既要有专精性的优势,也要有整全性的特质。我国民事案由体系奠定了结构化法律应用方法的基石。法官借此可以及早察觉案件的竞合性质。当事人、律师全面、准确理解民事案由体系,并以此作为案情分析的“路线图”,也可以及早发现民事责任竞合问题。案由分析思维是审判管理思维、审判思维与律师思维、当事人思维之间一个现实和恰当的聚合点。最高人民法院陆续推出多种《民事案由规定》理解与适用类书籍。[1] 在这些书籍中都明确提示了每种案由的当用法条。案由分析法与传统意义上的法律关系分析法相比,在诉的类型、法律关系、请求权的体系性、层次性、细密度方面的进步是十分显著的。目前,在我国民事诉讼中,还能找得到比案由体系更全备且在各级法院形成高度认同的裁判依据索引体系吗?不能。案由分析法是我国法律应用经验的结晶,它不仅具有深厚的实践优势,在“找法”以及案件定性方面还兼容了法律关系分析法、请求权基础分析方法、诉的类型分析方法的方法论优势。在案由分析法未尽之处,仍可结合具体案情通过法律关系分析法、请求权基础分析方法找寻案涉争议的可用法条并为案件定性。

民事责任竞合时,基于完全分析的起诉模式可以通过最优诉讼请求选定、多请求合并起诉的阶梯式诉前决策避免这个问题的解决推延至二难场

〔1〕 例如,杨万明主编、最高人民法院研究室编著:《最高人民法院新民事案件案由规定理解与适用》,人民法院出版社2021年版;人民法院出版社编著:《最高人民法院民事案件案由适用要点与请求权规范指引》,人民法院出版社2019年版。

域中。鉴于诉前信息的不确定性,多请求合并起诉具有更强的实践意义。通过比较分析,可以发现遵循既判力遮断竞合后诉制度逻辑的国家(如德国)与遵循既判力不遮断竞合后诉制度逻辑的国家(如日本),都不同程度地对在诉讼起点上受损方就对方的多重责任主张复数请求权、提起多种性质不同的诉讼请求的合并起诉方式持宽容与认可的立场。有的译者将诉的客观合并译为客观诉讼聚合。依据《德国民事诉讼法》第260条的规定,客观诉讼聚合分为累积式诉讼聚合、或然式诉讼聚合(主要及附带请求)、选择式诉讼聚合。在德国法官看来。客观诉讼聚合不仅应列入民事诉讼的主要领域,还应该优先关注。[1] 累积式诉讼聚合、或然式诉讼聚合(主要及附带请求)、选择式诉讼聚合就是通常所言单纯合并、预备合并与选择合并。德国民事诉讼中不接受请求权观念竞合时的诉的合并请求。不过,在德国,基于其支付请求权起诉的原告可以基于票据义务提起要求支付的第二个诉,而第二个诉并不违反第一个诉的诉讼系属。[2] 目前在国内可见的最新版《德国民事诉讼法典》译本中,该法典第260条为"受诉法院对原告的数个请求权都有管辖权而且对其可以适用同种诉讼程序时,原告可以针对同一被告在同一诉讼中合并主张各请求权,不受各请求权基础的影响。[2005年10月21日生效]"。[3] 依此译本,请求权居于诉讼合并客体的关键位置,请求权基础同一与否不再是诉的客观合并的要件。如是观之,除前述请求权现实竞合下允许诉的合并之外,德国民事诉讼法中似乎对请求权观念竞合下的诉的合并也有采宽容立场之倾向。在日本民事诉讼中,客观的诉的合并包括单纯合并、预备合并与选择合并三种形态。在日本民事诉讼的三种客观合并之诉中,提起单纯合并之诉的原告对多项请求的存立关系与顺序无

---

〔1〕[德]狄特·克罗林庚:《德国民事诉讼法律与实务》,刘汉富译,法律出版社2000年版,第147—174页。

〔2〕[德]汉斯-约阿希姆·穆泽拉克:《德国民事诉讼法基础教程》,周翠译,中国政法大学出版社2005年版,第90页。

〔3〕《德国民事诉讼法典》,赵秀举译,法律出版社2021年版,第84页。

附加条件；提起选择合并之诉与预备合并之诉的原告对多项请求之间的关系是附加解除条件的。日本有的诉讼标的实体法说支持者曾试图透过预备合并论解决该说在适用中会产生的二次给付弊端，但预备合并论不合于概念逻辑，因实际上请求权或形成权竞合并非权利之相互排斥或矛盾。[1] 日本的民事诉讼实务中以选择合并为应对请求权观念竞合现象的常态举措。日本的选择合并具有如下制度特征：各复数请求中以其中一个被承认作为解除条件；原告无须明确多个请求（通常为两个请求）的审判次序；对于复数请求权，法院可择一而审。各请求无一成立，方可就全案驳回请求。[2] 对于请求权现实竞合时可否展开诉的合并日本学界有不同见解。在实务中，1964 年日本最高裁判所作出了对票据金请求与作为其原因的贷款请求采行预备合并的判例。[3] 就请求权现实竞合而言，日本多以客观预备合并应对票据纠纷、以单纯合并应对新债清偿纠纷；德国以选择合并应对票据纠纷、以客观预备合并应对新债清偿纠纷。此种情形下，被比较对象呈现出形态各异的"镜像"，折射出正在摸索理想路径的状态。[4] 尽管如此，我们依然可以看到诉的客观合并在应对民事责任竞合时复数请求权之惑的明显契机。无论是合并起诉还是在诉讼中进行诉的合并，都需要法律职业人才能娴熟运用法律根据检索方法。在德国民事诉讼中，如果一方当事人违反了保护义务，那么对方当事人可以主张合同性的损害赔偿请求权。如果合同责任与侵权责任的要件都满足，则两个请求权并立存在（请求权竞合）。因此，在考试时两种类型都必须检验。在检验的过程中每一请求权原则上应依其各自所属法律领域的规则来处理。[5] 通过这样的请求权基础分析方法

[1] 魏大喨：《日本民事诉讼法上诉讼标的理论发展》，载姜世明等：《诉讼标的及重复起诉禁止理论之再省思》，新学林出版股份有限公司 2018 年版，第 97 页。

[2] 韩波：《论请求权竞合时诉的客观合并之形态》，载《现代法学》2022 年第 1 期。

[3] ［日］新堂幸司：《新民事诉讼法》，林剑锋译，法律出版社 2008 年版，第 522 页。

[4] 韩波：《论请求权竞合时诉的客观合并之形态》，载《现代法学》2022 年第 1 期。

[5] ［德］迪尔克·罗歇尔德斯：《德国债法总论》（第 7 版），沈小军、张金海译，中国人民大学出版社 2014 年版，第 9 页。

的诉前的咨询性的"检验",可以在很大程度上消减受损方的选择困惑。通过请求权基础分析方法对所有可能用于纠纷事件的法律根据的检索与验证,在对实体规范的范围与构成有充分把握后再提起诉讼,受损方可以在规范信息相对完整的前提下做出最优诉讼请求选择,进而避免先诉失利再提后诉的不经济之举。阿列克西认为法教义学主要包含三个方面的工作:对现行有效法律进行描述、对法律概念—体系的研究以及提出解决法律争议的建议。[1] 请求权基础分析方法是法教义学的法律应用方法论之基石与精髓。从德国民事司法实务中广泛应用请求权基础分析方法弥补"二分肢说"诉讼标的及既判力学说在应用中的权利保护充分性"短板"的经验来看,应该重视法律应用方法与民事责任竞合问题处理方式之间的互动关系,应该通过律师诉前咨询制度、诉的合并制度以及法律应用方法在法学教育中的深度普及来谋求最佳场域的最佳解决方法。在相对完全信息分析基础上的起诉模式下,受损方一般会在确切预估胜诉利益差别、胜诉难度大小后"发现"最优诉讼请求方案。

不过也需注意,如果受损方自述事实信息与诉讼中被证明的事实差距较大,也仍然难以排除通过后诉寻求救济的必要性。

(二)事实不确定性、"锁定"事实的方法与基于完全分析的起诉模式

在德国,实战版的请求权基础思维——法庭报告技术纳入了以请求权基础思维引导的案件事实(小前提)的裁剪与认定的内容。法庭报告技术展开的关键环节是由当事人陈述的原告阶段与被告阶段。在这两个阶段,对当事人陈述的审查并不是依案件事实发生的时间顺序展开,而是根据原告诉请寻找请求权基础,依次检视原告陈述与被告陈述是否满足各项备选请求权规范及其各层级辅助规范、防御规范的适用前提,实质是将课堂练习的

---

[1] [德]罗伯特·阿列克西:《法律论证理论》,舒国滢译,中国法制出版社 2002 年版,第 311—312 页。

请求权方法分别适用于原、被告两方陈述的法律审查，只不过其中“给定的事实”被替换为原、被告两个版本的“当事人陈述”。陈述审查阶段本身既不调查未知事实，也不证明已知陈述。不过，为了避免突袭判决，法官有释明义务。不具有法律合理性的原告诉请与被告防御是法官释明义务的典型适用情形。原则上，仅双方有争议（陈述不一致）且构成请求权基础要件或抗辩要件的陈述才需要举证确认。[1] 这种适用于法庭审理中的法庭报告技术对于当事人诉称事实的重视在起诉前事实要素预估中颇有参考意义。只是这种参考价值是建立在被告对原告诉愿的回应陈述以及原告对被告可能陈述内容的估计之上的。日本的法律适用方法侧重于诉讼中事实要素的动态确定。这种法律适用方法被称为要件事实思维或者要件事实方法论。

三段论方法下的待决案件事实在当事人主义诉讼体制下被称为要件事实，而关于在这一体制下法官审理判断案件的方法（审判方法），则被称为要件事实论。[2]

据日本司法研修所的观点，要件事实分析方法应通过实体法解释确定要件事实的具体内容是什么，其主张责任、证明责任如何分配。在此基础上，将实体法规范分为产生权利的规范（《日本民法》第555条[买卖合同之缔结]）、妨碍权利产生的规范（《日本民法》第95条本文[错误]）、消灭权利的规范（《日本民法》第474条以下[清偿]）以及阻止权利行使的规范（《日本民法》第533条本文[同时履行抗辩权]）。因上述规范产生的法律效果而受有利益的当事人应当负担主张和证明责任。这一证明责任分配规则较有说服力……以上述规则为前提，在分配主张和证明责任的基础上对实体法规范进行分析，在明确了当事人希望发生的法律效果的必要构成要件后，再

[1] 吴香香：《请求权基础：方法、体系与实例》，北京大学出版社2021年版，第19、26页。
[2] 许可：《民事审判方法——要件事实引论》，法律出版社2009年版，第7页。

具体审视当事人关于符合各构成要件的要件事实之主张。[1] 由是观之，日本的法规范分类说也没有“借用”请求权这个中间概念来区分诉辩构造中的法律规范。如日本京都大学的民法学者山本敬三所言，要件事实是“民事诉讼上的概念”。有关要件事实论的通说性的见解——法律要件分类说认为，主张责任及举证责任的所在以及攻击防御方法的配置，终归要通过对民法的解释才能推导出来。作为原告请求原因的其应当主张、举证的事实，要经对原告请求的阐明，即明确构成权利基础的民法规范——称为权利根据规范或者据权规范——是什么，并根据该规范的宗旨确定该规范的要件——称为成立要件，才得以确定。被告抗辩应当主张、举证的事实，也要经对构成反驳原告权利之根据的民法规范——称为权利阻却规范或者阻却规范——为何的阐明，并根据该规范的宗旨确定该规范的要件——称为阻却要件，才得以确定。[2] 要件事实分析方法是一种民事裁判方法，也是律师可以运用的诉讼分析方法。相对而言，这种在主张责任、证明责任指引下将攻击防御方法融入请求—抗辩—再抗辩过程的法律应用方法在诉讼事实信息确定方面具有明确、清晰的指引功能。在起诉前的诉讼规划中，在案由分析法基础上，再运用要件事实分析方法，梳理证据材料并对其证明待证要件事实的可能性展开预测性的“沙盘演练”，则可在事实因素的胜诉难度方面形成较为确定的估测。这两种法律运用的方法与相对完全分析的起诉模式是一种良性互动关系，前者为后者的决策环节提供了可靠的规范信息、事实信息，后者为前者开拓了应用场景并增强了其诉讼实践价值。通过这两种法律应用方法的评估性运用增进基于相对完全分析的起诉模式的普及，可以在很大程度上减少基于不完全分析的起诉模式下的轻率诉讼、试探诉讼的

---

〔1〕［日］伊藤滋夫：《要件事实的基础：民事司法裁判结构》，许可、［日］小林正弘译，法律出版社2022年版，第279—280页。

〔2〕［德］山本敬三：《要件事实、规范构造分析的意义及本书中表格的读法》，载［日］山本敬三：《民法讲义Ⅰ：总则》（第3版），解亘译，北京大学出版社2012年版（正文前的说明，无页码）。

负面效应。在采既判力不遮断竞合后诉的制度逻辑的国家,相对完全分析的起诉模式与诉的合并程序技术的结合当属良性互动的结合,应该能产生既促进集中审理与一次性解纷,又能妥当保护受损方合法权益的综合效果。这也是诉源治理的一个重要向度。

二、结构化法律应用方法与竞合问题化解方式的互动关系

如果诉前场域并未能化解民事责任竞合问题,而在诉讼中场域能够尽快、及早发现民事责任竞合问题并采取妥适的应对措施也不失为两全之举。能否做到这一点与法律应用方法的结构化程度密切相关。

有实务专家认为,目前请求权基础分析方法对请求权基础之基础重视程度不够,没有将其作为步骤之一,即该方法对请求权基础系属的上位法律体系或法律类型(包括属于哪个部门法、哪部法律、哪个法律类型调整等)存在检索步骤缺失,对于“刑民交叉”“民行交叉”案件应对乏力。该方法在应对混合性、复合性法律关系案件中亦应补足类型化思维。在诉的类型的确定方面亦有需补足之处。[1] 这种体系性思考难能可贵。纠纷所涉法律争议的性质以及应当适用的法律规范的属性决定着法律适用的方向,决定着诉讼性质究竟是民事诉讼还是刑事诉讼、行政诉讼;混合纠纷、复合纠纷需要厘清相互交织的法律关系的主次关系、因果关联,才能展开具体的请求权基础分析;诉的类型不同,适格当事人确定、原告权利主张的法律依据性质、当事人的主张责任与证明责任等方面差异悬殊,且确认之诉与形成之诉不适合采请求权基础分析方法。有学者明确提出,甄别诉的类型的请求权性质分析是民事案例分析的“第一步”。[2] 尽管在规范体系、争议法律关系特

---

〔1〕 刘力:《论民商事案件裁判方法的反思与完善——以请求权基础分析方法为中心》,载《东方法学》2020 年第 1 期。

〔2〕 王利明:《民法案例分析的基本方法探讨》,载《政法论坛》2004 年第 2 期。

征、案涉法律规范的属性定位以及诉的类型的前置性检索与审查方面请求权基础分析方法存在尚需补足之处，不过，应该看到在民事法律领域，目前的请求权基础分析方法是将请求权基础系统检索并且不遗漏竞合请求权基础作为基本的技术要素的。[1] 结构化法律应用方法是以规范结构为基础，兼容程序形态（诉的类型等）、争议事实要素的系统性的法律适用方法。结构化程度如何首先要看规范结构的规范体系的全面性、完整性。整体规范体系、局部规范体系是规范结构的两个层面。在民事实体法体系这一局部规范体系层面，请求权基础分析方法所体现的结构化程度是比较高的。这比仅回应原告诉讼请求法律依据能否适用于本案的法律应用方法更能保护权利人的应得权益。这一方法在实务中面临的问题是法官的法律检索负担、释明负担比较重的现实问题。审判职责的基本特性是回应性，过度释明难免逾越当事人决定审判对象与范围的处分原则的核心要旨，难免触碰中立性这一司法正义之基石。毕竟，法律依据与诉讼请求、要件事实是密不可分的关联体。将穷尽请求权基础检索的“任务”交给律师，在制度上为诉的变更与追加预留空间，对合并之诉持宽容立场，更为妥适。

近年来，实务界积极探索科学的、适合我国国情的审判方法。要件审判九步法、民事审判争点归纳技术、要素审判法在实体与程序结合、静态的法与动态的诉讼过程之间的结合上各有“亮点”。这三种“本土”审判方法的共同点是对总结争议焦点、围绕争议焦点进行审理的我国审判经验进行了提炼升华。要件审判九步法在应用逻辑上采“总—分—总—分—总”结构，承前启后的第六步是争点整理。[2] 要素式审判方法的“核心技术”是通过当事人填写的案件要素表发生无争议的事实要素与有争议的要素事实，然后

---

〔1〕 吴香香：《请求权基础：方法、体系与实例》，北京大学出版社2021年版，第29页。

〔2〕 邹碧华：《要件审判九步法》，人民法院出版社2021年版，第31—32页。

围绕有争议的要素事实展开审理、撰写要素式判决书。[1] 民事审判争点归纳技术更加关注审判中的动态性、循环性与反向求证性的争点归纳技术力求从诉讼法方向解决问题,力图直面诉讼标的、法律事实、证据等争点形成争点网络,应对法律到事实、事实到法律的多次循环。[2] 通过先行审查诉讼标的争点位序技术蕴含着化解竞合性争议的契机。[3] 上述审判方法在法律应用方法的专精性方面各有建树,不过在法律应用方法的结构化方面似仍有进一步拓展的空间。笔者认为,民事纠纷基本争议与法规范构造、诉讼争点相互结合的分析框架有望进一步提升法律应用方法的结构化程度。当事人之间的民事案件基本争议是围绕诉讼效果产生的。这些基本争议是受理效果、程序相称效果、程序保障效果、胜诉效果、程序异常效果、既判力阻却效果争议。这些诉讼效果争议都系属于特定的诉讼法与实体法规范构造,都以特定的要件存在为实现前提。前述各种法律应用方法大多聚焦于胜诉效果,而一个民事案件如果不能获得法院受理,是根本无实体意义上的胜诉效果可言的。进而言之,一个民事案件首先面对的是诉讼效果争议,这个争议明确后才涉及当用规范的“锁定”以及当用规范性质与构造的分析,才依次延展到要件争议,要件事实争议,要件与法效果的涵摄争议。在第二层次争议之下又会细化出动态性、循环性的各种实体性或程序性的争点。这种分析方法权且可以称为诉讼效果·规范构造·诉讼争点分析方法。在诉讼效果争议厘清层面,可用于“找法”的案由分析方法(可借鉴、吸收法律关系分析方法、要件审判九步法、请求权基础分析方法中卓有成效的分析思路)是基本方法;在规范构造中的要件争议、要件事实争议、要件与法效果的涵摄争议层面,法律关系分析方法、请求权基础分析方法可为静态分析方法,

---

[1] 滕威、刘龙编著:《要素式审判法:庭审方式与裁判文书的创新》,人民法院出版社2016年版,第3页。

[2] 黄湧:《民事审判争点归纳:技术分析与综合运用》,法律出版社2021年版,第31—34页。

[3] 黄湧:《民事审判争点归纳:技术分析与综合运用》,法律出版社2021年版,第45、56页。

要件审判九步法、要件事实分析方法与民事审判争点归纳技术可为动态分析方法。这些方法可以在诉讼效果 · 规范构造 · 诉讼争点分析方法的“平台”上各尽其长、优势互补。

三、合并审理模式与竞合问题化解方式的互动关系

尽管诉中场域是解决请求权竞合问题的次优场域，不过，因为诉讼已经获得法院受理，被告答辩、双方提交证据与证据交换、庭前会议等一系列审前准备活动揭示了绝大多数案件信息，诉中场域解决请求权竞合问题的实效性很强。在这个场域，如能运用好法效果 · 规范构造 · 诉讼争点分析方法并融汇前述法律应用方法的分析思路，基于对案件所涉实体规范信息与事实信息全面、精准分析与预判，律师应该能够为当事人建议最佳诉讼策略。这些建议中既可以是诉讼请求变更，也可以是通过诉讼请求追加来实现诉的合并。有实务专家已经非常明确地意识到通过合并审理解决请求权竞合问题的现实必要性。他认为，在请求权基础检索后，如出现复数请求权如何处理的问题将涉及诉的客观合并问题，应为请求权基础分析方法所重视。基于“同一事实”请求权竞合时法院应合并审理，即逐一审理竞合的各个请求权基础，如其中一项请求权基础有理由时，可以作出原告胜诉的判决，如无理由则继续审理其他请求权基础。[1] 尽管接续诉讼比仅能择一起诉的诉讼程式更能保障受损方权益，审判对象也比较明确，但是，一案化多案显然不利于纠纷的一次性解决；诉讼时段迁延，既会导致解纷整体效率低下问题，也可能使当事人丧失本可实现的权利。更为差强人意的后果是，后续诉讼会因为《民诉解释》第 247 条规定中否定前诉裁判结果的重复诉讼标

---

〔1〕 刘力：《论民商事案件裁判方法的反思与完善——以请求权基础分析方法为中心》，载《东方法学》2020 年第 1 期。

准而遇阻。请求权竞合规定的规范目的也会因此而落空。[1] 为保障诉权、一次性解纷、终局性解纷应当积极倡导诉讼中对竞合诉讼请求的合并审理。

日本的要件事实分析方法关注对具体事实的严格定性、主张责任与证明责任的分配、攻击防御方法体系中请求原因、抗辩、再抗辩的定位与系列主张。[2] 这种法律适用方法依循诉讼程序中产生权利主张法律效果的要件的事实基础与权利主张的密切关联性、严谨对应性，通过主张责任与证明责任分配对诉讼过程进行结果性指引，以诉讼攻击防御对抗方式进行过程性指引，其内在逻辑是有要件事实才有法律规定要件、有法律规定要件才产生相应法律效果。德国的请求权基础分析方法力求对原告诉讼请求的请求权基础的全面检索，对于竞合的请求权基础也格外关注。请求权思维引导下的法庭报告技术/关联分析法，审查的并非原告选择的特定请求权基础，而是所有可能的请求权基础。原告以合同请求权基础为依据提出损害赔偿诉请，法官并不受其拘束，既有权力也有义务就此诉请审查所有可能的请求权基础，而不限于合同。据此，可能出现三种情形：其一，仅合同请求权基础成立，原告胜诉；其二，合同请求权基础不成立，但其他请求权基础成立（如侵权），原告仍胜诉；其三，所有可能的请求权基础均不成立，原告败诉。因此，如果原告败诉，就不是因为其诉请不被合同请求权基础支持，而是因为没有任何请求权基础支持其诉请，法官在其第一次诉请中即已全面审查了所有可能的请求基础，原告也就无权再以侵权为由提出相同诉请，于此仅存在一个诉讼标的。[3] 由是观之，至少在请求权观念竞合时，诉的合并在德国民事诉讼中是没有必要且欠缺合法性的。请求权基础分析方法如此运用确实能

---

〔1〕 韩波：《论请求权竞合时诉的客观合并之形态》，载《现代法学》2022 年第 1 期。

〔2〕 [日]伊藤滋夫：《要件事实的基础：民事司法裁判结构》，许可、[日]小林正弘译，法律出版社 2022 年版，第 47、56、366 页。

〔3〕 Vgl. Gottwald, Münchener Kommentar zur ZPO, 5. Aufl., München: C. H. Beck, 2016, § 322, Rn. 116; Peter Arens, Zur Anspruchskonkurrenz beimehreren Haftungsgründen, AcP 170 (1970), S. 419. 转引自吴香香：《请求权基础：方法、体系与实例》，北京大学出版社 2021 年版，第 29—30 页。

于诉讼中场域解决民事责任竞合问题。不过,这样的法律适用方法在我国民事诉讼中难免不受到三个方面的质疑:第一,现代民事诉讼中原告需要提出诉讼请求的法律依据,这也是其特定诉讼请求的重要方面,法官不受原告所提主张的法律依据的约束,仅对其诉讼请求予以回应,是否仍陷于“你给我事实,我给你法律”的传统诉讼格局之中;第二,如此法律适用方法是否背离了当事人的意思自治,而有悖于处分原则;第三,法官的职权是否过强,审判负担是否过重。

诉的合并或合并审理是诉讼中解决民事责任竞合问题的基本路径。就合并的应然性而言,合并审理可分为必要型合并与任意型合并;就合并审理的范围而言,合并审理可分为开放型合并与闭合型合并;就合并审理的法官动机而言,合并审理可分为主动型合并与被动型合并。美国等具有普通法系传统的国家的民事诉讼中实行必要型诉的合并。这种合并审理模式给原告较重的案件分析负担并且其运转高度依赖于律师,同时,原告未能有效合并诉讼会面临失权风险。在律师制度正在发展中且当事人的诉讼风险能力有限的国家,采任意性合并模式逐步通过合并审理的正面效果引领合并诉讼行为模式较为恰当;目前,在我国民事诉讼中除必要共同诉讼与无独立请求权第三人制度中法官可以通知应当或者需要参加诉讼的起诉状之外的其他相关民事主体参加诉讼之外,并没有一般性的主动要求诉讼合并的审判权力。能否为解决民事责任竞合问题而突破目前的职权边界恐难在短期内形成一致见解。为此,当事人合并起诉,法院审查并予以回应,较为妥当。当然,当事人在决定是否主动要求合并的过程中,法官的释明可以发挥作用。就当前民事法律体系日益复杂、精密的体系性特征以及竞合问题频发的实践需求看,就合并审理范围而言,应当采开放性合并模式。

德国的请求权基础分析方法、日本的要件事实分析方法分别在诉讼的实体规范信息形成与事实信息形成方面显现出专精化诉讼的优势,不过,都还不能与上述合并审理的应然要求无缝对接。近年来,我国实务界倡导的要件审判九步法、民事审判争点归纳技术、要素式审判法也都在专精化审判方面显现出本土审判方法论的优势，不过，对诉讼请求及其法律依据以及争点的体系性、整全性分析方面尚未给予充分关注。在诉讼实践中，有些法官对于诉的合并的认可度与积极性不高。[1] 当下，应对民事责任竞合问题，一方面需要法律职业人才对诉的合并的必要性形成共识，另一方面需要在目前的法律适用方法系统中前置体系性、整全性分析的步骤。在此前置体系性、整全性分析的步骤中要对案件的民事、刑事、行政案件性质进行定性；如属于民事案件，要对诉的类型与案件是否民事责任竞合案件先行明确。要实现全局性的改观，诉的客观合并制度化亦为当务之急。

---

〔1〕 笔者曾在某基层法院亲耳听到一位法官拒绝当事人反诉，要求其另案起诉。如果对反诉与本诉的合并都持消极态度，又怎能积极回应请求权竞合时的诉的合并呢？当然，笔者的有限观察只能显现部分法官对诉的合并的观念与立场。笔者也注意到有些法官积极倡导着诉的客观合并（如《论民商事案件裁判方法的反思与完善——以请求权基础分析方法为中心》一文的作者）。

第六章　系统化解民事责任竞合问题的路径

解决民事责任竞合问题的最佳方式蕴含在民事法律应用系统、民事法律制定系统的耦合过程中。

——题记

民事责任竞合问题是民事诉讼中的一个局部问题。局部运动自有其内在规律,但其不可避免地要受到整体组织运动的方向、目的、轨迹的制约。科学研究既需要还原解析的简化,也需要系统综合的透视。习近平总书记指出,全面依法治国是一个系统工程,要整体谋划,更加注重系统性、整体性、协同性。[1]一般系统论的倡导者贝塔兰菲积极唤醒人们对整体性认知的重视。他认为:“现代科学的特征是在单向因果律中活动的可隔离的单位的概念已经不够用了。因此在一切科学领域出现的诸

〔1〕 习近平:《以科学理论为指导,为全面建设社会主义现代化国家提供有力法治保障》(2020年11月16日),载《习近平谈治国理政》(第四卷),外文出版社2022年版,第293页。

如全体、整体、有机体、格式塔(形态)等概念都说明我们终究必须按相互作用的元素的系统来思考。”[1]民事法律应用系统、民事法律制定(含法律的立、改、废、修、释、纂)系统是民事诉讼这一实践系统的两个子系统。民事责任竞合问题是个复杂问题。在对其进行还原分析后,也应将其置于民事诉讼的系统之中,系统化地探索问题的解决路径。

一、民事法律应用系统内的路径探寻

基于作用方式、作用范围的差异性,民事法律应用系统还可以分解为民事法律应用过程系统、民事法律应用解释系统两个次级子系统。

(一)民事法律应用过程系统内的解决路径

民法既是裁判规范,也是行为规范。法律不仅是法官裁判纠纷的依据,还是当事人、律师预判争议行为的法律效果的依据。习近平总书记指出,人民权益要靠法律保障,法律权威要靠人民维护。要充分调动人民群众投身依法治国实践的积极性和主动性,使全体人民都成为社会主义法治的忠实崇尚者、自觉遵守者、坚定捍卫者,使尊法、信法、守法、用法、护法成为全体人民的共同追求。[2]法律应用基础思维框架应该既能够满足法官裁判案件的需求,也要满足当事人、律师预判法律效果的需求。法律应用思维的基础框架,不仅要涵盖法律论证的逻辑过程,还要能够指引解纷过程中找法、用法实践中各方主体的参与活动(特别是当事人的参加活动)以及程序安排。法律应用思维的基础框架,不仅要体现法律论证的形式推理逻辑思维,还要能体现与案例指导制度相适应的类比推理逻辑思维。民事纠纷的解纷过程

---

〔1〕［奥］L. 贝塔兰菲:《一般系统论》,秋同、袁嘉新译,社会科学文献出版社1987年版,第37页。

〔2〕习近平:《加快建设社会主义法治国家》(2014年10月23日),载《习近平谈治国理政》(第二卷),外文出版社2017年版,第115页。

中不可或缺的是纠纷事实、解纷主张、程序选择、实体依据、法律论证(或交涉)与解纷结果等六个要素。法律应用思维的基础框架仅仅聚焦解纷的实体依据何以应用是不够的,应该能够对纠纷事实、解纷主张、程序选择、实体依据、法律论证(或交涉)与解纷结果六个要素的内在关联、互动方式给予科学的解释。纠纷的产生源自纠纷当事人的解纷需求以及其对解纷效果的预期。法律应用思维的基础框架应该以此为出发点,并以对纠纷当事人的解纷需求以及其对解纷效果预期、当事人之间的争议点的回应为归宿。对法律应用思维的基础框架的探索应该尝试多种可能性。解纷效果 · 规范构造 · 纠纷争点分析方法可作为法律应用方法基础思维框架探索方面的一个尝试。在民事诉讼中,这个方法即为诉讼效果 · 规范构造 · 诉讼争点分析方法。以诉讼效果 · 规范构造 · 诉讼争点分析方法为例,在展开法律运用分析时,首先得考虑到纠纷当事人可能期望的诉讼效果。这些诉讼效果分为程序效果和程序与实体交融效果。诉讼程序与诉讼的实体结果的关系犹如树木的根与干的关系。这种根与干的关系在法律运行机制上是一种输入与输出的关系,在逻辑上就是一种前提与结果的关系。在现代民事诉讼中,纠纷当事人在诉讼中期待且应予满足的程序效果包括受理效果、程序相称效果、程序保障效果(辩论保障效、程序参加效、裁判者适格效、法院合理分工保障效、程序实效保障效等);纠纷当事人期待且应予理性回应的程序与实体交融的效果包括胜诉效果、既判力阻却效。这些法律效果的发生要件在我国民事诉讼法中大都有相应规定。比如,与受理效果对应的起诉与受理制度就明确地规定了起诉获得受理的积极要件与消极要件。与既判力阻却效对应的再审制度、第三人撤销之诉制度就规定了相关程序启动及回应阻却生效裁判文书、调解书既判力请求的程式要件与实质要件。

1. 解纷效果 · 规范构造 · 纠纷争点视域的分析路径

案例 1:甲就自己的房屋被乙占用的争议,向律师咨询。律师问为何你自己的房屋被别人占用。甲说,我出租给他。租赁期限已满,他仍不腾退房屋。甲想要回房屋,律师该如何为其提供咨询意见?

民事纠纷的解决既可以采用民事诉讼的方式,也可以采用诉讼外调解、仲裁等诉讼外纠纷解决方式。就案例1而言,甲的解纷效果期待是要回自己的房屋。这个解纷效果可以进一步分解为程序效果和程序与实体交融效果。就程序效果而言,甲先得确定自己要通过民事诉讼还是诉讼外纠纷解决方式来解决纠纷。如果甲基于解纷效率、事件影响面、自己与乙的关系等因素而选择诉讼外调解,那么,律师应该告诉甲诉讼外调解的案件受理要求、《人民调解法》对调解组织与调解员的资格与行为要求、调解的程序安排及当事人的权利与义务、调解协议的效力以及使调解协议获得强制执行力的路径。

人民调解过程中包含纠纷事实、调解主张、程序选择、实体依据、交涉与调解结果六个要素。就实体与程序交融的获得公平调解的效果而言,如何找到解纷的实体依据是关键所在。人民调解中的实体依据除法律、习惯之外还可以是村规民约等社会性规范以及事理、情理。怎么找到适合于本案的实体依据,符合通常思维习惯的方式是从甲的调解主张出发,在纠纷事实中发现具有法律规制意义的事实进而参考民事案由体系展开法律关系分析,进行法律检索。基于一个纠纷事实,我们可以从不同的侧面去找到相应的法条,检索的结果是甲能以所有权被侵害为由提出请求;甲还能以租赁合同届满承租人应当退租为由提出请求等。于此之际,律师应当明白,调解的实体依据较之民事诉讼的实体依据可以区分案件类型形成较大的柔化空间。对于事理因素、情理因素较明显的案件,可以对纠纷背景事实做较多的了解。如果律师进一步了解到,甲和乙是多年的朋友,在工作的很多方面还有合作。另外,甲在出租时没有给乙免租期。于此之际,律师应该意识到此案调解成功的概率很大,可以提出双方进一步沟通、磋商的多种方案供甲参考。这样在民事诉讼中当属复杂纠纷的多关系交叠的纠纷,在调解中不需要太复杂的程序运作就可以妥善解决。

2. 诉讼效果·规范构造·诉讼争点视域的分析路径

本书实证分析部分的分析结论显示,诉讼系属影响型再诉争议案例稀少,诉讼系属影响型的竞合再诉争议案例更不多见。依据现行《民事诉讼法》第36、37条的规定,两个以上人民法院都有管辖权的诉讼,原告可以向其中一个人民法院起诉;原告向两个以上有管辖权的人民法院起诉的,由最先立案的人民法院管辖。人民法院发现受理的案件不属于本院管辖的,应当移送有管辖权的人民法院,受移送的人民法院应当受理。这两条规定确立了先立案法院取得管辖权规制和后诉法院移送管辖规制,其制度逻辑是后诉法院无管辖权。这两条规定具有间接承认诉讼系属影响性后诉的程序合法性的意义,对于诉讼系属影响型竞合后诉也有促成诉的合并的可能功效。对此制度尚欠明确之处,宜通过修正法律来弥补。此处集中以既判力影响性竞合再诉案件类型为展开分析的对象类型。

(1)受理效果与后诉的程序合法性分析

案例1:甲就自己的房屋被乙占用的争议,先提起租赁合同诉讼,因为乙提出合同租赁期已经协商延展的抗辩,法院认为抗辩成立遂驳回甲的诉讼请求。甲基于自己对房屋的所有权再提起诉讼。该当如何评价后诉?

对于后诉,首先得分析其是否该当受理即先得分析后诉的程序合法性。对于受理效果,我国《民事诉讼法》第122条规定了受理的积极要件。同法第127条规定了受理的消极要件。从受理的积极要件层面分析,此案后诉具备原告应当与案件有直接利害关系、被告应当明确的主体要件;具备诉讼请求具体且有事实上的原因及法律理由。在受诉法院具有管辖权的前提下,后诉具备获得受理的积极要件。从受理的消极要件层面分析,《民事诉讼法》第127条第5项规定的既判力程序效是否能够遮断后诉是本案后诉能否获得受理的法律争点。这就涉及既判力客观范围的确定标准。第一,如果以案件或者纠纷事实作为既判力客观范围的判断标准,前诉判决的既判力对后诉产生遮断效,因为这两起诉讼都是因为乙占用甲的房屋而甲要讨回的纠纷事实而生。第二,如果以诉作为既判力客观范围的判断标准,需要依据《民诉解释》第 247 条规定的“三同一”标准或“两同且一否定”标准判断后诉与前诉是否一个诉。于此之际,当事人相同无争议,诉讼请求不同亦无争议。唯诉讼标的是否同一,因在认识路径上采实体性诉讼标的说或程序性诉讼标的说的差异,会得出诉讼标的不同或诉讼标的相同的截然相反的结论。这就形成第二层次的法律争点。在“三同一”标准下,不论诉讼标的是否相同,因为诉讼请求明显不同已经不符合“三同一”的要素要求,所以后诉与前诉是不同的诉;“两同且一否定”标准下,如果采诉讼标的实体法说,后诉与前诉的诉讼标的不同,因而后诉不符合“两同且一否定”的要素要求;如果采用诉讼标的诉讼法说,后诉与前诉的诉讼标的相同,这就会形成后诉的诉讼请求是否实质否定前诉裁判结果的本案第三层次法律争点。如采裁判结果主文否定说,后诉并不存在实质否定前诉裁判结果的情形;如采裁判结果与裁判理由整体否定说,后诉存在实质否定前诉裁判结果的情形,故前诉判决既判力应遮断后诉。后诉的受诉法院不应受理后诉。第三,如果以诉讼请求作为既判力客观范围的判断标准,后诉的诉讼请求与前诉的讼请求不同,前诉判决既判力不能遮断后诉,后诉应该获得受理。第四,如果以争议焦点作为既判力客观范围的判断标准,应该受理后诉。尽管在前诉中法院将甲是否拥有案涉房屋的所有权的争议列为争议焦点并且组织双方当事人进行了举证与质证、法庭辩论等诉讼辩论活动,双方已经充分行使了辩论权,但是,判决只是回应了租赁房屋应否返还的诉求争点并未涉及以房屋所有权为依据的诉讼请求,如果仅因为法庭调查、法庭辩论中涉及案涉房屋所有权归属争点而剥夺了房屋所有权人提起的返还房屋之诉,就将产生因为出租房屋而丧失物权保护救济权并进而丧失房屋所有权的诉讼效应。上述诉讼效应显然背离了优先保障起诉权的基本程序保障原理、诉的案件区分功能原理、诉判对称原理。在本案的租赁物返还诉讼中,如果案涉房屋的所有权成为争点,较为合理的做法是确认该争点形成新的诉的客体、新的诉,进而通过诉的合并或者分离技术或者中间确认之诉在诉判一致原理指引下完成审判。如果未采取上述举措,即便在裁决理由中作出不利于甲的判断,只能产生甲在本案败诉的法效果。判决理由是实体判定的原因,而非实体判定本身。判决理由与判决的关系可能是一因一果关系,也可能是多因一果关系。判决理由可以产生多维度的法效果,如预决—免证效、证明效等,应否产生阻却诉权行使的既判力呢?判决主文中实体判项是具体回应诉讼请求的具体判定,连接二者并衡量二者是否对称的中枢环节是具有模块性、应用法律指示性的诉讼标的。即便将诉讼争点做直接争点与间接争点或者基本争点与辅助争点的区分,也难以就非诉讼标的非实体判项的判决内容能否产生阻却诉权行使的既判力问题产生各方高度认可的结论。这是个判决权威性的限度问题。这是一个审判过程性结论与审判结果性结论的法效果差异问题。笔者发现,在诉讼观念世界,存在一种对审判过程性结论与审判结果性结论非完全对称性的潜在而广泛的认同意识。这种"潜意识"是审判过程性结论与审判结果性结论非完全对称性现实存在的反映。就此而言,与其以阻却诉权行为方式来解决判决权威性与救济权的范围之争,不如让当事人的理性选择发挥调节作用或至少给当事人的理性选择对诉讼的调节作用留有一定空间。

只要本案涉及的三层次的法律争点即既判力客观范围的判断标准、诉讼标的识别标准、"两同且一否定"标准中的"否定"要素的覆盖范围是明确的,那么,本案后诉能否产生受理效果就是明确的。基于既判力客观范围与诉讼标的之联动性以及诉讼标的实体法说的立场,此案后诉应属可受理的新诉。如果原告后诉请求引起的法律争点已经作为前诉的争议焦点由双方当事人举证、质证且相互辩论,同时法院也做出相应事实判断,依现行法规定赋予该事实判断预决—免证效较为恰当。这种事实效也会产生抑制后诉的功能。如果对于这种已经在前诉中调查、辩论的争点理解为一种事实上的诉的合并,结论会截然相反,但是,对此争点未在主文中作出明确判决宣示,如此理解有悖诉之合并需要合并审理、合并判决的原理。

(2)胜诉效果和后诉的程序与实体合法性分析

案例2:甲公交公司的某司机紧急刹车,站立的乘客乙摔倒,乙受伤后经一个月的治疗才康复,花费医药费X元。双方就理赔事宜协商未果。乙以违约为由将甲公司起诉到法院要求甲公司支付的各项赔付请求合计Y元(Y>X),受诉法院判决甲公司赔付Y元。此诉判决生效后,乙又以侵权为由提起一起诉讼,要求甲公司赔付Z元(Z>Y)。该当如何评价后诉?

在程序合法性的分析维度,此案例与案例1是相同的展开方式。如果以诉作为既判力客观范围的判断标准,需要依据《民诉解释》第247条规定的"三同一"标准或"两同且一否定"标准判断后诉与前诉是否为一个诉。于此之际,当事人相同无争议,仅就金额而言诉讼请求不同亦无争议。"两同且一否定"标准下,基于诉讼标的实体法说立场,后诉与前诉的诉讼标的不同,因而后诉不符合"两同且一否定"的要素要求。此时后诉依然能通过诉的合法性审查,不过,在实体意义上的重复赔偿现象就出现了。法院能完全支持乙的后诉诉讼请求吗?答案是否定的。就乙追求的胜诉效果而言,要看实体法上的要件规定。根据对《民法典》第186条之目的解释,乙对于违约损害赔偿请求权与侵权损害赔偿请求权应该"择一实现"。在Z与Y指向的赔偿项目重合的部分,乙的诉讼请求落入"择一实现"要件的调整范围,应予以否定评价,法院应判决驳回乙的该部分诉讼请求。"择一实现"中的"一"是诉讼标的。此处鲜明地体现出胜诉效果乃实体法与程序法交融的法律效果之特性。基于诉讼标的(即具体法律关系或者可细分具体请求权)模块化到界定路径,于此之际原告乙并未尽到自己的审慎选择义务。法院对于Z与Y指向的赔偿项目不重合的部分也无应予支持的理由,因为这部分请求内容属于后诉之诉讼标的不可分割的要求审判范围之内。依此解释路径,对于部分请求也宜持否定立场,不过,明确标示为部分请求的案件可作为例外情形。后发请求与部分请求性质与界定方式不同,因为发生有别于前诉诉因事实的后诉诉因事实,后诉形成一个新诉。

(二)民事法律应用解释系统内的解决路径

民事法律应用解释,是指法律应用过程中的适用解释。在诉讼实务中,对民事责任竞合规范群中的各个法条及法条间的体系关联的不同解释路径、解释方式是当前民事责任竞合案件审判中法律适用过程与结果不尽一致现象的直接原因。在实体法层面,诉讼实务中的解释分歧主要集中在《民法典》第186条是否产生受理效的争议上;在诉讼法层面,较为突出的现象是"避用"规定既决案件遮断效的《民事诉讼法》第127条第5项,呈现援引法律依据在基本法律和司法解释之间的脱节状态。这就有必要解决如何解释既决案件遮断效规定并将其应用效能激活的问题。诉讼实务中的解释分歧主要集中在区分前诉与后诉的标准与要素规则——《民诉解释》第247条。此种解释分歧进而递归为如何界定与区分诉讼标的这一更高层级的法律概念解释问题。

1. 实体法层面的法律解释优化路径

制定《民法典》的首要目的是要保护民事主体的合法权益。民法典常常被称为"私权保护法"、"民事权利的宣言书"。它以确认、保障民事权益为基本宗旨。民法之所以能够成为我国最重要的法律部门之一,是因为它具有特定的调整对象,即调整平等主体之间的人身关系和财产关系。民事诉讼法是程序法,旨在规范民事主体实现其民事权利的民事诉讼程序;民法是实体法,旨在规范民事主体之间实体的民事权利义务关系。民法主要调整实体权利义务关系,而民事诉讼法主要规范当事人、人民法院和诉讼关系人实施的民事诉讼法律关系。[1] 基于制定《民法典》的目的、民法的实体法性质、民法调整对象的平等性的综合考量,除个别关涉"推定""证明"的条文

---

〔1〕《民法学》编写组编:《民法学》,高等教育出版社2019年版,第17、23页。

外,民法规定的法律效果主要应为实体效果。这种实体效果在诉讼中即为实体胜诉效果。依此理而言,在民事诉讼中,《民法典》第 186 条规定的“受损害方有权选择请求其承担违约责任或者侵权责任”之法律效果应为实体胜诉效果,而非属于程序效果的受理效果。就机理而言,《民法典》第 186 条与规定经过诉讼时效的法律效果仅为受损害方丧失胜诉权而非起诉权丧失的《民法典》第 188 条的逻辑是一致的。如前序研究所现,在诉讼实务中,将民事责任竞合规定的法律效果解析为受损害方只能择一起诉之受理效果的解释见解由来已久、时有出现。这样的解释方式忽视了民法与民事诉讼法在法律效果维度上的差异,阻碍再诉当事人行使起诉权。如果竞合再诉的审判结果是判决驳回再诉原告的诉讼请求,其就应当在诉讼费用分担中处于不利地位。客观而言,这样的实体败诉效果比未获受理的程序败诉效果的不利负担更重,更易于产生鞭策纠纷当事人审慎筹划诉讼的全局效应。将《民法典》第 186 条规定的“受损害方有权选择请求其承担违约责任或者侵权责任”之法律效果解释为实体胜诉效果,能够在程序保障与实质正义之间、诉讼权利保护与实体权利保护之间、权利保护与法秩序产生较为妥适的平衡。为此,应当疏浚《民法典》第 186 条规定的实体胜诉效果解释路径,封闭《民法典》第 186 条规定的程序胜诉效果(受理效果)解释路径。

2. 诉讼法层面的法律解释优化路径

(1)对于既决案件遮断效的程序向度与实体向度的解释路径

综合前文中的实证分析与规范分析,从诉讼权利保障筑基、保护实体权利优先、兼及纠纷解决与法秩序维护的民事法规范目的系统视域探究,对于我国民事诉讼法中的既决案件遮断效规定的解释亦可从以下路径加以优化。

第一,对于既决案件遮断效的对象宜采诉的解释路径。在法律运用过程中,《民事诉讼法》第 127 条第 5 项宜与《民诉解释》第 247 条结合起来解释、运用。在法律规范效力层面,《民诉解释》第 247、248 条与《民事诉讼法》

第127条第5项是解释与被解释的关系。诉的同一性与诉的构造思维牵引之下的《民诉解释》第247条对于将《民事诉讼法》第127条第5项规定的既决案件遮断效的"案件"对象的特定化具有很强的实用意义。尽管目前相当多的裁判文书的理由阐述中直接援引《民诉解释》第247条的规定来识别重复起诉,不过,我们应当意识到游离《民事诉讼法》第127条第5项的规定,可能会面对《民诉解释》的规定何以否定《民事诉讼法》第122条的受理要件规定的质疑。再有,游离《民事诉讼法》第127条第5项的规定难以凸显规制既判力影响型重复起诉的核心目的是纠纷的终局性解决,难以形成当事人尊重既决案件文书效力的惯常倾向。

第二,对于既决案件遮断效的发生机理宜结合民事责任竞合规定解释。在对既决案件判决效力影响层面,我国民事诉讼中的民事责任竞合案件的应对方式尚欠缺应有的法律适用的一致性。在我国的民事诉讼解纷系统中,既判力不遮断竞合后诉的认识与实践具有合目的性。在这方面产生认识分歧,很大程度上是因为胜诉效果与受理效果的区别、胜诉权与起诉权的差异、实体问题与程序问题的界限被淡化乃至漠视了。要让当事人在民事责任竞合案件中感受到公平,就要给当事人区分清楚胜诉效果与受理效果、胜诉权与起诉权、实体问题与程序问题,就要给当事人解释清楚《民法典》第186条规定的"择一实现"行为模式指向的是胜诉效果而非受理效果。

第三,对于既决案件遮断效的客观范围可结合具体案情展开目的解释。如前文规范分析所示,目前我国民事诉讼法上的既决案件遮断效规定还有待完善。对于一些疑难复杂的竞合案件,从当事人程序权利保护这个基础性目的和保护实体权利这个优先性目的出发,思考一下将纠纷事实作为遮断效的客观范围识别标准受损害方会不会因此而"诉告无门"、应予保护的权益是否"就地蒸发",是可以形成恰当的判断的;从促进纠纷解决与维护法秩序的目的出发,思考一下将当事人对实体法律关系、实体权利或对方责任的模块性诉讼主张作为遮断效的客观范围识别标准民事诉讼是否会进入

“失序”空间,就不难形成恰当的判断。有鉴于此,我国民事诉讼中应当确立统合式诉讼标的概念并采与之相应的层级化动态识别系统。

(2)对于诉讼标的宜采统合式诉讼标的概念及其解释路径

第一,统合式诉讼标的概念及其解释路径与我国民事诉讼制度权利保障优先的社会目的观更为契合。程序性诉讼标的说与实体性诉讼标的说的根本差异源自作为二者理论基础的民事诉讼目的观的差异。实体性诉讼标说与重权利保护民事诉讼目的观相契合,实体性诉讼标的说更着力体现营造高效、稳定诉讼秩序的民事诉讼目的观。我国民事诉讼制度的社会目的观是以程序保障为基准、权利保障优先,兼及纠纷解决、法秩序维持的系统目的观。不同层次的民事诉讼制度社会目的存在纠纷解决以权利保障为前提,法秩序维持以纠纷解决为前提的逻辑关系。在目的实现的次序上,系统目的观符合解纷过程发生、发展机理和诉讼功能发挥机制的内在规律。统合式诉讼标的概念及其解释方法是从促进诸项诉讼制度目的整体协调性视角出发的理论主张,又特别关注实体权利保障的优先性。因此,这种诉讼标的解释路径与我国民事诉讼制度权利保障优先的社会目的观更为契合。

与私法诉权说相“配套”实体法进路的诉讼标的实体法说以实体权利的先在性为理论前提,难以合理区分被主张的实体权利与现实可能成立的权利,既不能在理论上圆满解释消极确认之诉的合理性,也不能对于诉的类型对诉讼标的之直接影响给予合理解释。凡此种种理论“短板”都与作为该说背景理论的程序工具论存在内在关联。统合式诉讼标的概念及其解释方法一方面不切断诉讼程序与实体权利、实体法秩序的关联,另一方面以程序前提论或程序的独立价值论为理论基础彰显程序价值与程序功能,对于现代诉讼中面临的主观权利与实定权利的区分、诉的类型的独立价值、诉讼前导功能及其诉讼标的之直接影响能给予较为圆满的理论阐释。在民事诉讼制度目的系统中,我国现行《民事诉讼法》秉持了诉讼权利即程序权利维护先于实体权利维护的目的位序观。这种目的位序观符合正当程序乃实体公正与实体权利保障之前提的法哲学一般原理。我国实务中较多采用的诉讼标的系当事人之间发生争议的民事法律关系的诉讼标的界定更接近于实体法进路的诉讼标的实体法说，也存在该说的理论隐忧以及理论阐释难尽圆满之处。加之，民事法律关系与民事权利、责任是整体与局部的关系，民事法律关系与请求权的外延差距更为悬殊，在民事责任竞合时运用诉讼标的之法律关系界定法难以把握法律关系的种属层次，容易出现诉讼标的范围宽窄失当之弊；难以理顺诉的类型与诉的区分、诉讼标的之关系，容易出现弱化乃至无视诉的类型区分诉的功能及其对诉讼标的之直接影响的弊端。总而言之，统合式诉讼标的解释路径力求整合实体性诉讼标的学说与程序性诉讼标的学说各自的优势，弥补它们各自的不足。在当下民事诉讼实践场域中，它与我国民事诉讼制度权利保障优先的社会目的观更为契合。

第二，采统合式诉讼标的解释路径是维持民事诉讼制度整体稳定性的现实要求。统合式诉讼标的概念及其解释方法凸显了当事人诉讼主张对于民事诉讼的基础意义以及当事人在民事诉讼中的主体地位，同时，保持着民事诉讼法与民事实体法的对接与贯通。统合式诉讼标的概念及其解释方法保持这种对接与贯通关系以及诉与实体法世界的互动，关键在于作为中间概念的民事权利义务关系在此种诉讼标的学说的运用中随时还可发挥手段性作用。在法律适用过程中，这种诉讼标的解释路径，不仅在“胜诉效果—要件”规范构造的审核与校验中能够维续实体法进路的诉讼标的实体法说的便捷易行优势，而且还能使审理对象、辩论对象更为清晰。在受理效果、程序保障效果等诉讼预期效果与诉讼法上程序构造的审核与校验中，统合式诉讼标的解释路径也可以与当事人、管辖等重要民事诉讼制度顺畅对接。

第三，采统合式诉讼标的解释路径与当下法律实施保障体系的发展程度较为契合。在民事诉讼场域中，法律职业人才的诉讼法意识、行动偏好发挥着关键作用。我国的法学教育、法律职业教育以及因袭已久的职业技能都倾向于实体与程序相结合的而且对释明依赖较弱的诉讼标的实体法说。

近年来,在法学教育、法律职业教育中渐次推广的要件审判九步法、要素审判法、要件事实分析法、请求权基础分析法等各有优势的法律适用方法正在呼唤一种比“争议法律关系”具有更强的程序变量应对优势的审判对象界定方式。

第四,采统合式诉讼标的解释路径最有可能在民事法律制度的目的系统中促成“帕累托最优”均衡。运用统合式诉讼标的概念及其解释方法在对诉讼标的解释时可以避免出现两极分化倾向。这里所说的两极分化倾向,是指或者将诉讼标的界定为当事人对抽象的法律关系的诉讼主张,或者将诉讼标的界定为当事人的具体诉讼请求。抽象之极致,如以当事人对合同法律关系、物权法律关系所为诉讼主张确定诉讼标的。具体之极致,如以当事人提出的每项具体诉讼请求为诉讼标的(例如,在交通事故侵权纠纷中赔偿医药费 X 元、赔偿精神损害赔偿金 Y 元的诉讼请求都被视为诉讼标的)。前者失之于范围过宽,后者失之于范围过窄。二者都难以促成实体法与诉讼程序的整合,难以形成民事诉讼系统与民事实体法系统的整体协同。诉讼标的应当是当事人就其与他人的纠纷要求法院审判的诸如实现特定权利或要求对方承担特定责任的以及确认、变更特定实体法律关系的类聚性诉讼主张。诉讼标的应当是案涉争议法律属性的集中概括与系统综合。之所以要特别强调诉讼标的之特定性与类聚性特质,是因为如果缺少这两个特质,诉讼标的概念就难以正常发挥作用。在民事责任竞合问题的解决过程中,诉讼标的界定过于抽象而缺乏特定性特质,则无法识别竞合问题;诉讼标的界定过于具体而缺乏类聚性特质,诉讼会陷入“碎片化”状态,在这种状态下竞合问题会变得更加复杂。如何在特定性、类聚性的特质要求下为每个案件的诉讼标的定名在诉讼实践中是一个非常消耗“脑力”的工作。笔者认为对此实务难点,还是要充分激发案由体系这一“本土资源”的参考与指引功能。案由是具有法定性、抽象性、多样性和开放性特征的、以简明扼要的形式对案件法律关系性质的高度概括。尽管民事案由与诉讼标的存在历史渊源不同、理论高度不同、功能不同、特征不同、要素不同等差别，但是二者也有都以民事实体法为基础的联系。民事案由与传统诉讼标的理论联系紧密。[1] 在目前案由体系中，除第十部分（非讼程序案件案由）、第十一部分（特殊诉讼程序案件案由）以及个别由常见具体诉讼请求转化来的案由（如修理、重作、更换纠纷）之外的其他九部分案由中定向性的一级案由、二级案由之下的三级、四级案由大多具有概括了案涉争议法律属性的特定性与类聚性。以这些案由作为参考线索指引案涉诉讼标的定名，是形成民事诉讼系统与民事实体法系统的整体协同、民事诉讼诸子系统之间最佳互动关系的务实之举。

二、民事法律应用解释系统的功能局限

如果笔者在法律应用过程系统、法律应用解释系统内的建议能够获得较为广泛的认同，针对民事责任竞合问题的现行法应用过程中的合理性与一致性将会有明显提升。不过，上述解释是学理解释、个别解释，能否促生法官解释的一致性，很大程度上取决于程序法理共识的生成过程。这个过程的不可预期性较强。民事责任竞合问题的核心是后诉是否触犯前诉生效裁判文书的既判力（即是否落入前诉既判力的客观范围），是否存在受理效果的消极要件。简而言之，这个核心问题就是前诉既判力是否应当遮断后诉。识别既判力客观范围的标准作为一种认知性系统，可分为静态系统与动态系统。其静态系统中包含形式标准（裁判文书构造识别标准）与实质标准（诉的同一性标准）；其动态系统中包含诉—辩—审的过程中形成的实际审理元素（请求、争点）标准、诉讼行为诚信程度标准。在解释我国《民事诉讼法》第 127 条第 5 项的生效文书遮断效时，首先存在一个在既判力客观范

[1] 宋旺兴：《民事案由制度研究》，法律出版社 2014 年版，第 106—111 页。

围标准认知系统中定向的问题，即我国民事诉讼中应该在静态系统、动态系统还是静态与动态共生系统中识别既判力客观范围的问题。实务中出现了以争点作为识别要素的裁判文书。随着实务界对争议焦点审判方法的理论归纳工作的进步，在这个问题上的分歧可能会越来越明显。

目前，学术界与实务界的研讨更多地聚焦于静态系统维度。在这个维度，学者、实务专家们的见解不一。通常认为，应该只有生效裁判文书的主文部分才能产生既判力，也有新锐学者认为裁判理由部分亦应产生既判力或认为应扩张判决主文内容、将与判决结论有直接因果关系的事实纳入判决主文的方式来解决民事既判力客观范围扩张的问题。[1] 在认可诉讼标的即诉的客体而既判力客观范围即诉讼标的之不约而同的“默契”之下，在诉的客体同一性标准上，持诉讼标的诉讼法说的学者颇具规模。[2] 20 世纪 90 年代后期，有学者认为，将来的趋势是在实体法上采请求权竞合论，在诉讼法上采新诉讼标的理论，但是近期内在诉讼政策上似乎宜侧重于对当事人权利的保护。[3] 进入 21 世纪，我国法律职业的专业化程度有了明显进步，学者们开始倡导诉讼标的诉讼法说，如有学者认为，诉讼标的应当是原告的诉的声明。由于诉讼标的是原告诉的声明，而竞合的请求权是原告攻击防御的手段……当事人在诉讼中未提出的请求权，视为放弃该种攻击防御的手段，不得再行起诉。但是，在审理中，法官须于必要时履行其释明义务，告知当事人可以作为攻击防御手段的竞合的请求权的种类和个数，未履行此一义务的，应当构成再审事由……原告在主张要件事实时必然要提供自然事实。可见，虽然诉讼标的是原告诉的声明，但作为诉讼标的识别要素的，

[1] 胡军辉：《民事裁判既判力问题新探索》，法律出版社 2018 年版，第 46 页；胡军辉、刘佳美：《民事既判力客观范围扩张的理论及评析——兼论我国解决民事既判力客观范围扩张之路径》，载《湘潭大学学报（哲学社会科学版）》2012 年第 4 期。

[2] 江伟、段厚省：《请求权竞合与诉讼标的理论之关系重述》，载《法学家》2003 年第 4 期；张彩娟：《既判力的客观范围论略》，载《西南民族大学学报（人文社科版）》2005 年第 3 期；袁彬：《既判力客观范围再研究》，载《常熟理工学院学报》2005 年第 5 期。

[3] 江伟、肖建国：《论既判力的客观范围》，载《法学研究》1996 年第 4 期。

除诉的声明本身外，必要时还包括自然事实。[1] 这一理论主张要得以应用有三个前提：一是释明义务制度化；二是未尽释明义务情形纳入再审事由；三是法官的高度认同。有学者认为，在历史分析的基础上，我国的既判力客观范围应以新实体法说作为确定标准。[2] 这也是对释明依赖度比较高的理论。尽管言说路径殊异，在释明制度化且实施主体意识条件成熟前，上述理论主张都还是"前瞻性"的理论主张。有的国家，既判力事项通常是职权调查事项（如德国、日本）；在有的国家，既判力事项通常是抗辩或援引事项（如法国、美国）。既判力事项既关涉到司法公信力、法秩序维护，又与当事人权利保护密切相关。从既判力系定分止争之必要法效果的制度性效力本质的侧面来看，既判力事项宜定位于职权事项；从既判力系当事人在程序保障下参加诉讼的应然法效果的既判力本质的侧面来看，既判力事项亦宜鼓励当事人援引。对此问题的认识，目前也是缺乏共识的。出于冲破既判力客观范围议题共识薄弱而争议重重境况的"破茧"之心，有学者试图走出以循环论证为轴心的明希豪森三重困境，认为在大陆法系语境中，民事诉讼学者对于"既判力是否及于判决理由"的议题提出了众多精深的理论。然而这些学说并没有使我们对客观范围有更清晰的认识，反而越发地迷失在明希豪森三重困境之中。走入困境的根本原因主要在于这些复杂的理论仍然建构在古典当事人主义的根基之上，固守司法克制的基本原则，而对法官司法能动性的积极功能认识不足。[3] 如果论证决断点再向上递归，递归至诉讼目的论、诉讼价值论的维度，还是有望走出明希豪森三重困境的。

在动态系统维度，有学者认为，民事判决理由部分的既判事实应有条件地具备争点排除效力，事实查明部分的事实、证据以及判决理由部分的非主

---

〔1〕 江伟、段厚省：《请求权竞合与诉讼标的理论之关系重述》，载《法学家》2003 年第 4 期。

〔2〕 赵信会：《既判力客观范围的历史考察与现实定位》，载《理论探索》2006 年第 2 期。

〔3〕 张榕、达理纳嘉：《民事既判力客观范围理论研究之反思——以明希豪森三重困境为分析工具》，载《法律科学》2012 年第 5 期。

要事实争点可以具备证据效力。除此,对于法律理由中的判决意见,时机成熟时可以使其具备判例效力,以期为构建有中国特色的判例制度铺路。[1]还有学者认为,争点效理论本身尚处于发展中的一个概念,其具体内涵并不具有稳定性和统一性,而我国目前理论上提出的已决事实的预决效力的概念,与争点效的功能是一致的,我们可以借鉴争点效理论的合理内涵,将其吸收到我国民事诉讼法的已决事实的预决效力中去。[2] 另有学者认为,就我国目前的情形来看,建立争点效力制度需要解决保障当事人的程序权利、明确争点效力的适用方式、建立争点整理程序等问题。[3] 在动态系统维度对既判力客观范围的争论也是新论层叠。这令人欣喜的意气风发的探究场景也因相对于共识的乖离度较大而令人不安。如有学者所言,请求权竞合问题暴露出诉讼标的理论的短板,由此引发争论。学者们从修正诉讼标的概念开始,陆续提出诉讼标的识别、争点效、相对的诉讼标的理论等,致使诉讼标的理论在内部不断地精细化,却始终围绕原初问题停留在原地,出现了理论的"内卷化"。看上去精细深邃的理论,因其过于繁复且难以自圆其说而蜕变为纯粹的书斋学问,不仅不为司法实践所青睐,也未能影响相关立法,成了没有用武之地的"屠龙术"。导致诉讼标的理论内卷化的主要表征是概念的复杂化与多元化、研究被锁定在法律解释论建立起来的理论框架中无法突破,只能在局部深化、精细化,理论繁琐主义盛行。[4] 如是困惑的根源并非宏观叙事的理论建构的"供应过度",而恰恰是诉讼价值论、诉讼目的论、诉讼模式论维度的基本理论层面的共识匮乏。"努力让人民群众在每

〔1〕 周晓霞:《论民事判决理由中判断之拘束力》,载《合肥工业大学学报(社会科学版)》2012年第5期。
〔2〕 张自合:《论已决事实的预决效力——以台湾地区争点效的要件为借鉴》,载《山东警察学院学报》2011年第5期。
〔3〕 郭翔:《民事争点效力理论:内容、背景与启示》,载《宁夏大学学报(人文社会科学版)》2007年第5期。
〔4〕 吴英姿:《诉讼标的理论"内卷化"批判》,载《中国法学》2011年第2期。

一个司法案件中都能感受到公平正义”[1]是新时代司法宗旨。这一司法宗旨明确了以感知正义为标尺的诉讼公正价值观，确立了以诉讼公正价值观为先导的诉讼价值系统。在诉讼公正价值观为先导的诉讼价值系统指引下的民事法律制度目的系统应该是以当事人程序权利保护为基础性目的、保护实体权利为优先性目的，兼及纠纷解决与法秩序维护的目的系统。与上述诉讼价值观、诉讼目的观相适应的应当是当事人主导的民事诉讼模式。上述理论范式为既判力客观范围制度的构建以及民事责任竞合问题的解决提供了价值指引、目标导向与运行系统保障。遵循上述理论，结合当前实际情况，笔者就民事责任竞合问题提出针对现行法应用的解释路径建议。尽管如此，个案解释所需要的因案制宜、灵活机动的特质为其营造了能动性较强的解释空间。理论上的争鸣与交锋必然转化为个案解释中的多种解释路径。难以预期的个案解释的一致性决定了民事法律应用解释系统的功能是有局限的。

三、法律制定系统内的路径探寻

鉴于在民事法律应用解释系统内通过优化个案解释路径、方式来提升民事责任竞合案件法律适用统一性的难以预期性，很有必要在法律制定系统内探寻更妥适地解决民事责任竞合问题的路径。根据前序各章研究中发现的问题和阶段性的分析结论，笔者认为可以从以下路径展开相关法律规定的增补与修正。

(一)增补既判力客观范围的规定

从前文的规范分析、实证分析看，我国现行《民事诉讼法》第127条第5

[1] 习近平：《在首都各界纪念现行宪法公布施行三十周年大会上的讲话》(2012年12月4日)，载《十八大以来重要文献选编》(上)，中央文献出版社2014年版，第91页。

项规定已经不能满足诉讼实践对于体系性的既判力规范的需求。就本课题所研究的民事责任竞合问题的解决而言,在民事诉讼法修正过程中增补既判力的规定,将大幅度缓减法官的解释、说理困难。由于诉讼实际情况以及学理发展的差异,不同国家的民事诉讼法中规定既判力的内容和方式也迥然不同。法国采取在其《民法典》、《民事诉讼法典》中体现二维双阶结构的体系规定方式;德国采取《民事诉讼法典》系统规定既判力主观范围、客观范围、时间范围且以请求权(或诉的声明)来特定既判力客观范围的规定方式;日本采取《民事诉讼法典》系统规定既判力主观范围、客观范围、时间范围且以主文来特定既判力客观范围的规定方式。系统化地规定既判力是这些比较立法例的共同特征。对于既判力这样的复杂范畴,确实应该系统规制。与本课题所研究的民事责任竞合问题解决之道直接相关的是既判力客观范围如何规定的问题。这就需要考虑,要不要将既判力客观范围与诉讼标的、裁判文书产生既判力的具体部分联系起来规定?对既判力客观范围如何特定化?

要不要将既判力客观范围与诉讼标的、裁判文书产生既判力的具体部分联系起来规定?综合分析前述比较立法例,法国、德国的规定确立了既判力客观范围与诉讼标的的直接关联,日本的规定虽未明示但是学理上的通说并无二致。法国、日本的规定明确主文系裁判文书产生既判力的具体部分。从形式要件与实质要件两个维度识别既判力客观范围具有更高的精准度和科学性,最佳路径是从这两个维度出发对既判力的客观范围作出规定。

对既判力客观范围如何特定化?我国《民诉解释》中确立的以诉为单元的识别标准是对既判力客观范围作出增补规定的制度资源,未来修法应当在这种具体化的客观范围特定化的路径上深化与优化。不过,是不是要增补概括性更强的条文呢?对此,我国澳门特别行政区《民事诉讼法典》的相关规定是有启发意义的。

我国澳门特别行政区《民事诉讼法典》第574条对已确定之判决之效力

作出这样的规定，判决确定后，就出现争议之实体关系所作之裁判在诉讼程序以内具强制力，且在第 416 条及随后数条所指之范围内，在诉讼程序以外亦具强制力，但不影响与再审上诉及基于第三人反对而提起之上诉有关之规定之适用。对于裁判已确定之案件之范围，同法第 576 条规定，判决按所作审判之确切范围及内容构成裁判已确定之案件。如因未符合某一条件，未经过一段期间，或未有作出某一行为，以致当事人败诉，有关判决不妨碍于符合该条件、该期间已经过或已作出该行为时重新提出有关请求。尽管在上述规定中可以看到实体法进路的诉讼标的实体法学说、既判力客观范围"案件"单元观的印迹，它们对于如何在我国现行《民事诉讼法》第 127 条第 5 项规定的基础上增补既判力客观范围的规定有着比较切近的启示。诸多启示中，最明显的是在既判力规定中可以将既判力对象与既判力客观范围区分开来。在上述规定中，首先，既判力的对象是争议之实体关系，而既判力的客观范围则为审判之确切范围及内容，这为搭建直接标准与间接标准的实践系统预留了足够的空间；其次，既判力客观范围的规定应该涵盖一般情形与特殊情形的不同法效果考量；最后，既判力客观范围的规定应该对民事责任竞合问题有专门的考量与安排。

（二）增补诉的合并制度的规定

1. 修改《民法典》第 186 条的选择权规定

该法条的规定在法律应用中很容易被误释为，受损害方只能要求对方承担违约责任或者侵权责任，即只能以单独诉讼而非合并起诉的方式来主张自己的权利。这与诉的客观合并制度存在掣肘关系，亦与民事诉讼处分原则不合。为此，宜于现行规定后增加一句"受损害方也可以一并要求对方承担违约责任或者侵权责任，一种责任成立，另一种责任消灭"。

2. 在我国民事诉讼法中增设诉的客观合并制度

这一建议是近年来学界、实务界较为急切的呼声。在采行诉讼标的实体法说的国家或地区的民事诉讼中，主要依靠诉的客观合并消解民事责任竞合现象的可能弊端。我国当下民事诉讼实务中多采行诉讼标的实体法说却一直没有诉的客观合并制度。这是非常明显的民事诉讼制度“短板”。

对于如何通过诉的客观合并制度的建构来妥适应对民事责任竞合问题或者请求权竞合问题，笔者在已发表的《论请求权竞合时诉的客观合并之形态》一文中进行了较为周全的分析与论证。在此文中，笔者就观念竞合时的合并路径提出了如下观点与方案：

在原理层面，竞合合并是请求权观念竞合时恰当的诉的合并形态。其理由如下：第一，在维护当事人处分权层面，它在诉讼信息不对称的情况下不强求当事人作出诉讼标的位序选择意思表示，是在实质意义上维护当事人处分权；第二，在防止突袭裁判方面，对各诉讼标的展开逐一审理，可以避免突袭裁判，充分保障当事人的程序利益及实体权利；第三，此种合并形态降低了对原告诉讼实际能力的要求；第四，它可以抑制法官无视当事人最佳利益、择易而审的自然倾向，可使原告的权利获得最大程度保障。这是直接影响当事人的诉讼满意度的关键所在。从表象上来看，这种诉的合并形态会加重法院的审理负担，但是，相对于当事人的满意度提升和纠纷整体性解决的“收益”而言，这种负担加重是值得的。对被告而言，无论是一并应诉还是先后应诉，都得依法应诉。因此，被告不仅无额外负担可言，而且省却了后续诉讼的诉累。

要实现类型化的诉的客观合并制度化，首先应该在《民事诉讼法》中规定诉的客观合并的一般要件。诸多民事诉讼法学家修改建议稿中都对诉的客观合并的规定提出了建议。如张卫平教授主持起草的建议稿中建议“原告对被告可以提起多个基于不同原因的诉讼请求，但具有以下情形之一的除外：1. 其中一项或者多项诉讼请求属于其他法院专属管辖；2. 其中一项或者多项诉讼请求属于不同诉讼程序”。该建议明确了诉的客观合并的一般要件，即所合并的多项诉讼请求是同一原告对同一被告提起的；法院对其中一个诉讼请求有管辖权,且所有诉讼请求都不属于其他法院专属管辖;所有诉讼请求都适用同一程序。[1] 有学者建议增强对合并诉讼的管辖保障。[2] 还有学者建议通过诉讼费用"优惠"利导诉的客观合并。[3] 从上述建议的内容来看,在《民事诉讼法》修改中规定诉的客观合并的一般要件已经具备了文本条件。为拓展诉的客观合并的应用空间,可考虑规定对合并之诉中一诉有管辖权的法院对全案有地域管辖权,以合并各诉的累计金额确定级别管辖;只收取各诉中诉讼请求金额最低的诉的诉讼费用。对竞合合并亦需明确其起诉行为要件与法律效果。其起诉行为要件可规定为"相同原告对相同被告提出复数诉讼标的诉讼的",该诉讼行为的法律效果可规定为"人民法院应当受理,依序组织当事人全面举证、质证、辩论。如果只能支持一种性质的诉讼请求,驳回其他诉讼请求;如果各性质诉讼请求都能成立,择优判决,并在表明竞合请求不能同时实现的判决理由后,判决驳回其他诉讼请求"。因客观合并之诉的上诉问题牵涉到是否在修法过程中考虑上诉利益问题,宜纳入上诉制度的修法方案中。[4]

在诉讼公正价值观为先导的诉讼价值系统与以当事人程序权利保护为基础性目的、保护实体权利为优先性目,兼及纠纷解决与法秩序维护的民事法律制度目的系统构成的法意识系统和由诉讼参与人意识与惯常行动倾向构成的法实践系统之间,上述建议意在搭建促进二者良性互动的制度"桥梁"。

(三)明确关于诉讼标的同一性的判断依据

在主客观二维构造的诉的结构中,诉的客体就是诉讼标的。诉的客体

---

〔1〕 张卫平主编:《民事程序法研究》(第7辑),厦门大学出版社2011年版,第305—306页。
〔2〕 张晋红:《民事诉讼合并管辖立法研究》,载《中国法学》2012年第2期。
〔3〕 邱星美:《客观的预备的诉之合并——一个立法需要填写的空白》,载《法学杂志》2014年第2期。
〔4〕 韩波:《论请求权竞合时诉的客观合并之形态》,载《现代法学》2022年第1期。

同一性是既判力客观范围的实质要件，应当基于统合式诉讼标的概念及层级式动态化识别系统确立诉讼标的同一性标准的判断依据。现行《民事诉讼法》第122条规定的"具体的诉讼请求、事实与理由"亦可解释为我国关于诉的客体构成的基本法律依据。诉的客体是案涉争议法律属性的集中概括与系统综合。它兼具特定性与类聚性特质。此句中的诉讼请求是产生诉讼标的之内容构成。诉讼请求是原告就诉讼标的具体指向对象在其起诉状中提出的主张。它具有精确性与不可再行解析的特性。此句中的"事实与理由"是诉的行为依据要素，亦为诉讼标的之合法性基础。此句中的"事实"当为诉因事实。诉因事实源自纠纷事实，但其系具有法律上的权利与责任关系指引意义的法律事实。它是法律要件事实的概括形态，是作为法律事实具象形态的要件事实的集成。它是确定诉的客体法的事实基础；此句中的"理由"系法律理由，即为明确诉的客体法律依据。囿于受理要件规定的立法定位，《民事诉讼法》第122条规定的"具体的诉讼请求、事实与理由"列举规定了诉讼标的之生成要素，但是并未基于诉的区分视点在诉的主客二分的意义上给出诉讼标的或诉的客体的概括规定。而对《民事诉讼法》第122条具有适用解释功能的《民诉解释》将诉讼标的与诉讼标的生成要素同位并列，省却作为诉讼标的之事实基础的诉因事实，不仅偏离诉的理论构造，也带来诉讼标的同一性判断的思维扰动。据此，在《民事诉讼法》继续进行的修正过程中，有必要单独规定诉的构成与判断标准及要素。笔者认为，这一规定宜明确以当事人依据其民事纠纷争议对象的法律属性向法院提出的概括性、单元化的诉讼主张作为判断诉的客体同一性的直接标准；诉讼请求、诉因事实是判断诉的客体同一性的间接标准，主要发挥印证作用。

结　语

重复起诉争议问题是民事诉讼受理效果与要件规范构造中的复杂疑难问题。重复起诉在表象上体现为当事人再次起诉的行为。在诉讼客体维度,再次起诉可分为单纯再次起诉(以下简称单纯再诉)与竞合再次起诉(以下简称竞合再诉)。单纯再诉主要表现为部分请求后诉、后续请求后诉。对于这两种再次起诉形态,尽管仍有学术争议,不过,《民诉解释》第247条以及相关司法解释已经作出容许部分请求后诉、后续请求后诉的规定,与此相应的司法实务通说也基本确立。而在如何规制竞合再诉的问题上,学术观点与实务见解仍存在明显争议。在《民法典》颁行后,这种争议状况仍在持续,在民事责任竞合时权利实现的基本理论认知立场上"择一实现说"与"择一起诉说"仍相持不下。民事诉讼制度价值取向与目的取向的分歧在此问题上体现得颇为明显。这直接影响到《民法典》第186条以及《民事诉讼法》第127条的准确、统一、稳定适用。此课题研究以如何认识并更为合理地规制竞合再诉作为展开研究的问题出发点。此课题研究过程中课题承担人秉持辩证思维、系统思维等科学思维方法,依循清晰界定概念、明确展开研究的理论取向、厘清实践状况、准确解析现行规定、透彻分析核心理论范畴、系统提出解决问题方案的研究思路对此课题进行了拓展性研究。就展开研究的理论取向而言,此课题研究成果阐明探寻竞合再诉的规制之道应当执守层级式系统性法律目的观;民法与民事诉讼法在民事诉讼场域中规范维度的共同作用关系、在民事法概念下的同属逻辑关系、在民法适用过程中的互相依存关系、在诉讼中的具体作用层面的交叉关系的民法与民事诉讼法关系理论取向。就如何规制竞合再次起诉的问题,可用法律规定主要是《民法典》第 186 条、《民事诉讼法》第 127 条、《民诉解释》第 247、248 条等。这些法律规定形成规制竞合再诉的规范体系,亦可认为它们形成了一个实体法与程序法相互结合的竞合再诉受理制度。如何正确理解并准确适用这一制度?在现行制度力所不逮之处如何在法律应用系统和法律制定系统中创造制度优化的条件?这是此项研究成果展开待决问题研究的具体思考轴线。无论是省思制度目的、梳理实践状况,还是分析制度运作中的核心理论范畴(诉讼标的、既判力)、提出新的建议方案,笔者始终沿着这一思考轴线展开研究,力求研究目的与研究内容保持较高的贴合度,力求研究主题明晰、集中。在梳理实务状况方面,本课题研究者进行了裁判文书收集与抽样、分层整理、一致性与差异性分析等方面的工作。因为此项研究的实证分析方法较为科学、规范,在实证研究结论方面,此课题研究成果具有较高的信度与效度。概言之,该项研究成果中的主要实证结论是:一般情形下,以争议的民事权利义务关系做为诉讼标的进行诉的区分与诉讼标的识别是各层级人民法院的共识性做法且较为妥适;在一些特殊情形下(常常是因为出现一些特殊的程序行为),何以界定诉讼标的出现分歧;既判力影响型再诉争议远远多于诉讼系属中再诉争议;既判力原理在重复起诉裁定说理中主要表现为对"一事不再理原则"的阐释。这一实证研究结论为本项研究中两个关键范畴——诉讼标的与既判力的深层研究提供了坚实的实证依据。结合实证分析结论与系统、缜密的理论分析,笔者认为,对于诉讼标的,应该明确诉讼标的是法律概念，无论运用还是解释都应探寻其法条文义。法条中的诉讼标的的文义指向具有实体法律属性的审判对象；对于诉讼标的概念的功能，应区分通常情形与特殊情形综合判断，不能因为特殊情形下的功能失调或秉持一体标准的困难而否定其通常情形下正常发挥着的功能，不能轻易放弃诉讼标的概念在民事诉讼中的贯通运用；诉讼标的概念与诉讼标的识别是两个既有紧密联系又相互区别的概念；诉讼标的概念的属性标签化，制约了诉讼标的识别功能的全面发挥。如果跨越诉讼标的概念的实体法属性与程序法属性的标签化界分，在统合式诉讼标的概念界定的基础上，通常情形下以当事人对讼争对象的实体法属性的诉讼主张识别诉讼标的，在特殊情形下依据讼争对象的程序法属性可补充程序要素识别诉讼标的。如是行之，既可以保持诉讼标的范畴在民事诉讼法学理论体系与民事诉讼实务中的"轴心"地位，也可以应对诉的合并与分离、诉的变更、重复起诉认定等特殊情形下合理展开有针对性的程序调控的实际需求，还可以对民事诉讼法的制度优化施以理论助力。此课题研究成果中提出的统合式诉讼标的概念及与之相衔接的层级式动态识别系统，具有拓展创新性。在判断既判力影响型竞合再诉是否构成重复起诉时，既判力客观范围这一理论范畴与统合式诉讼标的概念对接，是必要而且是最有助于形成精细化、动态化、系统性的判断标准的。我国民事诉讼法第127条第(五)项可以理解为不完整的程序意义上的既判力规定，《民诉解释》第247条的补足效用尚难称充分。在正视"一事不再理原则"适用中的模糊性争议与一致性欠缺等弊端的基础上，还需沿着既判力客观范围与诉讼标的关系探寻最优方案。通常而言，"既判力客观范围=判决标的=诉讼标的"是确定既判力客观范围，亦即既判力影响型后诉是否重复起诉的"公式化"标准。本课题研究中对运用既判力说理的相关案例的实证分析显示，司法实务中识别既判力客观范围的宽窄幅度不一，这与"一事不再理"中"事"的多义性是有直接关联的。相对而言，中等幅度的既判力客观范围较为适宜。既判力遮断竞合后诉与既判力不遮断竞合后诉的比较分析框架内的分析显示,既判力是否遮断竞合后诉是受一个国家民事诉讼制度目的取向、起诉权保障受重视程度、当事人责任实质化程度、法律应用方法、实体法上的竞合制度等多维度因素影响的法效果。从这些维度观察、分析,我国民事诉讼中在维持“既判力客观范围 = 判决标的 = 诉讼标的”的既判力客观范围通常确定方式之外,在特殊情形下宜更多地采行“既判力客观范围 < 诉讼标的”的既判力客观范围程序调控思路以切实实施《民事诉讼法》第 126 条的保障起诉权规定。这也是目前民事诉讼中当事人责任的制度与行为模式尚未完全确立且法律应用方法尚待“升级”的客观情况下较为合理的考量。按照诉讼标的之层级式动态识别系统识别方法,在判断既判力影响型的竞合再诉时,要考量的程序要素,一方面是前诉诉讼请求是否实现;另一方面是后诉诉讼请求是否在前诉审理中被列入前诉争议焦点且当事人是否就此充分行使了辩论权(含举证、质证、言辞辩论、书面辩论)。在确立实体审判展开条件制度且将诉的利益法理制度化之后,后诉讼请求是否具备诉的利益,亦即后诉是否有被续行审判的必要性、妥当性、实效性,可作为这两方面程序考量的整合性要件。如果不具备诉的利益,应当由受诉法院裁定驳回起诉。经过两年的研究、观察、思考,本课题研究者更加确信本课题的研究内容与民事法律的应用方法密切关联。不同国家民事诉讼中应对竞合再诉的制度性差异很大程度上源自各自的民事法律应用方法的差异。从根本上解决合理规制竞合再诉问题,不仅要从法律制定维度着手,还要从法律应用维度入手,优化适用解释,改进法律适用方法。优良的诉讼制度既要合理配置当事人诉讼权利、义务与审判人员职责,也要能在社会治理中发挥价值取向指引与正当诉讼行为引导的作用。为此,这项课题研究成果从起诉模式与竞合问题化解方式的互动关系(可用规范不确定性、“找法”的方法与基于完全分析的起诉模式;事实不确定性、“锁定”事实的方法与基于完全分析的起诉模式);结构化法律应用方法与竞合问题化解方式的互动关系;合并审理模式与竞合问题化解方式的互动关系三方面对

法律应用方法与解决民事责任竞合问题的互动关系进行了研究与探讨，在此基础上就系统化解民事责任竞合问题的路径提出了建议。这一建议是从三个方面展开的：一、民事法律应用系统内的路径探寻（民事法律应用过程系统内的解决路径、民事法律应用解释系统内的解决路径）；二、民事法律应用解释系统的功能局限；三、法律制定系统内的路径探寻（增补既判力客观范围的规定；增补诉的合并制度的规定；明确关于诉讼标的同一性的判断依据）。这一系统性的建议具有新颖性，对实务工作改进、制度优化都具有积极意义。这一结论性观点的创新与研究过程中关键节点、重要范畴上的理论认知突破是密不可分的。进而言之，这项研究成果对指导性案例与普通案例、各级人民法院裁判文书展开的分层实证分析方面具有原创性贡献；在核心概念的分析与重新界定以及论题破解思路方面蕴含拓展性创新、整合性创新；在系统化解竞合再诉规制难题的建议方面蕴含对策性创新。

参考文献

一、著作

1. 中文著作

习近平:《习近平谈治国理政》(第四卷),外文出版社 2022 年版。

习近平:《习近平谈治国理政》(第二卷),外文出版社 2017 年版。

张俊浩主编:《民法学原理》,中国政法大学出版社 1991 年版。

崔建远:《合同责任研究》,吉林大学出版社 1992 年版。

柴发邦主编:《民事诉讼法学新编》,法律出版社 1992 年版。

张卫平:《程序公正实现中的冲突与衡平——外国民事诉讼研究引论》,成都出版社 1993 年版。

王利明、杨立新编著:《侵权行为法》,法律出版社 1996 年版。

张卫平、陈刚编著:《法国民事诉讼法导论》,中国政法大学出版社 1997 年版。

江伟主编:《中国民事诉讼法专论》,中国政法大学出版社 1998 年版。

陈光中、江伟主编:《诉讼法论丛》(第 3 卷),法律出版社 1999 年版。

江伟主编:《民事诉讼法》,高等教育出版社、北京大学出版社 2000 年版。

王泽鉴:《法律思维与民法实例》,中国政法大学出版社 2001 年版。

常怡主编:《比较民事诉讼法》,中国政法大学出版社 2002 年版。

王利明:《合同法新问题研究》,中国社会科学出版社 2003 年版。

梁慧星:《裁判的方法》,法律出版社 2003 年版。

江伟主编:《民事诉讼法专论》,中国人民大学出版社 2005 年版。

林剑锋:《民事判决既判力客观范围研究》,厦门大学出版社 2006 年版。

张民安:《现代法国侵权责任制度研究》,法律出版社 2003 年版。

潘剑锋主编:《民事诉讼法》,清华大学出版社 2008 年版。

许可:《民事审判方法——要件事实引论》,法律出版社 2009 年版。

尹田:《法国现代合同法:契约自由与社会公正的冲突与平衡》,法律出版社 2009 年版。

赵钢、占善刚、刘学在:《民事诉讼法》(第二版),武汉大学出版社 2010 年版。

李浩:《民事诉讼法学》,法律出版社 2011 年版。

张卫平主编:《民事程序法研究》(第 7 辑),厦门大学出版社 2011 年版。

全国人大常委会法制工作委员会民法室编著:《〈中华人民共和国民事诉讼法〉释解与适用》,人民法院出版社 2012 年版。

梁慧星等:《中国民法典草案建议稿附理由(侵权行为编)》,法律出版社 2013 年版。

韩波:《审判终极性:路径与体制要素》,法律出版社 2013 年版。

宋旺兴:《民事案由制度研究》,法律出版社 2014 年版。

王泽鉴:《民法学说与判例研究》(重排合订本),北京大学出版社 2015 年版。

韩波:《当代中国民事诉讼思潮探究》,华中科技大学出版社 2015 年版。

程啸:《侵权责任法》(第二版),法律出版社 2015 年版。

滕威、刘龙编著:《要素式审判法:庭审方式与裁判文书的创新》,人民法院出版社 2016 年版。

杜万华主编:《中华人民共和国民法总则实务指南》,中国法制出版社 2017 年版。

石宏主编:《中华人民共和国〈民法总则〉条文说明、立法理由及相关规定》,北京大学出版社 2017 年版。

李宇:《民法总则要义:规范释论与判解集注》,法律出版社 2017 年版。

韩世远:《合同法总论》(第四版),法律出版社 2018 年版。

胡军辉:《民事裁判既判力问题新探索》,法律出版社 2018 年版。

《民法学》编写组编:《民法学》,高等教育出版社 2019 年版。

张卫平:《民事诉讼法学》(第五版),法律出版社 2019 年版。

人民法院出版社编著:《最高人民法院民事案件案由适用要点与请求权规范指引》,人民法院出版社 2019 年版。

王锋:《立法论证研究》,商务印书馆 2019 年版。

郑涛:《民事诉讼禁止重复起诉研究》,社会科学文献出版社 2019 年版。

黄薇主编:《中华人民共和国民法典释义》,法律出版社 2020 年版。

夏璇:《民事重复起诉研究——司法控制与诉权保障的博弈》,厦门大学出版社 2020 年版。

吴香香:《请求权基础:方法、体系与实例》,北京大学出版社 2021 年版。

王利明:《法学方法论:以民法适用为视角》(第二版),中国人民大学出版社 2021 年版。

黄湧:《民事审判争点归纳:技术分析与综合运用》,法律出版社 2021

年版。

杨万明主编、最高人民法院研究室编著:《最高人民法院新民事案件案由规定理解与适用》,人民法院出版社2021年版。

崔建远主编:《合同法》(第七版),法律出版社2021年版。

邹碧华:《要件审判九步法》,人民法院出版社2021年版。

魏振瀛主编:《民法》(第八版),北京大学出版社2021年版。

2. 汉译著作

《拿破仑法典》,李浩培、吴传颐、孙鸣岗译,商务印书馆1979年版。

[奥]L. 贝塔兰菲:《一般系统论》,秋同、袁嘉新译,社会科学文献出版社1987年版。

[日]兼子一、竹下守夫:《民事诉讼法》,白绿铉译,法律出版社1995年版。

[日]三月章:《日本民事诉讼法》,汪一凡译,五南图书出版公司1997年版。

[德]狄特·克罗林庚:《德国民事诉讼法律与实务》,刘汉富译,法律出版社2000年版。

[德]迪特尔·梅迪库斯:《德国民法总论》,邵建东译,法律出版社2000年版。

[法]让·文森、塞尔日·金沙尔:《法国民事诉讼法要义》(上、下册),罗结珍译,中国法制出版社2001年版。

[德]罗伯特·阿列克西:《法律论证理论》,舒国滢译,中国法制出版社2002年版。

[日]谷口安平:《程序的正义与诉讼》(增补本),王亚新、刘荣军译,中国政法大学出版社2002年版。

[日]高桥宏志:《民事诉讼法——制度与理论的深层分析》,林剑锋译,法律出版社2003年版。

[德]汉斯-约阿希姆·穆泽拉克:《德国民事诉讼法基础教程》,周翠译,中国政法大学出版社2005年版。

《法国新民事诉讼法典》,罗结珍译,法律出版社2008年版。

[日]新堂幸司:《新民事诉讼法》,林剑锋译,法律出版社2008年版。

[日]中村宗雄、中村英郎:《诉讼法学方法论:中村民事诉讼理论精要》,陈刚、段文波译,中国法制出版社2009年版。

[法]洛伊克·卡迪耶:《法国民事司法法》(第3版),杨艺宁译,中国政法大学出版社2010年版。

[日]山本敬三:《民法讲义Ⅰ:总则》(第3版),解亘译,北京大学出版社2012年版。

[德]迪尔克·罗歇尔德斯:《德国债法总论》(第7版),沈小军、张金海译,中国人民大学出版社2014年版。

《德国民事诉讼法》,丁启明译,厦门大学出版社2016年版。

《日本民事诉讼法典》,曹云吉译,厦门大学出版社2017年版。

[日]伊藤真:《民事诉讼法》(第4版补订版),曹云吉译,北京大学出版社2019年版。

《德国民事诉讼法典》,赵秀举译,法律出版社2021年版。

[日]伊藤滋夫;《要件事实的基础:民事司法裁判结构》,许可、[日]小林正弘译,法律出版社2022年版。

二、论文

江伟、刘家兴:《建议民事诉讼法先于民法颁布施行》,载《民主与法制》,1981年第5期。

江伟、肖建国:《论既判力的客观范围》,载《法学研究》1996年第4期。

张卫平:《论诉讼标的及识别标准》,载《法学研究》1997年第4期。

王国征:《民事诉讼法与民法关系辨析》,载《东方论坛》2001年第4期。

舒瑶芝:《侵权责任与违约责任竞合的探讨》,载《河北法学》2002年第

3 期。

吴庆宝:《论侵权责任与违约责任竞合的限制》,载《法律适用》2002 年第 8 期。

江伟、段厚省:《请求权竞合与诉讼标的理论之关系重述》,载《法学家》2003 年第 4 期。

王利明:《民法案例分析的基本方法探讨》,载《政法论坛》2004 年第 2 期。

黄欣荣:《贝塔朗菲与复杂性范式的兴起》,载《科学技术与辩证法》2004 年第 4 期。

赵信会:《既判力客观范围的历史考察与现实定位》,载《理论探索》2006 年第 2 期。

刘毅、张陈果:《德国法学教育改革访谈》,载《社会科学论坛》2007 年第 3 期。

郭翔:《民事争点效力理论:内容、背景与启示》,载《宁夏大学学报(人文社会科学版)》2007 年第 5 期。

傅鼎生:《赔偿责任竞合研究》,载《政治与法律》2008 年第 11 期。

吴杰:《德国诉讼标的理论的演绎及其启示》,载《学海》2008 年第 3 期。

宋春雨:《论民事诉讼一事不再理原则》,中国政法大学 2009 年博士学位论文。

霍海红:《程序与实体关系的话语变迁——以中国"民事法"为中心》,载《南京大学法律评论》2010 年第 2 期。

叶芳:《德国司法考试制度及启示》,载《中国司法》2011 年第 2 期。

吴英姿:《诉讼标的理论"内卷化"批判》,载《中国法学》2011 年第 2 期。

张自合:《论已决事实的预决效力——以台湾地区争点效的要件为借鉴》,载《山东警察学院学报》2011 年第 5 期。

张晋红:《民事诉讼合并管辖立法研究》,载《中国法学》2012 年第 2 期。

张榕、达理纳嘉:《民事既判力客观范围理论研究之反思——以明希豪森三重困境为分析工具》,载《法律科学》2012 年第 5 期。

周晓霞:《论民事判决理由中判断之拘束力》,载《合肥工业大学学报(社会科学版)》2012 年第 5 期。

邱星美:《客观的预备的诉之合并——一个立法需要填写的空白》,载《法学杂志》2014 年第 2 期。

段文波:《日本重复起诉禁止原则及其类型化析解》,载《比较法研究》2014 年第 5 期。

秦天宝、扶怡:《德国法学教育的新发展及对我国的启示》,载《江苏大学学报(社会科学版)》2014 年第 5 期。

吴香香:《德国法学教育借镜》,载《中国法学教育研究》2014 年第 2 辑。

谢鸿飞:《违约责任与侵权责任竞合理论的再构成》,载《环球法律评论》2014 年第 6 期。

张卫平:《重复诉讼规制研究:兼论"一事不再理"》,载《中国法学》2015 年第 2 期。

张卫平:《民法典与民事诉讼法的连接与统合——从民事诉讼法视角看民法典的编纂》,载《法学研究》2016 年第 1 期。

林剑锋:《既判力相对性原则在我国制度化的现状与障碍》,载《现代法学》2016 年第 1 期。

林剑锋:《既判力时间范围制度适用的类型化分析》,载《国家检察官学院学报》2016 年第 4 期。

严仁群:《既判力客观范围之新进展》,载《中外法学》2017 年第 2 期。

韩宝:《民事诉讼法与民法关系省思——兼及民法典的编纂》,载《北方法学》2017 年第 5 期。

陈杭平:《"纠纷事件":美国民事诉讼标的理论探析》,载《法学论坛》

2017年第6期。

卢佩:《困境与突破:德国诉讼标的理论重述》,载《法学论坛》2017年第6期。

巢志雄:《诉讼标的理论的知识史考察——从罗马法到现代法国法》,载《法学论坛》2017年第6期。

史明洲:《日本诉讼标的理论再认识——一种诉讼法哲学观的转向》,载《法学论坛》2017年第6期。

陈团结:《德国强制律师代理制度初探——以民事诉讼为视角》,载《海峡法学》2018年第4期。

曹志勋:《德国诉讼标的实体法说的发展——关注对请求权竞合的程序处理》,载《交大法学》2018年第1期。

陈刚:《民事实质诉讼法论》,载《法学研究》2018年第6期。

冉博:《"重复诉讼"与"既判力"的混同及其规制》,载《法律适用(司法案例)》2018年第16期。

叶名怡:《〈合同法〉第122条(责任竞合)评注》,载《法学家》2019年第2期。

李盛烨:《诉的合并的实证形态和"三维"认定——以立案工作遇到的诉的合并疑难案例为切入点》,载《法律适用(司法案例)》2019年第4期。

刘力:《论民商事案件裁判方法的反思与完善——以请求权基础分析方法为中心》,载《东方法学》2020年第1期。

宇文利:《运用系统论构建制度哲学》,载《实践(思想理论版)》2020年第5期。

曲青山:《论坚持系统观念》,载《北京日报》2020年12月1日。

洪浩:《民法典时代民事诉讼制度发展的几个基本问题》,载《政法论丛》2020年第5期。

熊跃敏、郭家珍:《禁止重复起诉和禁止另行起诉的区分与适用》,载《国家检察官学院学报》2020 年第 5 期。

张卫平:《双向审视:民事诉讼制度建构的实体与程序之维》,载《法制与社会发展》2021 年第 2 期。

任重:《民事纠纷一次性解决的限度》,载《政法论坛》2021 年第 3 期。

冯珂:《民事诉讼法典化背景下诉的理论之体系化重思》,载《河北法学》2022 年第 8 期。

后　记

这是我在《法院体制改革研究》《民事证据开示制度研究》《当代中国民事诉讼思潮探究》《民事诉讼判决生效后救济程序研究》等六本学术专著之后出版的第七本学术专著。与大多数学术专著一样,这本著作也是课题研究的成果。我真诚地感谢司法部"法治建设与法学理论研究部级科研项目"的支持与资助。如果没有获选主持司法部"法治建设与法学理论研究部级科研项目"中的重点项目"《民法典》民事责任竞合规定适用中重复起诉识别问题研究",我真不知道在自己的学术生涯中是不是会以长达两年多的时间投入、全力以赴的精力投入来研究如此饱溢学术魅力的挑战性问题。自 2003 年入职中国政法大学以来,我一直尽力践行执着专业、忠奉职守的人生信条。在进行这项课题研究工作时,我也尽力做得更扎实一些。当这本书即将付梓之际,我颇感欣慰。我既为自己这两年做了一件有意义的事感到欣慰,也为自己的专业性思考结晶终于成型而感到欣慰。

民事责任竞合时的重复起诉识别问题是一个要统合运用民事实体法与程序法加以应对而且与诉讼标的识别、既判力客观范围确定紧密关联的疑难复杂问题。这也是一个理论界、实务界观点分歧明显的重要“争点”。从选题的学术研究成果积累程度的视点看,国内学术界研究此问题的状况可谓成果厚重、观点纷呈。这是一个补充性选题。这就需要研究者以新的思维方式、新的研究方法、新的研究资料展开拓展性研究。从选题的学术创新空间的视点看,这个选题可能是一个学术争议消减型选题,也可能是一个突破陈说的超越性选题。笔者在研究中力求能够彰显本选题的补充性意义与学术争议消减意义。在思维方式上,笔者在本项研究中秉持辩证思维、系统思维,希冀运用一般与特殊、整体与局部、系统构造与系统层级、系统与要素等范畴对民事责任竞合时的重复起诉识别的现实状况、已有问题解决方案展开分析与综合,提出并论证优化设想。在研究方法上,笔者采用了学理分析、规范分析、实证分析、比较分析等研究方法。在规范分析方法的运用中,笔者试图结合规范目的与规范内容展开深度分析;在实证分析方法的运用中,笔者进行了四级人民法院裁判文书的抽样分析。抽样分析获得的实证资料与近年来前沿学术成果构成本项研究的资料基础。凡此种种,都为笔者形成我国民事诉讼应确立统合式诉讼标的概念并启用与之相衔接的层级式动态识别系统的观点发挥了作用。民事诉讼法学博大精深,民事实体法与程序法的衔接是个复杂“工程”,民事诉讼法学界精英辈出。笔者不敢企及本书中的研究结论能终结诉讼标的与既判力客观范围的理论争议,唯望其能在消减争议、凝聚共识方面有所助益,唯望其能有助于民事诉讼法解释学理论“工具箱”中的这两件不可或缺的工具能够更为便捷地运用起来。

最美人间四月天。想想这本书即将在这繁花初绽、桃红柳绿、丁香馥郁、玉兰吐蕊、海棠探春、杏花樱花争靓丽的美好季节面世,民事诉讼法学专业书架上又上“新品”,我的心境不由得开朗起来。美景让人心旷神怡,人世间的真情厚意更给人不竭动力。我感谢张卫平老师多年来的耳提面命、谆谆教诲;我感谢刘作翔老师的悉心指导;我感谢戴孟勇、刘鹏飞二位课题参加人在参与讨论、观点校验、资料提供等方面的持久付出；我感谢杨秀清、纪格非、朱春涛、许可、林剑锋等专家给本书初稿的中肯评价；我感谢刘文科、沈秋彤二位编辑专业、耐心、细致的编辑工作。这二位编辑的工作让本书增色不少。